« Tu parles ! ?

« Tu parles ! ?

Le français dans tous ses états

Un volume composé
par
Bernard Cerquiglini, Jean-Claude Corbeil,
Jean-Marie Klinkenberg et Benoît Peeters

Illustrations originales de Lewis Trondheim

FLAMMARION

Note de l'éditeur

Le présent ouvrage applique les rectifications de l'orthographe, étudiées par le Conseil supérieur de la langue française (1990), et approuvées par l'Académie française et les instances francophones compétentes.

Remerciements

Cet ouvrage est publié en partenariat avec la Mission 2000 en France

ISBN : 2-08212545-9

Sommaire

Avant-propos

> *« Nous pratiquons la langue française. Celle-ci n'est pas seulement pour nous notre instrument naturel de communication. C'est aussi notre moyen de vivre. »*
>
> Francis Ponge.

Dans le cadre des festivités de l'an 2000, la célébration de la langue française semble tout à fait opportune. Car la langue est beaucoup plus qu'un problème de linguistes, de professeurs et d'écrivains ; elle est l'affaire de chacun, traversant tous les aspects de la vie.

La langue – et particulièrement la langue française – est un phénomène complet qui touche à l'histoire et à la géographie, à la psychologie et à la politique, à la création et à la technique. Il y a la langue de la petite enfance – celle que l'on dit maternelle –, il y a celle de l'Académie et celle du rap, celle d'Aimé Césaire, de Samuel Beckett et de Gaston Miron, celle de la diplomatie et des Droits de l'homme, celle du sport et de la cuisine, celle des nouvelles technologies.

Riche d'un passé exceptionnel, la langue française rencontre des questions éminemment contemporaines, comme la reconnaissance des langues régionales, la réforme de l'orthographe ou la féminisation des noms de métier. Longtemps dominante sur la scène internationale, elle est aujourd'hui soumise à une rude concurrence : la mondialisation de l'économie et l'expansion du réseau Internet constituent des défis essentiels.

Sous le titre « *Tu parles ! ? Le français dans tous ses états*, une vaste exposition-spectacle est présentée pendant le dernier trimestre de l'an 2000 dans quatre grandes villes du monde francophone : à Lyon au musée d'Art contemporain, à Bruxelles à l'Espace méridien, à Dakar à la maison de la Culture Douta Seck, et, dans une version un peu différente, à Québec au musée de la Civilisation. À travers ce projet, il s'agit de mettre en acte la vitalité de la langue française et le dynamisme de la francophonie plutôt que de simplement les évoquer. C'est pourquoi le principe d'une manifestation quasi simultanée dans les différents sites a été retenu.

Le livre que l'on va lire n'est pas le catalogue de cette exposition, mais son complément naturel. Sous la forme d'un abécédaire – un abécédaire en vingt-sept lettres puisqu'il s'achève par l'@ des adresses Internet –, ce volume aborde de manière ouverte, en s'efforçant d'éviter toute langue de bois, la plupart des questions que rencontre aujourd'hui la langue française [1].

La diversité des auteurs et des approches, les contradictions mêmes qui parfois se donnent à lire, ne sont pas accidentelles. Car l'un des traits caractéristiques du français est

1. Une plaquette intitulée *Le français de A à Z* avait été éditée par la Communauté française de Belgique en 1995 ; nous remercions le Service de la langue française de nous avoir permis d'en reprendre le principe. Nous tenons par ailleurs à remercier Mme Annie Bueno, de l'Institut national de la langue française (INaLF) pour l'aide précieuse qu'elle nous a apportée dans la collecte des textes.

sa propension à susciter des débats passionnés, des polémiques toujours prêtes à se rallumer. C'est le signe que le français est bien cet objet aussi essentiel que fragile : une langue vivante.

Benoît Peeters,
commissaire de l'exposition.

L'AVANTAGE DE CONNAÎTRE LE FRANÇAIS, C'EST QU'ON PEUT LIRE MOLIÈRE DANS LALANGUE.
MMM... MÊME SI ON LIT PLUS SOUVENT NOS NOTICES DE MAGNÉ-TOSCOPE...

A

comme aujourd'hui une langue, le français

par Jean-Marie Klinkenberg

La langue : des fonctions variées

Pour d'aucuns – sans doute à l'âme de technocrate –, la langue servirait avant tout à communiquer. Et lorsqu'ils disent « à communiquer », ils songent évidemment à la communication rationnelle d'informations factuelles. Si son rôle est celui-là, la langue devrait se donner, immuablement, des modèles très stricts. Et c'est sans doute pourquoi on en fait souvent une affaire d'imparfait du subjonctif et d'accords de participes passés.

C'est là, assurément, une vision très réductrice de la langue. Car celle-ci a bien d'autres fonctions.

Tout d'abord, si elle est instrument de communication, elle sert aussi à communiquer les sentiments et les émotions. Et ici, la langue ne mobilise pas les mêmes ressources que dans la communication factuelle. Sur ce dernier terrain, elle tend en effet à utiliser des signes obéissant strictement à l'idéal scientifique de la bi-univocité (un signe pour désigner une seule chose, chaque chose désignée par un seul signe). Mais quand elle doit exprimer des affects, elle n'hésite pas à jouer de l'équivoque et à se moquer de ses propres règles.

Ensuite, la langue fournit son assise à l'individu. Elle est en effet le principal instrument dont nous disposions pour nous approprier l'univers, que nous pensons et construisons à travers elle. Les livres de linguistique sont pleins de ces exemples (qui vont de la perception des couleurs à la structure de la fratrie) qui montrent que c'est le langage qui nous aide à catégoriser le réel. Ainsi, lorsque nous pensons le monde, l'histoire, les relations humaines ou plus simplement la vie domestique, nous versons chacune des réalités dont nous faisons l'expérience dans les moules que notre langue a élaborés. On comprend donc qu'elle fonde nos identités, puisqu'elle nous fournit nos manières de voir.

Mais l'assise identitaire produite par le langage n'est pas qu'individuelle : elle est aussi collective. Car à l'instar de la couleur de la peau, des habitudes alimentaires ou de la religion (et d'ailleurs, il y a toujours un peu de sacré dans le discours sur la langue…), la langue sert volontiers de drapeau aux collectivités humaines, en signifiant puissamment les appartenances de leurs membres. Lorsqu'on écoute telle musique, lorsque l'on adopte tel type de vêtements, on se distingue des autres sur chacun de ces points, en même temps qu'on se montre solidaire de ceux qui font les mêmes choix. De la même manière, utiliser certains tours, certaines expressions, et surtout certains accents, c'est user d'autant de signes de démarcation : la langue nous classe.

Elle nous renvoie donc aux relations qui se nouent dans le groupe et entre les groupes. Et davantage : au pouvoir.

Car si les sociétés investissent autant dans la langue et la chargent d'un poids symbolique aussi considérable, c'est parce que, à travers elle, se nouent les relations de pouvoir. Et l'on peut dès lors comprendre les hurlements qui s'élèvent lorsqu'on tente de rationaliser un tantinet une orthographe où l'arbitraire règne en maitre ou lorsqu'on suggère que les noms de fonctions supérieures pourraient bien s'énoncer au féminin : c'est parce que à travers la langue, on touche aux règles sociales en vigueur, règles de distribution du pouvoir d'autant plus impérieuses qu'elles ne sont pas écrites. Dans un monde où communiquer est capital, régner sur les normes linguistiques représente un enjeu de taille. D'ailleurs, c'est aussi à travers la langue que s'opèrent les exclusions sociales, et si elle nous aide à catégoriser le réel, c'est aussi à travers elle que se construisent les relations sociales (c'est pourquoi le français dispose, par exemple du « tu » et du « vous » ; mais toutes les langues ont des instruments analogues). Le pouvoir qu'offre la langue n'est pas que symbolique. Il est aussi économique. Et cet enjeu ne cesse de croitre au fur et à mesure que nous pénétrons dans une ère qui produit surtout de l'immatériel : programmes d'ordinateur, dictionnaires électroniques, synthèse de la parole, toutes techniques porteuses que l'on désigne du nom d'industries de la langue.

Faut-il, alors, s'étonner que nous investissions autant dans notre langue ? Et qu'un Cioran puisse dire qu'« on n'habite pas un pays, on habite une langue » ? Puisque notre langue est non seulement le meilleur instrument dont nous disposions pour communiquer, mais encore le moyen qui nous permet d'appréhender l'univers et de nous y insérer, il est compréhensible que nous la dotions d'une haute valeur émotionnelle ; compréhensible aussi qu'elle suscite des sentiments d'allégeance ou de fidélité comparables à ceux que peuvent susciter la foi religieuse, l'adhésion à un quelconque militantisme, ou encore l'identification à un club sportif ou à un groupe musical ; compréhensible enfin qu'elle déclenche les passions…

Sans doute fallait-il souligner, au seuil d'un livre consacré au français, que notre langue partage ainsi le sort de toutes les langues des hommes.

La langue : plasticité, pluralité, et fragilité

Ce qui précède est bien connu de toute personne qui s'est un jour intéressé à sa langue. Mais il fallait le rappeler pour en tirer trois conclusions moins évidentes.

La première : en rappelant que l'instrument langagier doit s'acquitter de fonctions nombreuses et variées, on en souligne à la fois deux traits qui peuvent paraitre contradictoires : sa plasticité et sa fragilité. Sa souplesse ouvre un immense espace de liberté à ses usagers. Or, cette plasticité même et cette liberté peuvent donner l'impression de déséquilibre, voire de crise (et n'a-t-on pas souvent entendu dire que le français était en crise ?). Déséquilibre qui est donc inséparable de tout mécanisme langagier.

Car, parce que la langue met des êtres humains en contact, elle est condamnée au tiraillement, pour ne pas dire au conflit : les partenaires coopérant dans l'échange ne sont-ils pas aussi des concurrents, chacun souhaitant tirer de la communication le meilleur profit pour le moindre cout ? Leurs intérêts ne sont pas les mêmes en l'occurrence (parler coute – la grippe, ou l'ivresse, nous le rappellent parfois –, et les efforts que l'orateur négligerait de faire en parlant trop bas ou trop indistinctement doivent être compensés par ceux qu'il exige de ses auditeurs…). Les échanges linguistiques ne sont en effet pas nécessairement le fruit de consensus sereins : ils peuvent porter la trace de différences ou de tensions, et même instituer ces différences ou exacerber ces tensions. Les langages servent donc aussi à créer de la distance entre les acteurs, que l'on n'osera donc appeler partenaires que par convention. L'énonciation est par conséquent toujours un lieu de négociation, négociation de cette distance qui sépare les partenaires en même temps qu'elle les met en relation, lieu de coopération ou d'affrontement.

Cette tension inscrite en toute langue, nous la ressentons parfois comme un déséquilibre dans la nôtre. C'est singulièrement le cas au cours des phases historiques qui nous fragilisent (comme en cette fin de millénaire…). Mais il faut se rappeler que ce déséquilibre est universel, et qu'il est même le lot des langues voisines, dont nous proclamons qu'elles participent à notre fragilisation : celles-ci aussi peuvent, aujourd'hui même, se vivre comme menacées et en crise. C'est – bien que la chose soit peu croyable – le cas pour l'anglais aux États-Unis, avec lequel nous n'avons évidemment pas affaire à une langue en recul : le tableau est même peint là-bas en termes aussi – sinon plus – apocalyptiques qu'il l'est dans la francophonie européenne.

La seconde conclusion de notre réflexion sur l'être de la langue sera la suivante. Il en va du français comme de toute autre langue : il n'existe pas. Pas plus que l'allemand ou l'espagnol, d'ailleurs. Ce qui existe, ce sont *des* français, *des* allemands, *des* espagnols. Le joual du déneigeur montréalais, le français de l'ouvrier spécialisé maghrébin de chez Renault, le français teinté de dialecte de l'écolier wallon, le français classieux et branché du triangle d'or Neuilly-Auteuil-Passy, le français, non moins branché, du Paname à Renaud, celui du beur de Sarcelles et celui du sérigne sénégalais, le français tirailleur d'Afrique occidentale, le français caldoche et l'acadien, le québécois et le negro french. Et la langue de la *Chanson de Roland*, avec ses déclinaisons ? du français. Comme le créole haïtien ; comme la langue de Céline avec sa ponctuation haletante ; comme celle de Cavanna avec son oralité et celle de Claudel avec ses périodes.

Les langues varient donc dans l'espace, et de manière parfois spectaculaire, car cette variation peut aller jusqu'à gêner l'intercompréhension (les films québécois sont parfois doublés pour les besoins de la diffusion en Europe ; et, à la télévision belge, on peut voir des documentaires sous-titrés, alors qu'on y fait pourtant parler des francophones de Wallonie ou de Bruxelles). Ces variations affectent tous les composants de la langue : la prononciation, bien sûr, mais aussi le sens ou l'ordre des mots. Elles affectent même les nuances affectives de ces derniers : et c'est pourquoi les campagnes publicitaires sont revues en passant d'un pays francophone à un autre. Elles varient aussi dans le temps, et parfois en l'espace d'une seule génération : ce que l'on a naguère dit *bath* est devenu *épatant*, puis un sobre *bien* par la suite, avant de céder la place à un *génial* qui, usé par vingt ans de service intense, a laissé la place à *cool*, qui ne manquera pas de disparaitre à son tour devant un nouveau venu.

Mais les langues varient aussi – comme on veut moins le savoir – dans la société : car si elles doivent remplir des fonctions différenciées, elles doivent en outre le faire dans des milieux eux-mêmes très différenciés. Autrement dit, la langue, qui varie dans le temps et dans l'espace, varie aussi à un même moment et dans un même lieu, en fonction de facteurs sociaux. On ne la parle pas de la même manière selon qu'on est ouvrier ou notaire, ou selon qu'on croit s'adresser à un ouvrier ou à un notaire ; on n'utilise pas les mêmes tournures quand on est entre amis ou devant le contrôleur des contributions, quand on écrit une lettre ou qu'on utilise le courrier électronique.

Cette pluralité interne des langues n'a rien d'étonnant : puisque toute langue doit remplir des fonctions différenciées, elle offre les moyens de mettre au point mille stratégies communicatives, mille tactiques symboliques, et montre donc à l'observateur une infinité de variétés. Le français n'échappe pas à la règle.

Diversité banale. Mais la mettre en évidence apparait toujours comme scandaleux, tant elle a été refoulée dans les consciences par les discours unitaristes, qui ont pour fonction de rendre monolithique ce qui n'est qu'un conglomérat de variétés. Pourtant, les dangers que cette variation fait courir à la langue sont largement fantasmés. Car si toute langue est soumise à des forces qui la font varier, ces forces de diversification sont contrecarrées par des forces d'unification. L'unification se produit quand les communications sont intenses, et la diversification domine lorsqu'elles se relâchent. Or, nous sommes actuellement dans une spectaculaire phase d'unification : toutes les langues des pays développés se sont uniformisées au long de ce siècle, par-delà les différentes couches sociales. Cela est dû à divers facteurs, comme la multiplication des médias – et surtout ceux qui permettent de numériser les données, et donc de les diffuser instantanément dans le monde –, la facilité des déplacements, ou encore les progrès de l'instruction.

Ce type de discours unitariste – ma langue est une, et tout ce qui souligne sa diversité la met en danger – se fait entendre dans toutes les grandes communautés culturelles. Mais il s'est particulièrement développé à propos du français : on nous a tant de fois dit que le français était un que nous sommes devenus sourds à ses accents et à sa variété…

C'est que le français offre l'exemple sans doute le plus poussé qui soit de centralisation et d'institutionnalisation linguistiques. Un francophone, c'est d'abord un sujet qui est affecté d'une hypertrophie de la glande grammaticale, quelqu'un qui, comme Pinocchio, marche toujours accompagné d'une conscience, une conscience langagière volontiers narquoise et qui lui demande des comptes sur tout ce qu'il dit ou écrit. Cette situation a des origines historiques lointaines et complexes. Et elle est consolidée par un facteur quantitatif bien simple : alors que dans les autres grands blocs d'États soudés par une langue européenne – l'anglaise, l'espagnole, la portugaise –, l'ancienne métropole est devenue très minoritaire, la France continue à peser d'un poids décisif dans une francophonie où seule une minorité d'usagers a le français comme langue maternelle.

Une langue dans le monde

Si le français est une grande langue internationale, elle ne joue pas partout le même rôle auprès de ceux qui la pratiquent. Il y a tout d'abord ceux qui l'ont pour langue maternelle et qui, la vivant à chaque minute de leur quotidien parce que c'est la langue dominante de leur société, peuvent faire tout ou presque tout avec elle. C'est le cas pour maints citoyens français (mais non pour tous), et pour nombre de Wallons et de Suisses. Mais c'est déjà un peu moins vrai si l'on se déplace outre-Atlantique : les Québécois ont dû lutter pour que leur langue puisse être utilisée dans tout l'espace public et qu'elle ne devienne pas finalement la langue des seules relations familières. C'est une lutte que mènent de plus loin les Franco-Ontariens et les Acadiens du Nouveau-Brunswick. Langue de la maison et de la famille : c'est ce que le français tend à être pour les Acadiens de Louisiane, pour nombre de Franco-Canadiens ou de Franco-Américains. Pour d'autres encore, le français n'est pas langue maternelle, mais langue seconde : langue de l'école, ou de l'administration. C'est le cas dans tous les pays d'Afrique, où il faut distinguer ceux du Maghreb de ceux d'Afrique subsaharienne. Dans les premiers, en effet, la présence d'une autre langue répandue – l'arabe – change les données du problème. Dans les seconds, le français est généralement seule langue officielle, mais elle est utilisée à côté d'une multitude d'autres dont certaines – les « langues nationales » – peuvent d'ailleurs avoir un statut privilégié (mais souvent ambigu, puisqu'il va de la co-officialité, comme au Rwanda, à rien du tout).

La diversité des formes de la diffusion du français, jointe à la difficulté qu'il y a à compter les locuteurs de quelque langue que ce soit sans élaborer une méthodologie sûre (de toute manière difficilement applicable à la plupart des pays africains) rend vaine l'estimation du nombre de francophones dans le monde. Et pour cause : qu'est-ce qu'un francophone ? Quelqu'un dont le français est la langue maternelle ? quelqu'un qui vit dans un État où le français est langue officielle et qui est donc surtout un « francophonisable » ? quelqu'un qui a appris des rudiments de français à l'école ? ou encore quelqu'un qui adhère à une communauté culturelle dont la langue est le français, au point de concevoir son avenir et celui de ses enfants comme membres de cette communauté ?

Si le nombre de francophones que recensent les statistiques varie de la manière la plus fantaisiste, c'est toutefois le chiffre de 100 millions qui est le plus fréquemment répété (une des enquêtes les plus fiables aboutit à 102 millions). D'autres chiffres plus optimistes, ou plus délirants, sont parfois fournis : ainsi, telle personnalité en vue voit 500 millions de francophones à l'aube du XXIe siècle !

Situation et avenir incertains donc pour le français. Mais quatre choses sont sûres.

La première est qu'en termes absolus, le français progresse. Autrement dit, il y a chaque année plus de personnes sur terre dont la langue maternelle ou seconde est le français : sur les trente dernières années, ce nombre aurait cru de plus de 70 %.

La seconde est que, en termes relatifs, le français recule. Autrement dit, le pourcentage d'êtres humains qui le pratique a diminué : dans le même laps de trente ans, on serait passé de 2,4 à 2,1 % de pratiquants du français dans le monde.

La troisième est que ce recul sera encore plus prononcé dans l'avenir. En effet, les données dont on dispose montrent que les personnes ayant appris le français de par le monde, et qui en sont donc aujourd'hui le soutien, font partout partie des tranches d'âge les plus élevées. La relève est absente : elle est au cours d'anglais…

La quatrième est que la régression du français est plus frappante encore si l'on passe du terrain quantitatif au terrain qualitatif. Car si l'on tient compte non plus seulement du nombre brut de locuteurs, mais de facteurs comme le produit intérieur brut des pays où la langue se pratique, ou leur taux d'alphabétisation, on obtient un indice mesurant l'importance d'une langue dans le monde. Or un tel indice montre que le français (indice 33) – partageant en cela son sort avec l'allemand, le japonais et l'espagnol (respectivement 42, 32, 31) – est désormais très loin derrière l'anglais (indice 100). C'est que la concurrence des langues, qui est constante dans l'histoire de l'humanité et qui a naguère assuré au français son « universalité », est plus impitoyable que jamais, dans une civilisation qui a fait de la mobilité son idéal. Cette mobilité est celle des personnes – qui assure déjà le règne de l'anglais, lingua franca des aéroports et sauvegarde du touriste égaré –, mais c'est plus encore celle des biens. Or cette mobilité-là profite à la même langue, dans laquelle se produit la plus grosse part de ce que nous consommons. Et ce que nous consommons, ce ne sont pas seulement des objets. Ce sont aussi les médias classiques, comme la presse et l'audiovisuel (les agences de presse les plus importantes sont aux États-Unis, pays où tend à se concentrer toute l'industrie cinématographique). Mais ce sont encore et surtout des biens immatériels : textes, images, sons. Le mouvement de diffusion de l'anglais dans le monde ne peut donc que s'emballer au fur et à mesure qu'augmente dans notre économie la proportion de ces biens immatériels. Car, par nature, de tels objets sont plus transportables que d'autres, mais encore peuvent-ils être numérisés, et donc diffusés instantanément dans le monde. Réputés virtuels, ils créent une richesse qui est bien réelle.

Cette richesse nouvelle se créera-t-elle encore en français ? C'est bien la question qui se pose au francophone au seuil du nouveau siècle. Et s'il a bien des sujets d'inquiétude, il a aussi bien des raisons de s'investir encore dans son français.

Mais pour cela il devra être persuadé que cette langue est bien à lui. Qu'elle est faite pour lui, pour son développement personnel, pour son épanouissement, pour son bien-être matériel d'abord, moral ensuite, pour sa libération.

C'est vers ce but – lui permettre de se réapproprier sa langue – que tendent ces vingt-six notices. Vingt-six pistes de réflexion, qui lui permettront de mieux comprendre comment sa langue vit, fonctionne, joue et évolue, d'évaluer la position qu'elle occupe dans les médias, dans les sciences et les techniques, de voir comment elle s'inscrit dans le grand jeu des cultures d'aujourd'hui. Vingt-six articles, comme les vingt-six lettres de l'alphabet. Ou plutôt vingt-sept, puisqu'une nouvelle lettre est née – @ –, qui suggère la modernité. C'est sous le signe de cette lettre nouvelle que les responsables de ce petit livre, et de l'exposition « *Tu parles ! ?*, ont voulu placer l'avenir du français.

OH TOI, ARRÊTE DE ME REPRENDRE SANS ARRÊT POUR MES FAUTES DE LANGAGE... LE FRANÇAIS BOUGE... ET LE PURISME, C'EST UN ESPÈCE D'ARCHAÏSME.
"UNE" ESPÈCE D'ARCHAÏSME !
AH ! TU VOIS ! T'ES D'ACCORD...

B

comme
le bon usage

par André Goosse

Le *Trésor de la langue française* date la première attestation du syntagme *bon usage* de 1652, chez Guez de Balzac, qui, dans son *Socrate chrestien,* écrivait du mot *sectaire* : « Le bon usage ne l'a point receu. » Pourtant la formule se trouve cinq ans plus tôt dans un passage souvent cité des *Remarques sur la langue françoise* de Vaugelas.

Le type de jugement qu'elle implique est cependant bien plus ancien. Les historiens du français mentionnent les critiques subies à la fin du XIIe siècle par le poète Conon de Béthune à la cour du roi, spécialement de la part des dames, parce qu'il avait « dit mot d'Artois ». Moins connu est le témoignage de la religieuse anonyme qui a écrit peu auparavant la *Vie d'Édouard le confesseur* ; elle prévient les reproches du lecteur en reconnaissant modestement au début de son ouvrage : « Un faus franceis sai d'Angleterre, / Ke ne l'alai ailurs quere. » Dans le premier cas intervient comme censeur une classe sociale privilégiée. Dans les deux cas, les différences régionales font, déjà, l'objet de jugements défavorables, expérimentés ou prévus. Pourtant l'Artois n'est pas très loin de Paris, et, pour la littérature, que peut apporter à cette époque la région parisienne par comparaison avec l'Artois, comme d'ailleurs avec l'Angleterre ? Il faut noter que l'on blâmait de Conon le parler et non les écrits, dont le français est peu marqué de picardismes.

Je rappelle ces généralités : la langue écrite du Moyen Âge est le français et non le dialecte, aussi bien pour les territoires dépendant du royaume de France que pour ceux qui ressortissaient au Saint Empire, comme la quasi-totalité de la Wallonie actuelle. Mais ce français était une sorte de tronc commun : les textes contenaient des régionalismes plus ou moins nombreux, qui notamment laissaient transparaitre par moments la phonétique et la morphologie locales. Ce type d'éléments se raréfient progressivement pour à peu près disparaitre après le XVIe siècle. On ne perçoit plus l'origine des auteurs que par quelques traits syntaxiques et surtout lexicaux ; les particularités phonétiques n'y sont plus visibles. Au cours du XIXe et du XXe siècle, par l'enseignement obligatoire, les voyages, les médias, surtout la télévision, le français est devenu vraiment commun pour l'écrit, et même pour l'oral, quoique les caractéristiques régionales y subsistent davantage.

Une conception explicite du *bon usage* ne pouvait guère être formulée avant le XVIIe siècle, moment où à l'uniformisation qui vient d'être décrite sommairement s'ajoute la conviction, parmi l'élite cultivée, surtout à Paris, que le français est arrivé à un point de perfection, qu'il est digne de rivaliser avec le latin. Voici venu le règne des grammairiens et des lexicographes. L'Académie française, fondée en 1635, est explicitement chargée « de travailler avec tout le soin et toute la diligence possible à donner des règles certaines à notre langue, et à la rendre pure, éloquente et capable de traiter les arts et les sciences », ce qu'elle avait la directive de traduire dans un dictionnaire, qui vint au jour après un long accouchement – presque soixante ans –, une grammaire, qui se fit attendre trois siècles, mais ce fut un avortement, une rhétorique et une poétique, qui n'allèrent pas au-delà de ce projet.

Voici venu le temps du *bon usage*, dont Vaugelas est le grand patron. Il ne se contente pas de proclamer que c'est « le Maistre des langues », il précise dans sa préface le critère sur lequel il établit le concept : « C'est la façon de parler de la plus saine partie de la Cour, conformément à la façon d'escrire de la plus saine partie des Autheurs du temps. » La suite serait à citer aussi, mais je retiens seulement : « Quand je dis la Cour, j'y comprens les femmes comme les hommes. »

La localisation a sa place dans les jugements de Vaugelas : il critique notamment à plusieurs reprises ce qui est dit par « ceux de delà Loire », comme *Il n'a point de l'argent*. Mais, en général, il s'agit de déterminer ce qui est bien, ou ce qui est mieux, entre des procédés ayant cours dans le français central.

Le milieu de référence est restreint et socialement très marqué (surtout pour l'oral), élitiste, dirait-on aujourd'hui. Mais tellement plus que la bourgeoisie parisienne cultivée qui inspire les orthoépistes de notre temps ? Du moins reconnaitra-t-on que Vaugelas se fonde en principe sur l'observation et non sur des a priori comme seraient l'origine et l'histoire, domaines sur lesquels il avait de faibles lumières, ou comme serait le raisonnement. La place de ce dernier est restreinte : « Il est de l'Usage comme de la Foy, qui nous oblige à croire simplement et aveuglément, sans que nostre raison y apporte sa lumiere naturelle » ; ou encore : « L'Usage fait beaucoup de choses *par raison,* beaucoup *sans raison*, et beaucoup *contre raison.* » Si le grammairien avait mieux connu l'ancienne langue, il aurait trouvé plus souvent l'explication des illogismes qu'il constatait. Il se résignait donc à ces anomalies, lorsqu'elles étaient passées dans l'usage.

Cette souplesse va se réduire, pour deux causes, chez beaucoup de grammairiens qui suivront.

Première cause : l'admiration, légitime, que suscitent les écrivains du XVIIe siècle, devenus des *classiques* dès le siècle suivant, fait voir en eux des modèles définitifs et dans leur langue une perfection dont on ne doit pas s'écarter. Pour Littré, l'usage contemporain commence à Malherbe ; pourtant, en deux siècles et demi, bien des choses ont changé, mais Littré, tout en suivant de près le développement des vocabulaires scientifiques et techniques, décrit la langue générale en prenant au XVIIe siècle la grande majorité de ses références.

Deuxième cause : le raisonnement, que Vaugelas tenait à l'écart, va faire une entrée massive ; il sera plus puissant que l'usage même des classiques : des tours attestés chez eux sont rebutés et des règles ignorées par eux sont instituées. Jusqu'à la fin du XVIIIe siècle, les noms composés, comme des noms ordinaires, prenaient à la fin la marque du pluriel, et seulement quand le composé était au pluriel : l'Académie française écrivait alors d'une part *un porte-lettre, un couvre-pied, un chasse-mouche*, d'autre part *des abat-jours* et même *des arc-en-ciels.* On va y substituer une autre analyse, dans laquelle l'étymologie l'emporte sur le fonctionnement : il ne faudra plus compter les abat-jours et les couvre-pieds, mais se demander si le composé, soit au singulier, soit au pluriel, implique logiquement un pied ou des pieds, une mouche ou des mouches. La *Grammaire des grammaires* de Girault-Duvivier poussera les choses jusqu'au bout en refusant la soudure dans *un entr'actes, un chèvre-pieds,* de façon à leur imposer à eux aussi l'*s* que réclamait cette prétendue logique. Il s'agit d'ailleurs, paradoxalement, d'une étymologie coupée de l'histoire, puisqu'elle néglige le fait que *chèvre-pieds* est un calque du latin *capripes* (avec le singulier *pes*) et qu'elle est contrainte d'inventer un substantif *épic* pour expliquer *un porc-épics,* « dont le corps est couvert de beaucoup d'épics ou de piquants ».

Il serait trop simple d'incriminer seulement les conservateurs impénitents et systématiques appelés puristes. L'école a répandu un certain nombre de ces règles fabriquées. Même pour des linguistes purs, est-il simple d'accepter la *grammaticalité* de façons de parler ou d'écrire que l'on a entendu dès l'enfance ostraciser, notamment par la formule « Ce n'est pas français » ?

Il est difficile aussi pour des linguistes de se défendre contre un type d'arguments qui cherche sa légitimité dans leur science même, c'est-à-dire l'étymologie. Il y a sans doute des cas innombrables où aucun d'entre eux ou même personne ne songerait à ressusciter des constructions ou des sens irrémédiablement disparus. Voici pourtant deux exemples où l'origine du mot pèse sur les jugements de linguistes qui devraient pourtant privilégier l'observation.

Le premier est peut-être dû à une certaine maladresse dans la présentation. Pour le *Trésor de la langue française, pied* pour désigner chacune des syllabes d'un vers est « abusif ». Sans doute le latin *pes* a-t-il une autre signification, que les historiens de la poésie latine ont le droit de reprendre. Mais le latin est le latin et le français est le français, et l'« abus » est légitimé en français par six siècles d'usage ; il est du ressort de la notice historique et non de la description synchronique.

Le deuxième a contre lui une espèce d'unanimité : même Marcel Cohen, linguiste peu suspect de faiblesse à l'égard du purisme, s'élève contre le pléonasme que l'on croit trouver dans l'emploi avec *d'avance* de *préparer, prévenir.* Sans doute en latin *prae* signifiait « d'avance » ; mais en français ces verbes ont perdu tout contact avec *parer* et *venir* quant au sens et quant à la construction ; ils ne fonctionnent plus comme des mots préfixés. *Prévenir* est devenu un synonyme de *faire savoir* et s'emploie couramment pour des faits présents et passés : « Dès que Rose s'aperçut du larcin, elle courut prévenir Madame » (Maupassant, *Contes et nouvelles*, *Pierrot*). Et j'ai relevé l'association discutée chez plus de cinquante auteurs des plus réputés, y inclus Littré et le dictionnaire de l'Académie ; les lexicographes n'ont pas à l'esprit, quand ils expliquent *coup monté,* ce qu'ils enseignent dans les articles consacrés aux verbes. Telle est la force irrésistible de l'usage.

L'oubli ou du moins l'estompement du principe sur lequel Vaugelas fondait la notion de bon usage n'ont pas eu pour conséquence la disparition de la formule. Mais on lui donne le sens que l'on veut. Abel Hermant, le prince des puristes, s'en réclame à l'occasion. En se fondant sur son propre usage ? Pas du tout. J'ai relevé dans ses écrits quand il ne s'était pas établi grammairien une quarantaine d'emplois qu'il blâmera quand il sera touché par la grâce. « Tous les écrivains soigneux d'aujourd'hui font la distinction [entre *rien moins que* et *rien de moins que*] », déclare-t-il ; il faut donc exclure Abel Hermant des écrivains soigneux. Est de bon usage ce que les grammairiens ont déclaré de bon usage et ils n'y acceptent jamais les nouveautés postérieures aux classiques, du moins quand elles ont été dénoncées comme telles : le verbe *baser* est frappé d'une malédiction éternelle, depuis que Royer-Collard a proféré : « S'il entre [dans le dictionnaire de l'Académie], je sors ! »

Parmi ces juges, l'Académie française est, évidemment, le plus connu. Son dictionnaire illustrait en 1935 un des sens du mot *usage* par cet exemple : « L'Académie ne prétend pas régler l'usage de chaque mot, elle indique l'usage qu'on en fait. » Va-t-elle reprendre cette phrase dans l'édition en cours ? Ce serait paradoxal puisque cette édition innove en ajoutant à la partie descriptive de certains articles des jugements qui ambitionnent de « régler l'usage », c'est-à-dire de le contraindre, qu'il mérite l'épithète de bon ou non, par exemple quand les tours contestés se lisent chez les académiciens eux-mêmes quand ils ne siègent pas à la Commission du dictionnaire. Je me bornerai à *par contre,* que j'ai relevé sous la plume de plus de quarante membres de l'Académie, Abel Hermant compris. L'édition actuellement en cours concède que « la locution [...] a été [...] utilisée par d'excellents auteurs » (suit une énumération empruntée à la source que vous devinez) et qu'« elle ne peut donc être considérée comme fautive » ; elle ajoute malheureusement : « mais l'usage s'est établi de la déconseiller, chaque fois que l'emploi d'un autre adverbe est possible ». Le mot *usage* désigne ici l'usage des grammairiens et il est présenté comme supérieur à l'usage tout court.

On ne doit pas s'étonner si, aux yeux des observateurs un peu indépendants, la formule *le bon usage* avait perdu de sa séduction par ce qu'elle avait acquis d'arbitraire ou de réactionnaire. Le premier de ces adjectifs convient, apparemment, au seul exemple que donne le *Trésor* comme illustration de la locution : « Il faut avouer que ce que nous nommons entre nous le *bon usage* n'est guère, hélas, qu'une conception de notre Académie » : cette phrase est de Valéry, qui y oppose *bon usage* à « l'usage actuel *vrai* » (*vrai* en italique). Le second des adjectifs correspondrait sans doute à la pensée profonde de beaucoup de linguistes.

C'est donc avec une certaine hardiesse que Maurice Grevisse a repris en 1936 la formule comme titre de son ouvrage. Cette illumination, qu'il se rappelait avoir reçue en traversant le pont qui réunit le faubourg de Salzinne à la ville de Namur, a permis à l'ouvrage de se distinguer des innombrables *Grammaires françaises* et a donc contribué à son succès, que Grevisse ne prévoyait d'ailleurs pas du tout.

La hardiesse était-elle consciente ? Grevisse en soi n'avait rien d'un révolutionnaire. N'avait-il pas choisi comme sous-titre : « Cours de grammaire française et de langage français en concordance avec la 8e édition du Dictionnaire de l'Académie française », laquelle édition venait tout juste de s'achever ? Dès la deuxième édition en 1939, il a supprimé la deuxième partie, s'étant aperçu qu'à décrire le français comme il le faisait, il se mettait nécessairement *en discordance* avec le dictionnaire de l'Académie.

Il s'agissait en effet d'exposer les faits sans a priori, mais à partir de l'observation. Grevisse se rangeait sous la bannière de Vaugelas, en ne retenant que le deuxième groupe des informateurs : « la plus saine partie des auteurs du temps » ; rien ne correspond à la pratique orale des hommes et des femmes de la cour.

Pourquoi est-ce surtout en Belgique que l'on a rendu à l'usage sa primauté, au prix de recherches qui exigent beaucoup plus de temps et de patience que le simple recopiage des listes traditionnelles ? Est-ce parce que l'éloignement de Paris permet de ne pas partager la révérence des Français pour leur Académie ? Est-ce parce que l'« insécurité linguistique », selon la formule à la page, empêche de trancher avec l'assurance des Parisiens qui se sentent propriétaires de droit divin ?

La démarche que des prédécesseurs belges et déjà Vaugelas ont pratiquée sur des cas particuliers, Grevisse va l'appliquer systématiquement. Où cherche-t-il ses références, sa référence ? Il s'agit avant tout de langue écrite, et les écrivains sont les témoins. Quels écrivains ? Grevisse, dans des interviews, s'est caricaturé lui-même en utilisant l'image biblique des brebis et des boucs, qui symbolisaient les élus et les réprouvés. Les plus de cinq cents écrivains qu'il cite ne sont pas tous des maitres incontestables ou incontestés, de sorte qu'au lieu d'un bon usage monolithique Grevisse décrit un usage fort souple, un usage en mouvement, un usage multiple. Un grammairien français comme René Georgin (qui était loin pourtant d'être un ignorant) cite, à propos de tel fait, quatre ou cinq auteurs connus, pour montrer, par leur exemple même, les grands dangers courus par la langue. Chez Grevisse, des références analogues sont chargées de montrer qu'un usage nouveau est en train de s'introduire ou s'est introduit – selon le nombre des attestations. Même si, sur des points particuliers, Grevisse propose en modèle des usages écrits un peu vieillots, la langue parlée est loin d'être absente : grâce aux dialogues des romans et des pièces de théâtre ou grâce à des auteurs comme Céline. Bref, cette description est si riche que les linguistes purs, même quand ils critiquent le cadre théorique, trouvent dans l'ouvrage des matériaux sans équivalent.

Quant aux écrivains, loin de se plaindre de ne pas découvrir en Grevisse un censeur rigide, ils estiment, au contraire, que c'est une lecture stimulante. Michel Cournot : « Chaque fois qu'on se tâte, c'est chez Grevisse qu'on va frapper [...]. Il dénoue une situation fausse, il désenchaîne l'homme qui écrit. » Marie Cardinal : « Dans le Grevisse, il y a beaucoup de portes ouvertes sur la liberté et sur la fantaisie, beaucoup de clins d'œil vers ceux qui ne s'enferment pas dans l'orthodoxie. »

Des opposants disent que Grevisse érige en norme les fautes qui ont échappé à quelques écrivains. Ce reproche est tout à fait contraire à la démarche prudente de Grevisse. D'une part, il ne donne le certificat de bon usage que sur un épais dossier dont l'ouvrage ne reproduit souvent qu'une partie. D'autre part, même pour les tours ou constructions tout à fait innocentés, la présentation évite les éclats.

Un exemple le fera comprendre en même temps qu'il montrera l'évolution de l'auteur selon celle même de l'usage ou selon l'accroissement de la documentation. La première édition écrivait en gros caractères : « On évitera d'appliquer *soi-disant* à des choses », mais cet emploi devenait dans une note une faute quasi vénielle, en tout cas provisoire : il « ne tardera pas sans doute, malgré le veto des grammairiens et des puristes, à être reçu par le bon usage ». D'édition en édition, la formulation change et le nombre d'attestations se multiplie. En 1980, Grevisse commence encore par ladite règle : « Théoriquement *soi-disant* ne peut s'appliquer qu'à des personnes. » Il concède que cela est conforme à la logique, puis il ajoute : « Mais *soi-disant* appliqué à des choses a pour lui la caution de très nombreux écrivains modernes. » Suit, non pas une conclusion explicite, mais une avalanche d'exemples et de références, qui remonte à Marivaux et à Diderot, où les académiciens sont en force et dont le dictionnaire de l'Académie n'est pas absent (à cause de son article *empirique*). Il ne s'agit donc pas de distractions occasionnelles.

Le lecteur qui ouvre le livre pour apaiser une inquiétude qui lui vient tandis qu'il écrit aimerait parfois trouver une réponse plus immédiate et plus nette. J'ai cru, en refondant le livre, pouvoir y aller plus rondement : dès son début, le développement précise, soit que l'emploi contesté est entré dans l'usage général, même soigné, soit que l'usage reste tout à fait partagé. Pour ce qui est archaïque, régional, populaire, usité seulement à l'oral, il suffit en principe de noter cette limitation pour que le lecteur opte lui-même selon la situation de communication. La notion de faute semble à peu près inutile. Pourtant plus d'un lecteur tient à ce qu'on décide à sa place. Aussi certains mots ou constructions sont-ils précédés d'un symbole avertissant qu'ils n'appartiennent pas au français commun ou au français écrit soigné. Cette simple mise en garde ne cherche pas à empêcher qui que ce soit de passer outre, et il peut avoir de bonnes raisons pour le faire.

Comme il est dit dans les *Préliminaires*, les jugements sont faits principalement en fonction de l'écrit soigné : là subsistent le passé simple et plus ou moins le subjonctif imparfait ; là on évite le pléonasme ; là il est permis de préférer *Quand viendras-tu ?* à *Quand est-ce que tu viendras ?* ou à *Tu viendras quand ?* ou encore *cela* à *ça.* Mais il y a aussi un bon usage de l'oral ordinaire (qu'une grammaire de l'écrit tâche de mentionner objectivement, mais sans y consacrer l'essentiel de son attention) : le subjonctif imparfait y détonne, et les interrogations sans inversion y sont naturelles. Tout cela rend délicate l'utilisation mécanique de la statistique : même dans les œuvres littéraires, il faut faire la part des intentions de rendre ici l'oral, l'oral de tel locuteur (pensez aux observations de Proust), là le familier, le vulgaire, le populaire, le régional, et il serait absurde de porter cela au compte du bon usage écrit de l'écrivain. À côté des écrivains, on tâche de faire une place aux juristes, aux scientifiques, aux journalistes. Lorsqu'il s'agit d'apprécier la vitalité d'une construction qui passe pour vieillie, ces témoignages sont plus intéressants que celui des académiciens.

Conclusion rapide : à quoi sert le bon usage ? à qui sert-il ? Il sert aux usagers qui le souhaitent, au moins pour l'écrit, aux linguistes mêmes en tant qu'usagers, qu'ils le veuillent ou non. Et ils le suivent le plus souvent avec docilité. Ils contribuent aussi à le déterminer, en tant qu'utilisateurs spontanés (peut-être moins spontanés que les catégories évoquées ci-dessus).

BIBLIOGRAPHIE

GREVISSE, M., 1993 (13e édition refondue par André Goosse), *Le Bon Usage*, Gembloux, Duculot.

BIG HAMBURGER
10 Km
SCREAM
25
VOUS PARLEZ FRANÇAIS?
DRINK KOK
VIRY-CHATILLON
PARIS 35 km

C

comme une crise du français ?

par Dominique Noguez

Une crise ? Quelle crise ? La langue française n'est pas en crise. Elle se porte bien. Elle évolue. Elle s'enrichit. C'est bien pire qu'une crise : la langue française est victime d'une trahison. Et de cette trahison, nous sommes tous plus ou moins coupables.

Nous en sommes coupables individuellement et collectivement, depuis le jour où nous avons accepté pour la première fois de jouer dans les cafés sur des billards électriques qui acceptaient nos pièces, bien sûr ! mais ne daignaient pas s'adresser à nous dans notre langue pour nous dire si nous avions gagné et comment nous devions nous y prendre pour le faire.

Depuis le jour aussi où nous avons accepté pour la première fois d'acheter des chemises, des polos ou des tee-shirts bardés de mots anglais vantant des universités généralement imaginaires ou même des marques commerciales.

Depuis le jour où nous avons accepté pour la première fois de recevoir – d'abord, suprême astuce, en guise de cadeau accompagnant l'abonnement à tel ou tel magazine – une radio, un radio-réveil, une calculette, toutes sortes de gadgets, où ne se lisaient plus *marche*, *arrêt*, *bis* ou *en avant* mais *on*, *off*, *replay* et *forward*.

Depuis le jour où nous avons accepté pour la première fois que l'entrepreneur italien Benetton étale partout sa publicité en anglais, comme si ses clients français n'étaient pas dignes d'une traduction (contrairement à ceux du Québec, dont la législation linguistique plus stricte imposait ce geste élémentaire de politesse).

Depuis le jour où nous avons accepté pour la première fois que des publicitaires recouvrent le Louvre sur des centaines de mètres carrés d'un panneau où l'on nous enjoignait de « *Think different* ».

Depuis le jour où nous avons accepté pour la première fois d'acheter des machines à écrire ou à traduire dont le clavier n'était pas celui qui avait cours dans notre pays et selon lequel nous avions appris à taper depuis plus d'un siècle, A Z E R T Y, mais celui des Américains, Q W E R T Y.

Depuis le jour où nous avons accepté pour la première fois que les grands magasins ou certaines entreprises couvrent l'été à Paris les murs d'affiches uniquement en anglais, comme si les touristes étrangers dont ils recherchent la clientèle étaient tous anglophones alors qu'ils parlent en majorité italien, arabe, allemand, espagnol ou japonais.

Depuis le jour où nous avons accepté pour la première fois que dans les spectacles retransmis à la télévision il y ait systématiquement un quota de chansons en anglais (et aucune en d'autres langues), ce quota pouvant dépasser les 50 %. La même chose sur les ondes de presque toutes les radios, certaines frisant le 100 % de chansons en anglais. La même chose pour la musique d'ambiance des grands magasins, du RER, pour les publicités au cinéma ou pour la musique diffusée au téléphone dans le but de faire patienter. (La réciproque n'étant bien entendu jamais vraie : combien de chansons de Piaf, de Brel, de Ferré ou de Souchon, combien de raps du Parisien MC Solaar ou des Marseillais IAM sur les radios américaines ?)

Depuis le jour où nous avons accepté d'écouter les cris de gorets des agents français de compagnies de disques américaines dès qu'on faisait mine de remettre en cause ces monopoles quasi coloniaux.

Depuis le jour où nous avons accepté pour la première fois de faire sur notre propre sol des colloques où, dès qu'il y avait un participant qui ne comprenait que l'anglais, fût-il le seul sur cent, les quatre-vingt-dix-neuf autres devaient s'exprimer dans sa langue.

Depuis le jour où nous avons accepté pour la première fois que dans la plupart des établissements d'enseignement de notre pays, les élèves n'aient pratiquement plus le choix qu'entre l'anglais et… l'anglais. (En 1995, 86,86 % des collégiens et lycéens français apprenaient l'anglais ; il ne restait qu'un peu plus de 13 % d'insensés pour tenter d'apprendre l'une des autres grandes langues du monde. L'année suivante, un rapport révélait que depuis qu'on les a mis en demeure d'apprendre des langues étrangères à leurs bambins, 82,1 % des maitres les ont initiés à l'anglais. Pas étonnant, puisque pour un poste d'agrégation mis au concours pour la langue allemande ou la langue espagnole, on en met *trois* au concours pour la langue anglaise. Et ne parlons pas des « petites » langues comme le chinois ou l'arabe, qui ne représentent après tout au total que les neuf dixièmes de l'humanité, et qui ont droit à cent ou deux cents fois moins de postes !)

Depuis le jour où nous avons accepté pour la première fois de répondre dans la rue en France à des gens qui ne prenaient même pas la peine de nous dire deux mots de politesse pour nous demander si nous comprenions l'anglais et s'adressaient directement à nous dans cette langue comme si le monde entier dût la comprendre.

Depuis le jour où nous avons accepté pour la première fois qu'une poignée de responsables télévisuels surpayés et vénaux achètent à bas prix des kilomètres de feuilletons mal doublés, venant toujours du même pays, matériel de propagande plus ou moins habile, plus ou moins grossier, pour un mode de vie et de consommation, pour une histoire, pour des héros, pour des valeurs, pour des rituels, pour des produits qui n'étaient pas les nôtres.

Depuis le jour où nous avons accepté pour la première fois que des cinéastes tournent en anglais des films « français » financés en grande partie par l'argent public, sous prétexte que les ménagères du Texas (à qui on prétendait les vendre et à qui on ne les vendait jamais) ne supportaient pas le doublage – doublage assez bon, par contre, pour les ménagères de Provence ou du Poitou, instaurant du coup dans le monde un immense apartheid entre ceux qui ont le droit à des œuvres dans leur langue (pourvu que ce soit l'anglais) et tous les autres qui n'y ont plus droit, même si ce sont eux qui paient.

Bref, depuis le jour où nous avons accepté pour la première fois, titillés par d'habiles campagnes de rumeurs, de publicités, d'échos, de nous laisser fasciner par les gadgets culturels et la marchandise au point de devenir indifférents à notre propre culture et à notre dignité et de consommer des produits qui n'étaient pas prêts, pas adaptés, qui n'étaient pas faits pour nous. Depuis le jour où nous avons accepté d'être seulement des clients, et des clients qu'on ne respecte même pas, qui paient et en plus sont maltraités ; ou des hôtes qui invitent et en plus doivent accepter les diktats de l'invité. Depuis le jour où nous avons accepté des marchés de dupes, des gestes de bonne volonté à sens unique, des concessions sans réciprocité, des abaissements, toujours plus d'abaissements.

Et depuis le jour où pour la première fois nous avons feint de croire que cela était normal, que c'était fatal, que c'était même nécessaire, que c'était le sens de l'histoire, l'inarrêtable marche du monde, qu'il n'y avait rien à faire qu'à accepter cette dépossession et ce suicide.

Plus ou moins coupables, tous. Il faut avouer cependant que certains le sont plus que d'autres. Infiniment plus. Il n'y a pas de commune mesure. Non, rien de commun entre la faiblesse individuelle, l'impuissance, la tétanisation auxquelles le progrès démocratique (dans le meilleur des cas) ou la grande débandade du chacun pour soi (dans le pire) nous condamnent presque tous, et la froide détermination, la ténacité perverse et gourmande, le cynisme noir qu'une poignée de décideurs ont mis depuis longtemps à déposséder complètement de leur bien le plus cher, de leurs pensées et de leurs mots, de leur identité, et presque de leur souffle vital – bref, de ce qu'on appelle leur « langue » – plus de soixante millions de Français, plus de cent millions de francophones de naissance répartis dans le monde.

Ô nouveauté d'un siècle si peu glorieux, ô mystère des mystères ! On a tenté et presque réussi, et l'on tente encore, inlassablement, ce qu'on n'avait jamais tenté encore en aucun siècle et en aucun pays de cette Terre, l'éradication d'une langue, l'arrachement à un peuple entier de ses mots et de sa syntaxe avec son consentement ! Cette amputation monstrueuse, cette castration inimaginable – sous anesthésie ! Cette absurdité gribouillesque avec le sourire patelin des bons chirurgiens – ou plutôt de l'impayable Toinette du *Malade imaginaire*, déguisée en médecin et suggérant à Argan de se faire couper le bras et crever l'œil :

> – « Ne voyez-vous pas qu'il incommode l'autre et lui dérobe sa nourriture ? Croyez-moi, faites-vous-le crever au plus tôt, vous en verrez plus clair de l'œil gauche. »

Or cette monstruosité farcesque ne parait même plus une farce ! Elle est professée par cent bons apôtres, petits barons universitaires ou mandarins de faculté, gros rats du fromage télévisuel et du show biz, publicitaires et vendeurs de gadgets, boursicoteurs ou entrepreneurs, fonctionnaires européens ou chercheurs scientifiques, et au premier chef par le propre ministre dit « de l'Éducation nationale » de notre République qui, en déclarant en 1997 que les Français ne devaient désormais plus « considérer l'anglo-américain comme une langue étrangère », a cru pouvoir balayer d'une phrase plus d'un millénaire d'histoire et supprimer d'un seul et même coup l'ordonnance de Villers-Cotterêts instituant en 1539 le « langage maternel françois » comme celui des actes officiels dans notre pays, le décret de la Convention du 27 Brumaire an III faisant du français la langue de l'enseignement et notre actuelle Constitution qui stipule en son article 2 que « le français [*et lui seul*] est la langue de la République ».

Ce ministre, tellement représentatif de sa caste de scientifiques – hommes eux-mêmes tellement épris de reconnaissance, de chaires et de bourses juteuses aux États-Unis qu'ils sont prêts à tout y sacrifier, y compris leur langue (qui est aussi, mais ils s'en tapent royalement, celle de millions de citoyens qui ne leur ont nullement donné mandat pour cet abandon) –, ne représente certes pas à lui seul la puissance publique.

Mais celle-ci, dans ses variétés, ne vaut guère mieux. Il y a sans doute sur la tourte une fine couche de crème : ces institutions censées promouvoir la francophonie, aussi innombrables qu'impuissantes, car sans personnel, sans moyens financiers, sans relais aucun dans la population des hauts fonctionnaires français ou « européens » qui constituent la réalité du pouvoir, perdues en plus dans de picrocholines questions de préséance ou de rivalités (quelles que soient par ailleurs la conviction et les qualités humaines évidentes de bon nombre d'entre leurs responsables) ; et ces « sommets », aussi, d'autant plus fastueux qu'inutiles, équivalents à peu près parfaits de ce que seraient des banquets de croque-morts en l'honneur de la vie et qui sont à l'action nécessaire ce que le cautère est à la jambe de bois.

Quant au « sommet de l'État », c'est, depuis un demi-siècle, avec seulement des nuances, le sommet de l'incurie. De Gaulle lui-même, qui eut une grande politique étrangère, ne fit rien pour lui donner les prolongements linguistiques qu'elle requérait. De même qu'il avait laissé prospérer autour de lui une faune ténébreuse de margoulins – promoteurs immobiliers qui, en nous faisant les banlieues que nous savons, ont mis en branle la plus formidable machine infernale à retardement de l'histoire de la République, députés godillots, policiers fascistes, barbouzes, journalistes aux ordres –, dans le temps même, donc, où il provoquait judicieusement le rapprochement spectaculaire de la France et de l'Allemagne et où il entendait aller « *la mano con la mano* » avec l'Amérique latine, il ne se préoccupa nullement de faire en sorte, par des accords réciproques sur les cursus, que les petits Français soient nombreux à apprendre l'allemand ou l'espagnol et les petits Allemands ou les petits Chiliens nombreux à apprendre le français.

Pompidou, sensible pourtant, par formation et par gout, aux questions de langue, et qui sut s'entourer d'hommes comme Michel Jobert et Philippe Rossillon, fut aussi celui qui eut la riche idée de faire entrer l'Angleterre dans le Marché commun et qui fit ainsi de l'Europe la tombe du français (qui, seule langue de travail des députés et fonctionnaires européens en 1972, est en passe, trente ans après, avec l'aide vigilante de quelques francophobes efficaces comme nos amis flamands et néerlandais, de l'être à zéro pour cent).

Giscard, n'en parlons pas. Il s'adressa en anglais à la presse internationale dès le soir de son élection, il se flattait de parler anglais avec le chancelier Schmidt, il est l'emblème même de tous les illustres Gaudissart et nouveaux bourgeois gentilhommes dont l'ardent souci fut depuis trente ans de rendre les petits Français anglophones dès l'école maternelle et d'en envoyer ensuite le plus grand nombre dans les *Business Schools* américaines.

Mitterrand eut beau, lui aussi, bien choisir (Philippe de Saint-Robert, Stélio Farandjis), il n'en confessa pas moins au soir de sa vie que la très insuffisante action en faveur de notre langue était l'un des deux échecs qu'il reprochait à ses septennats.

Et Chirac ? Et Jospin ? « Parlons d'autre chose, on se fâcherait », comme fait dire Audiard à Gabin dans *Le cave se rebiffe*.

Deux choses pour finir. Il ne s'agit pas de refuser l'apprentissage des langues étrangères. Au contraire, il faut en apprendre, des langues, de plus en plus. Les Français, du reste, le savent. On a essayé, on essaie encore, au mépris des réalités, au mépris des chiffres les plus avérés, de leur donner un complexe, de les faire passer à leurs propres yeux pour allergiques aux langues des autres, pour les derniers de la classe en matière d'apprentissage linguistique. Bien entendu, c'est faux. C'est royalement, c'est impérialement faux : par exemple, selon les statistiques du ministère de l'Éducation nationale (Eurostat), si, en 1995, 55 % des Français « ne parl [ai] ent pas suffisamment une langue étrangère pour leur permettre de participer à une conversation », on pouvait dire la même chose de *62 % des Anglais* ; par ailleurs, si 51 % des Anglais avaient appris à l'école le français, 59 % des Français ont appris l'anglais. Et puis, faites une expérience : mettez en présence un anglophone et un francophone, surtout jeune, et vous verrez qui fait l'effort de parler la langue de l'autre et qui ne le fait pas.

Deuxièmement : résister, dira-t-on, c'est se mettre en situation de guerre culturelle. Oui, et alors ? Que nous le voulions ou non, elle fait rage. Elle est commencée depuis longtemps. Par exemple depuis 1800, quand lord Grenville, ministre britannique des Affaires étrangères, enjoignit à ses collaborateurs du Foreign Office de ne plus s'exprimer en français dans leurs entretiens avec les diplomates accrédités à Londres. C'était, dira-t-on, l'époque de Napoléon et nous étions ennemis. Mais en 1918, au moment du traité de Versailles, alors même que nous étions alliés, que c'est un général français qui commandait les troupes victorieuses et que les négociations avaient lieu en France, les chefs des délégations britannique et américaine déclarèrent, comme par hasard, « ne pas savoir le français » et imposèrent l'anglais pour presque toutes les discussions préliminaires. Comme l'a observé le linguiste Antoine Meillet, « la fin d'une guerre où la France a joué le premier rôle militaire a donc consacré la ruine du privilège qui faisait du français l'unique langue diplomatique ».

Plus près de nous, en juin 1943, les ministres de l'Instruction des gouvernements alliés établis à Londres n'eurent rien de plus pressé que d'examiner (selon l'agence Reuters elle-même) un plan destiné à faire de l'anglais la « langue universelle comme médium dans les contacts internationaux et comme un moyen d'assurer une meilleure entente entre les peuples ». Mettre sur pied en pleine guerre un tel plan, c'est ce qui s'appelle avoir de la suite dans les idées ! Après la Seconde Guerre mondiale, les choses sont encore plus nettes : alors même que le français est théoriquement, à égalité avec l'anglais, langue de travail de l'ONU, le délégué de la République d'Haïti peut remarquer, le 31 janvier 1952, devant l'Assemblée générale de cette organisation (qui siège alors à Paris) : « Des ouvrages très importants de notre Organisation sont édités en langue anglaise à l'exclusion de la langue française [...]. En pleine capitale de la France, les programmes de nos séances sont affichés uniquement en anglais [...]. On pourrait se demander s'il ne s'agit pas d'un plan systématique pour saboter une langue qui, pendant des siècles, a été celle de la diplomatie. »

Guerre culturelle, donc, et que nous n'avons pas voulue. Mais, après tout, c'est une forme de guerre sans morts ni blessés, par là tolérable. Et en acceptant de la mener – c'est-à-dire en acceptant de relever le défi –, nous faisons progresser tout le monde : les Anglais et les Américains parce que nous leur rappelons qu'ils ne sont pas seuls au monde et que tout Goliath trouve un jour son David ; tous les autres pays parce qu'en célébrant la diversité nous défendons également leur propre langue et leur propre culture. Les avatars récents de la lutte internationale contre la pseudo-« mondialisation » (nom pudique pour désigner l'uniformisation capitaliste anglophone voulue par les plus puissantes multinationales) devraient donner sur ce point quelques espoirs.

Bibliographie

MEILLET, A., 1928 (2e édition augmentée), *Les Langues dans l'Europe nouvelle*, Paris, Payot, voir particulièrement p. 254.

ÉTIEMBLE, R., 1973 (édition revue et augmentée), *Parlez-vous franglais ?*, Paris, Gallimard, « Folio », voir particulièrement p. 236.

DÉSOLÉ POUR NOTRE RENDEZ-VOUS D'HIER, MAIS ENCORE AURAIT-IL FALLU QUE JE FUSSE RENTRÉ CHEZ MOI POUR QUE J'ÉCOUTASSE TON MESSAGE SUR LE RÉPONDEUR.
TSS... J'AI DÉJÀ ENTENDU DES EXCUSES AVEC UN POINT DE VUE MOINS SUBJONCTIF...

D

comme décrire ou prescrire

par Marc Wilmet

Mine de rien, nos deux paronymes – *décrire, prescrire* – sont lourds de passé et d'avenir. On en jugera. Dans l'immédiat, ils forment la source où s'alimentent les activités divergentes des linguistes (les *descripteurs*) et des grammairiens (les *prescripteurs*), que le grand public francophone, il est vrai, tend à confondre.

Pour quelle raison ? Reprenons les choses de loin et de haut.

Les langues sont des produits sociaux distinguant l'espèce humaine parmi les autres espèces animales (car, bien entendu, l'homme n'est qu'un animal, un mammifère supérieur, simplement muni d'un plus gros cerveau que les chimpanzés). D'outil de communication, le langage devient objet d'étude philosophico-logique en Grèce, au ve siècle avant Jésus-Christ : Platon, puis Aristote, les stoïciens… Les sophistes s'intéressent à ses pouvoirs rhétoriques. Deux cents ans encore, et les « Alexandrins » – des lettrés vivant à Alexandrie et à Pergame – conçoivent l'idée d'une *norme* langagière. Ils se divisent bientôt en *analogistes*, imitateurs des modèles anciens, et en *anomalistes*, ouverts à l'évolution ; bref, des conservateurs et des progressistes.

Ces clivages issus de l'Antiquité – le courant objectif de

la grammaire-science, le courant subjectif de la grammaire-code – se répercutent à l'époque moderne.

Premier courant

La grammaire scientifique chemine des Grecs aux Latins et aux « modistes » médiévaux (ainsi baptisés du nom de leurs traités *De modis significandi*, « Les manières de signifier ») pour donner en France la « grammaire générale » de Port-Royal (1660), de l'Encyclopédie (Dumarsais, Beauzée…) et des Idéologues (Destutt de Tracy…). S'ajoutent, au XIXe siècle, la « grammaire historique », la « grammaire comparée », nées en Allemagne, et, aujourd'hui, les grammaires « distributionnelle », « générative », « transformationnelle », « relationnelle », « casuelle »…, d'inspiration nord-américaine.

Voilà les occupations grammaticales que dans les pays de langue française on a pris l'habitude de coiffer du nom de « linguistique » afin d'éviter toute ambigüité.

C'est que la veine normative y avait progressivement acquis au titre de « grammaire » une visibilité partout ailleurs inconnue.

Second courant

Le flux longtemps perdu de la grammaire esthétisante ressurgit, au XVIIe siècle, en la personne de Claude Fabre de Vaugelas, l'oracle des Précieux et des Précieuses (on se rappelle la pauvre servante Martine des *Femmes savantes*, congédiée parce qu'elle « offense la grammaire » et « manque à parler Vaugelas »), que les très impressionnistes *Remarques sur la langue française* (1647) installent en thuriféraire d'un « bon usage » aristocratique, « la façon de parler de la plus saine partie de la Cour, conformément à la façon d'écrire de la plus saine partie des auteurs… ».

Le pli élitiste du français était pris. Au fil du temps, le « bon usage » va certes s'embourgeoiser, jamais se populariser. Maurice Grevisse, parfois taxé de « Vaugelas du XXe siècle », donne en exemple la pratique des « bons » écrivains (quitte à sélectionner – admirez le cercle vicieux – le « bon » écrivain en vertu de sa capacité à respecter le « bon » usage !). Georges et Robert Le Bidois poussent le dé jusqu'à déplorer certaines « fautes » de Corneille ou de Molière, « grand écrivain, toujours un peu pressé » (sic).

Deux puissants renforts achèveront d'assoir la prescription-proscription au détriment de la description pure.

Primo, l'Académie française. Créée à l'initiative de Richelieu (le 22 février 1634), rétablie sous Louis XVIII (le 10 juillet 1816), primitivement chargée de « rendre la langue pure, éloquente et capable de traiter les arts et les sciences », elle finit par s'octroyer le droit inouï de légiférer en matière d'usage, prétention bien plus fondée sur la crédulité des administrés potentiels que sur son mode de recrutement (une élection à forte couleur de parisianisme) et le professionnalisme approximatif de ses membres (le dernier linguiste à siéger entre les écrivains, les historiens, les diplomates, les militaires, etc., fut Gaston Paris, mort en 1903). En tout état de cause, l'état-major du Quai Conti rallie à son panache vert la plus forte concentration qui soit de tirailleurs puristes, de chroniqueurs mondains, d'« amateurs de beau langage » pusillanimes et de « gendarmes des lettres » (les expressions sont de Proust), toujours prêts à chicaner un mot, une tournure, un trait d'union, une apostrophe ou une virgule.

Secundo, la grammaire scolaire. Le premier manuel date de 1780. Il est l'œuvre de Charles-François Lhomond, dit « le bon Lhomond », régent de sixième au collège Cardinal-Lemoine, auteur, parallèlement, du *De viris illustribus* et d'une *Doctrine chrétienne*. Quand la République instaurera l'école « laïque et obligatoire », la grammaire continuera tout naturellement à s'enseigner sur le mode du catéchisme (par questions et réponses stéréotypées, en exerçant la mémoire plutôt que le raisonnement). D'autant que les instituteurs la mettent au service d'une nouvelle divinité : l'orthographe. La réflexion grammaticale s'inféode à la « syntaxe d'accord » et invente un cortège de fonctions *ad hoc* : le « sujet », nécessaire à l'accord du verbe ; le « complément d'objet direct », utile à l'accord du participe passé, et son repoussoir inutile, le « complément d'objet indirect » ; les « compléments circonstanciels » (pour les dissocier, s'ils sont directs, des compléments d'objet), l'« attribut » (une sorte de complément d'objet direct du verbe *être* qui ne provoque pas l'accord du participe passé), l'« apposition » (à retirer soigneusement des candidats sujets et compléments directs), l'« épithète détachée » (une apposition accordable), l'« attribut du complément d'objet direct », l'« apostrophe »... Le moindre francophone scolarisé héritera de ce bric-à-brac, qui, hélas, lui tient souvent lieu de culture linguistique.

Les bases historiques désormais stabilisées, il est temps de passer aux illustrations. Deux suffiront.

Première illustration

Le cas du mode suivant *après que* a valeur emblématique.

On connait les faits. De même que la conjonction *avant que* se construit avec le subjonctif (*Pierre arrive avant que Marie* AIT *déjeuné*), la conjonction symétrique *après que* devrait en principe exiger l'indicatif (*Pierre arrive après que Marie* A *déjeuné*). Or, des contraventions à la « règle » apparaissent vers la fin du XIXe siècle et se multiplient depuis la Seconde Guerre mondiale, au point que le subjonctif détrône statistiquement l'indicatif : *Pierre arrive après que Marie* AIT *déjeuné*.

Du coup, les censeurs de tous poils s'émeuvent. « Faute flagrante », assène Vadius. « Solécisme », opine Trissotin.

La surenchère est en marche : « snobisme » (Fernand Feugère), « mécanisation aberrante » (Joseph Hanse), « grave offense à la syntaxe » (Jacques Laurent), « symptôme non négligeable d'un certain dérèglement de l'esprit » (Pierre-Henri Simon)... Les correcteurs d'imprimerie se mobilisent à leur tour, empoignent l'oriflamme de la croisade, trafiquent pieusement les textes authentiques, non sans semer çà et là des scories qui dénoncent la supercherie (Brigitte Bardot écrit-elle, bizarrement, à la page 378 de *Initiales B.B.*, que son amitié avec Valéry Giscard d'Estaing « dura longtemps après que j'*ai* porté ses couleurs pour son élection en 1974 » ? Le prote a effacé le *e* final d'un sulfureux – à son estime – subjonctif *aie porté*... mais négligé de rétablir la juste forme : *eus porté*).

D'où procède pareille hargne ? Ni du respect de l'« usage », qui a d'ores et déjà tranché. Ni d'un prétendu « bon usage », puisque les écrivains pécheurs sont légion et alignent, de Saint-John Perse à Albert Camus, de Maurice Druon (eh ! oui, l'ex-secrétaire perpétuel et « Jupiter tonnant » de l'Académie française) à Hervé Bazin (ancien secrétaire, lui, soyons équitables, de l'académie Goncourt) quelques patronages illustres. Non, l'anathème se réclame d'un pseudo-raisonnement grammatical, dont il est assez facile de démontrer la fausseté. L'indicatif serait le mode « de la réalité » et « de la certitude » (nonobstant des phrases courantes comme *J'espère que Pierre* VIENDRA), le subjonctif le « mode du doute » (malgré *Je regrette que Pierre* SOIT *venu*, etc.). Étant donné que la conjonction *après que* enregistre l'évènement secondaire dans l'antériorité de l'évènement primaire (le déjeuner de Marie se situe avant l'arrivée de Pierre), il ne pourrait être qu'assuré, donc traduit à l'indicatif.

Peu chaut à ces docteurs que l'évènement primaire lui-même se révèle incertain : *Et si Pierre* ARRIVAIT *après que Marie... ?* Ils ne balancent d'ailleurs nullement à accepter derrière *après que* le « mode conditionnel », en dépit de son irréalité foncière : *Pierre arriverait après que Marie* AURAIT *déjeuné*…

Aux yeux du linguiste, un tissu d'âneries. Que proposera-t-il de son côté, mis au pied du mur ?

D'abord, étape inductive, il rassemble un important matériel philologique, le vérifie, le classe et collationne les essais d'interprétation antérieurs, notamment l'explication-bateau de l'analogie *avant que/après que* (pourquoi la contamination n'aurait-elle pas joué en sens contraire et pourquoi le subjonctif, réputé plus difficile, prévaudrait-il sur l'indicatif ?).

Il opère à ce stade deux rapprochements :

1. Normalement, *après que* requiert à la différence d'*avant que* une forme verbale composée : *Pierre arrive avant que Marie* DÉJEUNE ou… *avant que Marie* AIT DÉJEUNÉ, vis-à-vis de *Pierre arrive après que Marie* A DÉJEUNÉ et non… *après que Marie* DÉJEUNE. En d'autres termes, l'attention se déplace du procès (*déjeuner* = « être en train de manger ») vers sa séquelle (*avoir déjeuné* = « avoir cessé de manger »).

2. Le subjonctif prend son essor derrière *après que* à l'époque – le dernier tiers du XIXe siècle – où le passé simple (p. ex. *déjeuna*) sort de l'usage oral, abandonnant le registre du français parlé au passé composé (p. ex. *a déjeuné*).

Vient l'hypothèse déductive :

Le passé composé moderne occultant, faute d'antagoniste simple, sa personnalité sémantique, la langue demande à une forme composée du subjonctif de la restituer.

Il n'incombe plus au spécialiste qu'à parer les objections prévisibles.

1. Une autre forme composée de l'indicatif n'aurait-elle pas fait l'affaire ? Mais *eut déjeuné, avait déjeuné, aura déjeuné, aurait déjeuné* ne conviennent respectivement qu'à un passé simple *arriva*, un imparfait *arrivait*, un futur simple *arrivera*, un futur simple du passé *arriverait*, tandis

que le subjonctif *ait déjeuné* sert indistinctement aux quatre avatars.

2. Ou alors une quelconque forme surcomposée de l'indicatif ? Mais *a eu déjeuné, eut eu déjeuné, avait eu déjeuné, aura eu déjeuné, aurait eu déjeuné*, outre qu'ils demeurent rares, assortissent les inconvénients précédents d'une circonstance aggravante : ils rompraient la régularité de la coexistence des formes simples et des formes composées dans les systèmes temporels : *? Pierre arrive après que Marie* A EU DÉJEUNÉ... (le point d'interrogation antéphrastique signale un tour d'acceptabilité suspecte), et aboutiraient fatalement à déclencher un jour, au contact d'une forme déjà composée, des formes hypercomposées : **Pierre est arrivé après que Marie* A EU EU DÉJEUNÉ (l'astérisque signale un tour agrammatical) !

La conclusion va de soi. Le français a su trouver les ressources capables de pallier à faible cout une défaillance accidentelle, et les grammairiens brandissant la férule se conduisent en médecins de Molière, acharnés à purger et à saigner, « maladus dût-il crevare et mori de suo malo ».

J'entends d'ici les protestations. « Vous choisissez les armes et le terrain. Qu'en irait-il de l'orthographe, le domaine par excellence de la grammaire scolaire ? »

Soit. Prenons le sacro-saint « accord du participe passé » et plus particulièrement le pont aux ânes du « participe passé des verbes pronominaux ».

Seconde illustration

Que de complications, souvenez-vous, lecteurs. Des verbes « exclusivement » pronominaux, « essentiellement » pronominaux et « accidentellement » pronominaux. Des « réfléchis », des « réciproques », des « neutres », des pronominaux « à sens passif ». Un accord qui s'effectue tantôt avec le sujet, tantôt avec le complément d'objet direct, et tantôt, inopinément, sans crier gare, échoue. Des exceptions en cascade. La nécessité de tourner au mépris de la correction qu'on prétend servir, ou d'un élémentaire bon sens, l'auxiliaire *être* par l'auxiliaire *avoir : Marie s'est lavée* → « Marie a lavé Marie », *Pierre et Marie se sont battus* → « Pierre et Marie ont battu Marie et Pierre », *Les feuilles mortes se sont ramassées à la pelle* (mille excuses à Prévert) → « les feuilles mortes ont ramassé les feuilles mortes à la pelle », etc., etc.

La quasi-totalité de ce fatras est bon à jeter.

En regard, la linguistique stipulera que le participe passé (PP) est au fond un adjectif et qu'il s'accorde « avec le nom auquel il se rapporte ». Si le *se* accolé au verbe est caduc, la question « qui ou qu'est-ce qui est PP ? » repérera le donneur d'accord ; si le *se* est persistant (indispensable à la forme ou au sens), la question « qui ou qu'est-ce qui s'est PP ? ».

Exemples : *Marie s'est lavée* ; « qui est-ce qui est lavé ? » → *Marie* (accord du PP au féminin singulier). *Pierre et Marie se sont battus ;* « qui est-ce qui est battu ? » ou « qui est-ce qui s'est battu ? » → *Pierre et Marie* (accord du PP au masculin pluriel). *Les feuilles mortes se sont ramassées à la pelle* ; « qu'est-ce qui est ramassé ? » → *les feuilles mortes* (accord du PP au féminin pluriel). *Marie s'est aperçue de quelque chose ;* « qui est-ce qui s'est aperçu ? » → *Marie* (accord du PP au féminin singulier).

Un zeste d'histoire montrera pour le surplus comment la loi non écrite « du moindre effort » a bloqué le donneur d'accord postposé au participe : *Pierre et Marie se sont serré la main en partant ;* « qu'est-ce qui est serré ? » ? *la main* (accord théorique du PP au féminin singulier, n'était que les copistes médiévaux, ayant laissé le participe provisoirement invarié, mais, le donneur d'accord débusqué, oubliant au fil de la plume de revenir en arrière, rataient l'accord une fois sur deux, et que les grammairiens du XVIe siècle ont coulé la tendance en doctrine).

Économie de temps (donc d'argent), simplification, rationalisation, abandon des procédures scolastiques nuisibles à la compréhension en profondeur de la langue. Tout le monde gagne.

En veut-on un témoignage supplémentaire ?

Le Soir du 14 décembre 1998 reproduit la dictée qu'un « champion d'orthographe » venait de mitonner à l'intention de « juniors », de « seniors » et d'« adultes professionnels », y glissant, comme on l'imagine assez, tel participe passé sournois : *Combien de télescopes, de caméscopes et de longues-vues se sont* APPROPRIÉ *le ciel*..., qui suscite à son étonnement réprobateur une avalanche de masculins pluriels. Bien que la *doxa* appuie le masculin singulier (e.a. le *Dictionnaire Robert*, s.v. *s'approprier : La famille s'est* APPROPRIÉ *cette terre*...), les coupables – mais que diable, aussi, allaient-ils faire dans cette galère ? – auraient mérité les félicitations d'un jury éclairé. Ou bien *s'approprier* a un *se* caduc, son donneur d'accord est *le ciel* (répondant à « qu'est-ce qui est approprié ? »), mais il troque l'acception « faire sien » contre un incongru *approprier* = « adapter » ; ou bien son *se* est persistant et le participe s'accorde avec *combien de télescopes, de caméscopes et de longues-vues* (répondant à « qu'est-ce qui s'est approprié ? »).

Dans la foulée, on tirerait – rêvons un brin... – un bel argument en faveur d'une réforme à venir qui réintégrerait le déviant *s'arroger* à la logique des verbes munis d'un *se* persistant : *Les droits que Pierre s'est* ARROGÉ... (en lieu et place de l'officiel *arrogés*) ; *Le droit que Pierre et Marie se sont* ARROGÉS... et *Le droit que Marie et Juliette se sont* ARROGÉES... (au lieu de *arrogé*) ; questions « qui est-ce qui s'est arrogé ? » (impossible d'avoir « qu'est-ce qui est arrogé ? », d'où l'obligation concrète de substituer *usurper* au disparu *arroger*), réponses : 1er *Pierre* (masculin singulier), 2e *Pierre et Marie* (masculin pluriel), 3e *Marie et Juliette* (féminin pluriel).

Nous pouvons conclure.

Décrire, prescrire… Décrire et prescrire ? Décrire ou prescrire ?

Une certaine tradition française (celle de la « haute » couture et de la « grande » cuisine) a malencontreusement choisi la seconde branche de l'alternative. N'importe quel idiome appartient pourtant aux individus qui s'en servent, non à une oligarchie d'autoproclamés « arbitres des élégances » qui les brime.

La politique linguistique du bâton entraine deux conséquences funestes.

D'une part, les francophones natifs, éternellement surveillés, dressés à se garder à gauche et à droite, qui « ne sauraient seulement vous dire qu'ils ont le cul galeux s'ils ne vont regarder en leur lexicon *galeux* et *derrière* » (Montaigne), risquent de perdre leur spontanéité créatrice. D'autre part, les nouveaux francophones et les étrangers voient multiplier comme à plaisir sous leurs pieds les écueils et les chausse-trapes.

Le jour où le français se repliera définitivement sur des structures figées, renoncera aux innovations lexicales, morphologiques, syntaxiques…, il ne sera plus loin d'une langue morte.

Des remèdes ? Repenser l'enseignement à l'école (moins de grammaire prescriptive, et moins tôt, plus de linguistique descriptive, et plus tard), basculer la dictée de son piédestal (de pair avec les pernicieux concours qui, assimilant abusivement la chair et le vêtement, contribuent à l'y maintenir en cultivant l'aberration et en traquant le digraphisme). Écouter la voix « clamans in deserto » des linguistes les plus autorisés, anciens et modernes.

Ferdinand Brunot (*Lettre ouverte à Monsieur le Ministre de l'Instruction publique*, 1905) :

« Demandez à vos directeurs, à vos inspecteurs : le cri sera unanime : l'orthographe est le fléau de l'école. Cet enseignement a d'autres défauts que d'être encombrant (car les heures de dictée sont prises sur le temps donné jusqu'alors au calcul, à l'histoire et à la géographie). Comme tout y est illogique, contradictoire, que, à peu près seule, la mémoire visuelle s'y exerce, il oblitère la faculté de raisonnement ; pour tout dire, il abêtit. »

Albert Sechehaye (*Essai sur la structure logique de la phrase,* 1926) :

« La grammaire n'initie pas l'élève aux faits de langue et aux phénomènes de langage qu'elle prétend faire connaître. Il n'est pas bon de réfléchir un peu profondément sur ses formules, car on en découvre aussitôt les insuffisances. Et comment l'esprit de l'homme pourrait-il s'intéresser à ce qui ne supporte pas la réflexion ? »

André Chervel (*Histoire de la grammaire scolaire. Et il fallut apprendre à écrire à tous les petits Français…*, 1977) :

« […] c'est bien d'une véritable mystification que sont victimes les élèves, et les maîtres. L'appareil des concepts à partir desquels ils travaillent s'effondre comme un château de cartes quand on le soumet à une analyse rigoureuse ».

Les révolutions en général demandent un changement des esprits. Pour la mentalité française, la répudiation du prescriptivisme s'annonce proprement copernicienne.

Qui sait, peut-être qu'à force de taper sur le clou…

TU ÉCRIS UN MOT POUR MA MÈRE ?
MON PRÉNOM, ÇA IRA ?

E

comme écrire en français

par Julia Kristeva

Écrire est un acte solitaire, risqué. Ni désœuvrement, ni loisir, surtout pas communication, encore moins transcription de ce qu'on saurait avant d'écrire. L'écriture est une pensée qui se souvient d'avoir été une chair, la pensée la plus compromettante. J'aime écrire la nuit, dans l'éveil de l'insomnie qui maintient l'angoisse lucide. Le corps tiède, sans défenses, chasse les codes convenus et glisse mes rêves vers la main qui trace au crayon. Aller aussi loin en soi qu'il n'y ait plus de soi, ni thème ni objet, rien qu'une vibration d'impossibles, germes de mélodies, couleurs en attente de formes. « Avant que ça fût, je dois advenir », espérait Freud. Écrire commence par cette perte, l'écriture est mon séjour dans rien, une visite éveillée au néant. Enfin un mot s'impose, inévitable, avec le rythme de la phrase, premiers plaisirs d'une sorte de poésie. Mais c'est la courbe du récit qui me tient en haleine, quand l'intrigue mélange la cruauté du roman noir à l'apaisement de la compassion.

L'écriture est ma religion, une expérience de pardon, un don de sens par-delà le non-sens. Écrire : c'est ainsi que je me pardonne d'avoir abandonné les sombres dorures des icônes byzantines, les lourdeurs rocailleuses de mon slavon natal, tout en essayant de traduire en français maints conflits, forcément identitaires, cette « balkanisation » des personnes et des nations désormais en cours partout dans le monde, et d'en rire en français. Car écrire en français est immanquablement une façon de rire. Après Villon, Rabelais, Voltaire, Saint-Simon, Sévigné, et ce cher Proust qui ne me quitte pas, il s'agit de pratiquer le rire comme un succédané du chagrin.

Quand je rentre d'un long voyage hors de l'Hexagone, je retrouve avec fierté cette façon qu'ont les Français d'être les plus gais des rouspéteurs au monde. Et puisque je suis désormais une Française, j'essaie de faire comme eux. Même les plus défavorisés, surtout les plus défavorisés, n'ont pas oublié que le bonheur est encore une idée neuve en Europe, et persistent à croire qu'une part du bien-être leur est due, absolument. Ce n'est pas pour rien que ce peuple a fait la plus radicale des Révolutions : il est prêt à forcer ses gouvernants, de quelque parti qu'ils soient, à lui donner sa part du gâteau mondialisé du bonheur, quitte à bousculer la mondialisation elle-même, et au risque de donner les mêmes idées de droits au bonheur à d'autres, en Europe et ailleurs.

Écrire en français serait donc traduire la souffrance en gout de vivre. L'apocalypse millénariste intéressera toujours quelques professeurs en manque de thèses. Mes étudiants, au contraire, qui prennent un pot au *Relais Jussieu* et poussent parfois jusqu'au *Marly* pour se mêler à une foule cosmopolite en quête de beauté, ont la fierté de ceux qui se plaignent avec le sourire. C'est ce qu'on appelle une civilisation, et tant pis pour ceux qui la boudent en insinuant qu'il s'agit là d'une « certaine France » qui aurait fait son temps. Je m'étonne que des gens d'esprit considèrent les mots qui incarnent le charme d'un jardin, la saveur d'un abricot ou les seins parfumés au lilas d'une maitresse, comme un coupable culte païen de la nature, comme un enracinement suspect dans le sol et dans la langue, comme un esthétisme nationaliste, voire sournoisement nazi.

Écrire est toujours une traduction de la non-langue dans la langue et, de ce fait, une trahison de sa prétendue pureté, une fantaisie plus ou moins monstrueuse que la majorité finit, parfois et à la longue, par accepter et même sacrer belle. Prenez Colette, la plus nationale, parait-il, des écrivains et de surcroit des écrivains femmes. Ces métaphores surchargées, ces mélodies frappées sur un piano de village, ces spleens impurs qui mélangent des parfums d'orgasmes et des fraicheurs de géraniums s'inscrivent parfaitement dans le génie du français, à condition de l'inventer, de le violer en douceur. Souvent, quand j'ai trouvé le courage d'écrire en français, je me plonge dans ses pages fleuries, c'est devenu un rite, je ne peux aborder la page blanche sans un bain de Colette. « C'est une langue bien difficile que le français, constate-t-elle. À peine écrit-on depuis quarante-cinq ans, on commence à s'en apercevoir. » À qui le dites-vous, Madame ! « J'admire qu'une syntaxe de grand style refoule l'allusion d'argot, le patois sportif, le prétentieux humour qui afflue de toute part… » Fille de Sido autant que du Capitaine, dont elle porte le patronyme et dont elle célébra « la tristesse profonde des amputés », Colette persiste : « J'étais désormais pareille à celle que je décrivis maintes fois, vous savez, cette femme solitaire et droite, comme une rose triste qui d'être effeuillée a le port plus droit. »

J'aime penser que la Constitution française a inscrit enfin dans son texte la parité homme-femme – après tout, un des plus étranges évènements de cette fin de siècle, des plus discutés, et des plus significatifs aux yeux du monde – parce qu'une Française comme Colette a pu écrire ces phrases-là. La parité sera sans nul doute un combat politique à long terme. Elle est avant tout une question de style. Et comme le style est au singulier, je ne crois pas qu'une écriture féminine existe, qui ne soit pas l'écriture incommensurable, incomparable d'une femme singulière. Plus proche du sensible, peut-être, plus onirique, plus charnelle, plus soûle, plus perdue que l'écrit supposé maitrisé des hommes. Mais il n'y a pas de communauté de l'écriture, pas plus qu'il n'y a de communauté des femmes. Et puisque les femmes ont pris conscience de leur destin en écrivant et en réfléchissant sur celles qui écrivent, il faudrait signifier cette diversité dans la pluralité, en forçant un peu la grammaire française pour noter un pluriel de singuliers : « unes femmes » et « unes écritures féminines ». L'écriture serait ainsi le signal d'une démocratie exigeante, celle qui n'accepte de communautés que composées de différents, d'incommensurables.

Quelle langue ?

L'écriture traduit la nuit sensible, mais pour moi comme pour beaucoup de migrants en ce début du troisième millénaire, elle transite par l'idiome natal : par une langue qui fut la nôtre, qui ne l'est pas vraiment désormais, et qui laisse son empreinte cependant sur la langue d'accueil. Le français peut-il accueillir cette greffe ?

Je n'ai pas perdu ma langue maternelle. Elle me revient, de plus en plus difficilement, je l'avoue, en rêve ; ou quand j'entends parler ma mère et qu'au bout de vingt-quatre heures d'immersion dans cette eau désormais lointaine, je me surprends à nager assez convenablement ; ou encore quand je m'astreins à un idiome étranger – le russe ou l'anglais par exemple –, et qu'en perte de mots et de grammaire, je me cramponne à cette vieille bouée de sauvetage, soudain offerte à ma disposition par la source originelle qui, après tout, ne dort pas d'un sommeil si profond. Ce n'est donc pas le français qui me vient en aide quand je suis en panne dans un code artificiel, ou quand, fatiguée, je sèche sur mes additions et mes multiplications, mais bien le bulgare, pour me signifier que je n'ai pas perdu les commencements.

Et pourtant, le bulgare est déjà pour moi une langue presque morte. C'est dire qu'une partie de moi s'est lentement éteinte au fur et à mesure que j'apprenais le français chez les dominicaines, puis à l'Alliance française, et enfin à l'Université ; et que l'exil a fini par cadavériser ce vieux corps, pour lui en substituer un autre – d'abord fragile et artificiel, ensuite de plus en plus indispensable, et maintenant le seul vivant, le français. Je suis presque prête à croire au mythe de la résurrection quand j'ausculte cet état bifide de mon esprit et de mon corps. Je n'ai pas fait le deuil de la langue infantile, si le deuil « accompli » est un détachement, une cicatrice, un oubli. Mais par-dessus cette crypte enfouie, sur ce réservoir stagnant qui croupit et se délite, j'ai bâti une nouvelle demeure que j'habite et qui m'habite, et dans laquelle se déroule ce qu'on pourrait appeler, non sans prétention évidemment, la vraie vie de l'esprit et de la chair.

Je frissonne sous cette brume perlière qui frise à peine les marais de l'Atlantique, et absorbe dans une soie de Canton les cris des mouettes rieuses et la sieste nonchalante des colverts. Je rêve d'un printemps où toutes les automobiles seront parfumées et où les pauvres chevaux mangeront des fleurs : Apollinaire. De ce flou qu'est mon immersion dans l'être, qu'aucune parole ne résume d'emblée, que le vocable de *joie* banalise quand celui d'*extase* l'embaume, je retiens une sérénité ponctuée de mots français. Aux frontières de mes perceptions, un tremblement imperceptible recherche la langue française, simultanément et à l'inverse, quelque part d'en haut, une accumulation lucide de ce flux, toute une batterie de lectures et de conversations françaises fait descendre un tissu lumineux qui se laisse choisir par le senti, pour donner une existence à ma sérénité. Alchimie de la nomination, où je suis seule avec le français. Nommer l'être me fait être : corps et âme, je vis en français.

Pourtant, lorsque l'intrigue s'en mêle, c'est-à-dire à chaque fois que l'être me revient comme une histoire – celle de la brume perlière ou des canards colverts, et naturellement celle d'un songe, d'une passion ou d'un meurtre – une houle qui n'est pas de mots, mais qui a sa musique bien à elle, m'impose une syntaxe maladroite, et ces métaphores abyssales qui n'ont rien à voir avec la politesse et l'évidence françaises, mais infiltrent ma sérénité d'une byzantine inquiétude. Je déroge au gout français. Le gout français est un acte de politesse entre gens qui partagent la même rhétorique – la même accumulation d'images et de phrases, la même batterie de lecture et de conversation – dans une société stable. J'ai beau ressusciter en français, depuis presque cinquante ans déjà, mon gout français ne résiste pas toujours aux soubresauts d'une ancienne musique lovée autour d'une mémoire encore vigile. De ces vases communicants émerge une parole étrange, étrangère à elle-même, ni d'ici, ni de là, une monstrueuse intimité. Comme ces caractères du *Temps retrouvé* où Proust voit s'incarner en espaces démesurés les longues années de leurs mémoires volontaires et involontaires, je suis un monstre de carrefour.

À la croisée de deux langues, et de deux durées au moins, je pétris un idiome qui cherche les évidences pour y creuser des allusions pathétiques et, sous l'apparence lisse de ces mots français polis comme la pierre des bénitiers, découvre les dorures noires des icônes orthodoxes. Géant ou nain, le monstre qui s'en extrait jouit de ne jamais être content de soi, en même temps qu'il exaspère les autochtones. Ceux du pays d'origine comme ceux du pays d'accueil.

Faut-il vraiment protéger ces hybrides que nous sommes, écrivains migrants qui risquons ce qu'on sait entre deux chaises ? C'est une question que certains se posent, et je ne serais pas étonnée d'apprendre qu'ils sont plus nombreux en France qu'ailleurs. Pourtant, et après tout, s'il n'y a plus de valeurs, la réponse aux crispations identitaires qui ravagent le Kosovo et la Tchétchénie entre autres viendra, peut-être, de ces nouveaux êtres de langage et de sang que nous sommes, enracinés dans aucun langage ni aucun sang, des diplomates du dictionnaire, des négociateurs génétiques, des juifs errants de l'être et qui défient les citoyens authentiques, donc militaires de tous genres, au profit d'une humanité nomade qui ne veut plus se tenir tranquille sur sa chaise. Qui sait ?

Tant de souffrance pourtant, dans ce non-savoir, dans ce défi. Car il y a du matricide dans l'abandon d'une langue natale, et si j'ai souffert de perdre cette ruche thrace, le miel de mes rêves, ce n'est pas sans le plaisir d'une vengeance, certes, mais surtout sans l'orgueil d'accomplir ce que fut d'abord le projet idéal des abeilles natales. Voler plus haut que les parents : plus haut, plus vite, plus fort. Ce n'est pas pour rien que nous sommes les héritiers des Grecs, nos enfants auront le russe, l'anglais, le français, le monde pour eux. Destin toujours douloureux, l'exil est la seule voie qui nous reste, depuis Rabelais et la chute du mur de Berlin, pour rechercher la dive bouteille. Laquelle ne se trouve jamais que dans la recherche se sachant chercher, ou dans l'exil s'exilant de sa certitude exilaire, de son insolence exilaire. Dans ce deuil infini, où la langue et le corps ressuscitent dans les battements d'un français greffé, j'ausculte le cadavre toujours chaud de ma mémoire maternelle. Non pas involontaire, ni inconsciente, mais je dis bien maternelle : parce qu'à la lisière des mots musiqués et des pulsions innommables, au voisinage du sens et de la biologie que mon imagination a la chance de faire exister en français – la souffrance me revient, Bulgarie, ma souffrance.

France, ma souffrance

Je dialogue donc avec la Bulgarie dans cette expérience de l'« autre langue » qu'est une écriture, mais j'entends bien qu'il y a France dans « souffrance ». De fait, mon dialogue s'adresse autant, sinon davantage, à la langue choisie qu'à la langue donnée de naissance.

La clarté logique du français, l'impeccable précision du vocabulaire, la netteté de la grammaire séduisent mon esprit de rigueur et impriment – non sans mal – une droiture à ma complicité avec la mer noire des passions. Je regrette d'abandonner les ambigüités lexicales et les sens pluriels, souvent indécidables de l'idiome bulgare, insuffisamment rompu au cartésianisme, en résonance avec la prière du cœur et la nuit du sensible. Mais j'aime la frappe latine du concept, l'obligation de choisir pour tracer la chute classique de l'argument, et cette impossibilité de tergiverser dans le jugement qui se révèle, en français, plus politique en définitive que moral. Les ellipses de Mallarmé me séduisent : tant de contractions dans l'apparente blancheur d'un contenu insignifiant confèrent à chaque mot la densité d'un diamant, les surprises d'un coup de dés. Mais à cette musique surveillée du sens, je préfère l'abondance métaphorique et l'hyperbole syntaxique de Proust, les saveurs païennes de la prolixe Colette. Ils m'apprennent que, même autochtone, l'écrivain ne cesse d'être un traducteur de ses passions dérobées, que la langue fondamentale qu'il se plait à traduire est la langue du sensible. Et que cet innommable fondement, cette rumeur de nos fibres et de nos rêves, ne se laissent jamais entièrement résorber, jamais réduire dans les codes des écoles, des clans, des institutions, des médias…

Je me suis à tel point transférée dans cette autre langue que je parle depuis cinquante ans déjà, que je suis presque prête à croire les Américains qui me prennent pour une intellectuelle et écrivain française. Et pourtant, il m'arrive, quand je reviens en France d'un voyage à l'Est, à l'Ouest, au Nord ou au Sud, de ne pas me reconnaitre dans ces discours français qui tournent le dos au mal, à la misère du monde et exaltent la tradition de la désinvolture – quand ce n'est pas du nationalisme – pour tout remède contre notre siècle qui, hélas, n'est plus ni le « Grand Siècle », ni celui de « Voltaire-Diderot-Rousseau »…

Rien de plus pénible que de rencontrer ou de lire, après une journée de séances de psychanalyse – qui donnent lieu à une parole défaite mais vraie –, tel journaliste, digne successeur de Verdurin, qui vous sert les stéréotypes du protectionnisme stylistique et philosophique. Le français sait exceller dans les faux encensements, dans les enthousiasmes creux, dans les louanges dithyrambiques de ceux qui « en sont ». La rhétorique de l'optimisme d'apparat par-delà une mélancolie elle-même plus feinte qu'éprouvée, et ce penchant vers les valeurs et tournures traditionnelles ne sont pas les indices d'une vieille culture qui se respecte, et veut échapper à des modernismes éphémères de bazar. Ils révèlent le socle intime de ce que certains – moins rares qu'on ne le croit – développent en idéologie nationaliste et raciste. Ce socle n'est rien d'autre que la fascination identitaire qui célèbre son culte dans la famille, certes, le sol et le sang, naturellement, mais aussi et souvent dans le vieux bercement de la langue tels que nous les ont transmis nos parents, nos maitres, nos ancêtres… Plus résistant au métissage que l'anglais, moins curieux de greffes que ces corps neufs que sont l'américain ou, malgré tout, le russe, le français a tendance aujourd'hui à se complaire dans son authenticité intraduisible. Un temple en somme, dont certaines institutions et organes de presse – plus que les écrivains eux-mêmes, par définition écorchés et nomades – s'emploient à assurer la fermeture.

L'étranger-traducteur, celui de l'autre langue, est sommé de s'inclure : la distance gêne, on n'a pas besoin de veilleur de nuit. S'il s'inquiète, discute ou critique, on l'accuse de « toiser » la France, la francité se cabre dans une pose régionaliste et ne permet, comme du temps d'Eschyle, qu'un seul discours aux étrangers, celui des « suppliants »…

Et pourtant, j'aime retrouver la France. Je l'ai écrit dans *Possessions*, et je le répète : j'aime retrouver la France. Plus d'opacité, plus de drames, plus d'énigmes. L'évidence. Clarté de la langue et du ciel frais. Chaque arbre, au bord de la route, fait une révérence soignée. Les intrigues y sont toujours sexuelles, pour cela même violentes ; cependant, lorsqu'elle est franchement érotique, la terreur s'épuise. Les champs se découpent en rectangles réguliers, géométrie antique de Romains, Gaulois et autres propriétaires sûrs d'eux-mêmes, mais gracieux. Je sais bien qu'il y a France et France, et que tous les Français ne sont pas si limpides qu'ils voudraient le faire accroire. Pourtant, quand on revient de Santa Barbara, cette vision s'impose. Pas un millimètre de paysage qui ne réfléchisse, l'être est ici immédiatement logique. Ces ormeaux frêles, ces jardins taillés, ces marais filtrés côtoient des gens qui *sont* parce qu'ils *pensent*. Mais l'effort s'y dissout, l'argumentation cependant permanente s'évide en séduction, en ironie.

Beaucoup sont amoureux de l'Italie, je le suis : profusion de beauté qui ne cesse de surprendre avant que l'excitation ne se fonde elle-même en sérénité. D'autres désirent l'Espagne : hautaine parce que déraisonnable, mystique mais nonchalante. Moi, je me réfugie en France, définitivement.

J'ai connu quelqu'un qui ne reprenait gout à la vie qu'en logeant sa main au creux laissé par des millions de pèlerins dans la pierre de Saint-Jacques-de-Compostelle : le temps incarné dans ce vide à forme humaine le réconciliait avec la présence – et l'éternité. Vingt-cinq mille ans avant lui, sur la paroi d'une calanque de Marseille, le Cro-Magnon avait appuyé sa main et soufflé tout autour de la peinture noire. Deux cent quarante mains dans la grotte de Gargas, au pied des Pyrénées. L'espèce cherchait un abri, mais, déjà fière d'elle-même, elle s'appuyait sur le temps qui vient jusqu'à nous.

De même, je loge mon corps dans le paysage logique de France, m'abrite dans les rues lisses, souriantes et aisées de Paris, frôle ces gens quelconques qui se refusent, mais désabusés, d'une intimité impénétrable et, tout compte fait, polie. Ils ont bâti Notre-Dame, le Louvre, conquis l'Europe et une grande partie du globe, puis sont rentrés chez eux : parce qu'ils préfèrent un plaisir qui va de pair avec la réalité. Mais parce qu'ils préfèrent aussi le plaisir à la réalité, ils continuent de se croire les maitres du monde, ou du moins une grande puissance. Ce monde – agacé, condescendant, fasciné – qui semble prêt à les suivre. À nous suivre. Souvent à contrecœur, mais quand même, pour l'instant. La violence des hommes a cédé ici devant le gout de rire, tandis qu'une discrète accumulation d'agréments laisse à présent imaginer que le destin est synonyme de décontraction. Le roman policier est par conséquent inexistant en France, à moins qu'il ne s'enlise en momeries. Et j'en oublie la mort qui règne à Santa Barbara…

Comment ne pas écrire, dès lors, en français ?

NOUS, LES FRANÇAIS, ON SAIT BIEN MIEUX PARLER LE FRANÇAIS QUE VOUS AUTRES, LES FRANCOPHONES.
AH OUI? ET IL PARAIT QUE VOUS SAVEZ BIEN MIEUX BRAILLER DANS L'EAU AUSSI...
FRANCOPHONIE

F

comme la guerre des francophonies n'aura pas lieu...

par Didier de Robillard

Tout était-il déjà chez Onésime ?

Et si, finalement, Onésime Reclus, qu'il est de tradition de citer dans les écrits sur la francophonie, avait été, sans le savoir, plus prophétique encore qu'on ne le pense habituellement ?

On attribue à O. Reclus la première utilisation du terme « francophone ». Le plus intéressant est bien qu'avec l'invention de ce terme, qui a perduré, son ouvrage de 1880 *France, Algérie et colonies* propose également un contenu sémantique qui, *mutatis mutandis*, évoluera peu sur l'essentiel, malgré les évolutions importantes et rapides qu'a connues le monde depuis plus d'un siècle.

On y trouve, mêlées, des observations sur l'état de francophonie de certains types de locuteurs, et une extrapolation prospective plus ou moins fondée sur les observations précédentes. En d'autres termes : une description sociolinguistique et une proposition implicite de politique linguistique, sans que les deux aspects, pourtant sensiblement différents, soient clairement distingués comme on pourrait le souhaiter. Cette claire distinction est pourtant indispensable pour que l'on puisse évaluer en toute lucidité l'état réel de la francophonie (fût-il peu brillant) et donc mesurer l'opportunité, l'ampleur, le cout, la faisabilité des politiques et actions à mettre en œuvre.

Qui a besoin de la francophonie ?

On pourrait évidemment s'étonner d'une telle continuité, apparente sur la longue durée depuis Onésime Reclus : les indépendances n'ont-elles pas bouleversé le visage du monde ? Justement, pourrait-on répondre, et contrairement aux idées reçues d'ailleurs, qui voudraient que la francophonie soit l'aboutissement d'une machination post- ou néocoloniale visant à maintenir les pays néo-indépendants dans la sphère d'influence de la France. Certains faits attestent en effet que la construction de la francophonie s'est faite malgré la France (ce qui ne permet pas néanmoins d'affirmer que le fonctionnement actuel de la francophonie n'a absolument plus rien de postcolonial).

Au moment de la vague des indépendances, un certain nombre de pays néo-indépendants d'Afrique subsaharienne souhaite instaurer des formes de coopération, notamment avec les anciens colonisateurs. Dès 1965, H. Bourguiba parle d'un « Commonwealth à la française », expression dépourvue de tout alibi culturel (au contraire de ce qui se passe pour le terme « francophonie »). L.S. Senghor va dans le même sens, sans rencontrer d'enthousiasme du côté de la France. Témoin en est notamment que, dès les débuts, en 1970, de ce qui est maintenant l'Agence intergouvernementale de la francophonie, le principe de la tenue régulière de sommets de chefs d'État utilisant le français est reconnu. Ceux-ci ne vont se mettre en place que plus de quinze ans plus tard, progressivement, et malgré la mauvaise volonté de la France, qui ne souhaite pas se réengager, à peine la décolonisation achevée, et alors que toutes ses séquelles ne se sont pas estompées.

Quand ? Qui ? Où ? Pour quoi faire ? C'est cher ?

Au début des années soixante, juste après la grande période des accessions à l'indépendance, se créent les premières grandes institutions francophones : l'AUPELF (Association des universités entièrement ou partiellement de langue française) en 1961, la CONFEMEN (Conférence des ministres de l'Éducation des États d'expression française). Ce courant institutionnel francophone nait au Québec (où est fondée l'AUPELF) et pas en France, quelques années auparavant, avec, notamment, l'Association internationale des journalistes de langue française. Cela se fait dans la mouvance de l'affirmation du fait francophone au Canada, par des militants qui se créent ainsi un point d'appui international, autant pour des desseins nationaux qu'internationaux et francophones.

Il est donc frappant de constater que la francophonie devient visible institutionnellement d'abord, à travers des organismes qui vont jouer un rôle important par la suite.

L'Agence de la francophonie associe aujourd'hui une cinquantaine d'États et gouvernements (plus de 25 % des pays du monde). Elle est l'opérateur principal des « sommets des chefs d'État et de gouvernement ayant le français en partage », et joue le rôle de secrétariat de toutes les instances de la francophonie (par exemple, et outre le Sommet, la Conférence ministérielle de la francophonie, chargée de la préparation des Sommets). L'Agence organise des concertations (Sommet de la planète Terre sur l'environnement en 1992, Conférence mondiale sur la population et le développement en 1995, Conférences des ministres de la Culture, de l'Environnement, de l'Éducation, de la Justice, etc.).

Plus concrètement, l'Agence anime des actions très diverses, qu'on ne peut énumérer ici de manière exhaustive : contre l'analphabétisme, pour la scolarisation, en faveur de la production de matériels didactiques, pour promouvoir des industries culturelles francophones, la préservation du patrimoine culturel francophone, la gestion efficace des énergies, la lutte contre la désertification.

Il aurait été logiquement préférable de présenter le Sommet francophone avant son opérateur privilégié, si, historiquement, l'Agence n'avait précédé l'institution politique qui allait la chapeauter. Il faut donc attendre 1986 pour le premier Sommet, celui de Paris, qui allait être suivi de bien d'autres, généralement tous les deux ans. Le processus progressif de constitution d'institutions francophones aboutit, depuis le 16 novembre 1997, à la nomination d'un Secrétaire général de l'Organisation internationale de la francophonie, chargé désormais de faire entendre la « voix francophone » sur la scène internationale, ce qui confère une permanence politique à la francophonie. Cette instance coiffe les « opérateurs », et comble la lacune qui existait naguère entre la permanence des acteurs de terrain (les opérateurs) et l'instance politique suprême, le Sommet bisannuel.

Cinq opérateurs sont chargés de transformer les politiques décidées au plus haut niveau en actions concrètes. Outre l'Agence intergouvernementale de la francophonie, on trouve l'Agence universitaire de la francophonie chargée des interventions dans le champ de l'enseignement supérieur et de la recherche. Elle veille à favoriser la présence du français dans le monde de la recherche, et la visibilité de la recherche francophone au sein de la recherche internationale. L'université Senghor d'Alexandrie assure la formation de cadres et de formateurs visant à fournir le personnel indispensable aux actions visant au développement en Afrique. Sur le plan des médias, TV5, définie comme une « télévision internationale », fournit des programmes en français et « exporte ainsi la Francophonie auprès de plus de 60 millions de foyers de téléspectateurs ». L'« Association des maires et responsables de capitales et métropoles partiellement ou entièrement francophones » (AIMF) anime la coopération entre grandes villes francophones, dans des domaines comme la modernisation de la gestion municipale.

Mis à part ces organismes très connus et soutenus de manière très officielle en tant qu'opérateurs, la francophonie est constituée d'un tissu dense d'organismes francophones, qui ne peuvent tous être passés en revue ici (il suffit par exemple d'avoir l'imprudence de taper « francophone » dans un moteur de recherche pour le constater).

Le lecteur souhaite probablement, et tout à fait légitimement d'ailleurs, une évaluation de l'efficacité de ces organismes divers et variés, mais on se doute que cette opération est difficile à mener à bien de manière fiable et équitable. Il est en effet malaisé de se faire une opinion avec les seuls éléments disponibles publiquement : bilans établis par les organismes concernés eux-mêmes, qui montrent, à l'évidence, des réalisations concrètes dont l'existence est indubitable, mais dont on aimerait savoir quel est le rapport couts – bénéfices. Il existe des éléments de budgets (mais sans possibilités de comparaisons avec des organismes du même type, inexistants). Sans compter que ces institutions ont des effets impalpables bien difficiles à prendre en compte dans un bilan financier : comment chiffrer les bénéfices résultant de la simple consolidation, dans la sphère symbolique, de l'idée que la francophonie existerait bel et bien, avec d'éventuelles retombées commerciales et géopolitiques ?

Origines

Les institutions de la francophonie, par leur visibilité forte, sont-elles l'arbre qui cache la luxuriance de la forêt de la francophonie réelle, ou l'arbre qui cache le fait qu'il n'y a pas de forêt derrière ? La « franco-phonie », le fait sinon seulement de parler le français, mais de l'utiliser de façon passive (compréhension à l'oral, lecture) et/ou active (production de parole, d'écrits), de vivre, de travailler, en français a-t-elle quelque consistance ? Il est évidemment informatif d'apprécier la profondeur historique de ce phénomène, pour en apprécier les caractéristiques actuelles.

La francophonie, on l'aura compris, résulte de l'aventure coloniale. Le Québec, la Martinique, la Guadeloupe, Saint-Domingue (l'actuelle Haïti), la Guyane, la Louisiane, le Sénégal, Madagascar, Bourbon (la Réunion), l'île de France (île Maurice), les comptoirs des Indes voient des débuts d'installations françaises au XVIIe siècle, qui se développent de façon variable (un tiers du sous-continent indien sous influence française, après l'action de Dupleix). Ces entreprises se font souvent sans beaucoup d'aide de la part de la métropole, qui n'en voit pas bien l'intérêt, et pense en revanche qu'elles coutent plus cher qu'elles ne rapportent.

La France ne s'émeut donc pas, en 1755, du « grand dérangement » des Acadiens, qui, tolérés au début par leurs nouveaux maitres britanniques (traité d'Utrecht, en 1713), sont progressivement contraints, pour la plupart, d'abandonner leurs terres (ou de prêter allégeance à la couronne d'Angleterre) pour la Louisiane.

Le traité de Paris (1763) ruine le premier « empire » colonial français : aux Indes, seuls cinq comptoirs sont conservés ; dans l'océan Indien, la Réunion et l'île Maurice, en Afrique, l'île de Gorée, en Amérique, Saint-Pierre-et-Miquelon, Saint-Domingue, la Guadeloupe et la Martinique.

Les traités postérieurs (1814, 1815) laissent à la France les comptoirs des Indes, ceux du Sénégal, Saint-Pierre-et-Miquelon, la Guyane, la Martinique, la Guadeloupe et la Réunion (l'île Maurice devenant anglaise).

La France se lance à nouveau dans l'aventure coloniale à la Restauration, d'abord en mettant en valeur les lambeaux coloniaux qui lui restent, puis en tentant d'étendre son influence. En 1830, l'Algérie passe sous influence française ; au milieu du siècle, l'emprise de la France sur le

Sénégal s'accroit. Énumérer le détail des évènements de l'histoire coloniale postérieure à cette époque et antérieure à la deuxième guerre serait fastidieux, et source de confusions en si peu d'espace : contentons-nous de rappeler qu'en 1939, il ne reste que deux pays africains indépendants, le Liberia et l'Égypte (cette dernière avec une présence militaire britannique).

L'ombre et la proie à l'école francophone coloniale

On mesure mieux maintenant la « durée d'exposition » aux influences francophones des divers pays qui font actuellement partie de la francophonie, que ces influences soient françaises ou belges (Congo, Rwanda, Burundi). On le fera un peu mieux si l'on se souvient que ces influences sont organisées de manière privilégiée par la scolarisation, qui se déroule dans des conditions différentes selon le cas. Le système scolaire colonial belge, linguistiquement mixte (français, flamand et langues autochtones pour les premières années d'apprentissage de la lecture-écriture), qui touche plus d'élèves que dans les colonies françaises, est fortement structuré autour d'apprentissages professionnalisés. Le taux élevé de déperdition scolaire et la progression pédagogique sur le plan linguistique font que 10 % seulement des élèves apprennent le français. Dans les colonies françaises, l'enseignement est moins accessible et vise essentiellement à former des élites coloniales capables de faire fonctionner l'administration et l'économie. L'école se fait uniquement en français, par la « méthode directe » : le français est le médium d'enseignement unique, ce qui ne donne pas des résultats bien convaincants. De surcroit, il s'agit d'une scolarisation très sélective, qui touche peu d'enfants, même si, vers 1920, des écoles de village deviennent plus nombreuses. Il n'en demeure pas moins qu'à l'approche de la Deuxième Guerre mondiale, on trouve, au mieux, une école tous les 80 kilomètres. Bien entendu, la scolarisation à l'occidentale n'est pas perçue de manière semblable selon les cultures : là où elle tente de se superposer à des pratiques antérieures, par exemple celles des médersas dans le monde musulman, l'école française est pour le moins boudée. Finalement, il ne faut pas oublier la pugnacité conservatrice des colons, souvent hostiles aux efforts de développement de la scolarité, par exemple lorsque les mesures Jules Ferry sont étendues à l'Afrique du Nord.

L'impact linguistique de ces systèmes scolaires finalement peu fiables détermine lourdement la situation actuelle de la francophonie en termes de démolinguistique « brute » (nombre de locuteurs). Curieusement d'ailleurs, les éléments de bilan plus généraux, concernant les représentations des usagers sur ces systèmes, sont assez contrastés entre les systèmes coloniaux belge et français. Alors que l'école coloniale belge faisait de réels efforts pour intégrer les langues locales et l'enseignement professionnel, il lui est reproché, justement, d'avoir gardé le français hors de portée de ses usagers. L'école coloniale française, malgré son élitisme, fait moins de mécontents. Cela permet d'ouvrir le débat, crucial pour l'avenir du français, de l'importance relative des infrastructures et des conditions matérielles, face au climat sociolinguistique et socio-affectif général lié à une langue et aux moyens de se l'approprier. Le système belge était pédagogiquement, structurellement, plus tourné vers l'efficacité que le système français, mais ce dernier semblait paradoxalement donner l'impression d'être plus « ouvert » que le précédent. On peut peut-être résumer les choses ainsi : l'un prévoyait surtout l'offre d'enseignement, en insistant sur une approche professionnalisante, l'autre créait les conditions d'une demande de langue et de réussite sociale, sans qu'une offre à la mesure de la demande suscitée suive. Il faut méditer les résultats de cette différence, qui pourraient signifier qu'on préfère parfois l'ombre à la proie, lorsqu'on laisse croire, dans le premier cas, que chacun a une chance de concourir (même si la réalité montre que le succès ne concerne qu'une petite minorité), alors que dans le second, on dénie sans doute trop clairement à certains le droit de concourir pour offrir à d'autres des chances meilleures de réussir. Les attitudes des francophones actuels sont bien évidemment encore marquées par ces phénomènes que l'on peut apparenter au supplice de Tantale, avec les frustrations, les surévaluations de l'importance de la norme qui sont observables, de nos jours encore.

On sait, ensuite, comment furent obtenues les indépendances, comment apparait la francophonie institutionnelle, que nous proposons d'appeler « francophonie » tout court, en l'opposant à « *espace francophone* » pour ce qui va nous préoccuper maintenant, l'espace social, géographique, au sein duquel la langue française occupe une place socialement significative (ce qui implique que le français soit véritablement intégré aux pratiques sociales, et ne soit pas une « simple » langue étrangère interchangeable avec d'autres).

Locuteurs dans la brume

Cette définition, au demeurant encore floue, permet de tenter d'exclure de notre propos ici le domaine de ce qu'on peut proposer d'appeler l'« espace de diffusion du français » (aucun terme ne semble consacré pour désigner cette réalité (voir Coste, 1998). En fait, les différences, dans certains cas, sont loin d'être nettes entre ces deux ensembles traités de manière séparée sans doute à cause des habitudes administratives et diplomatiques françaises, et aussi parce que si la description de l'espace francophone a été prise en charge surtout par des sociolinguistes, celle de l'espace de diffusion a vu se développer des travaux plutôt liés à la didactique des langues. Un infléchissement récent de la francophonie institutionnelle en direction de pays pour lesquels le français n'est pas une langue d'usage au quotidien ne fait que contribuer à augmenter encore l'intersection entre « francophonie » et « espace de diffusion » du français. Il est bien clair qu'on aurait tout intérêt à comparer ces deux espaces, sous les feux croisés et complémentaires des deux approches citées. Cela se justifie d'autant plus que certaines situations relèvent des deux perspectives : même dans un pays aussi petit que l'île Maurice (1,1 million d'habitants, environ 2000 km²) coexistent des locuteurs pour qui le français est langue étrangère, langue seconde, et une minorité de locuteurs pour qui le français est langue première. Autre ambigüité : la position de la France (et de ses départements d'outre-mer, qui connaissent une situation assez différente de celle de l'Hexagone) au sein de cet ensemble. Si la francophonie institutionnelle inclut clairement la France, on a tendance à ne pas s'intéresser à la France quand on parle d'espace francophone, ce qui est sans doute une attitude à infléchir.

Que les francophones lèvent le doigt

On se référera, pour ce qui est de la dimension géographique de la francophonie, à la carte figurant dans cet ouvrage, et qui fait apparaitre les pays considérés comme francophones. Il est nécessaire de quantifier quelque peu les francophones, malgré les considérables difficultés de méthode que ce type de recensement entraine : doit-on recueillir l'opinion des intéressés (« que les francophones lèvent le doigt » mais dans quelle langue poser la question ?) ? tester leur compétence ? l'évaluer à partir de leur parcours scolaire ? considérer que tout citoyen d'un pays appartenant à la francophonie institutionnelle est francophone ? faire converger ces quatre indices (mais alors, selon quelle hiérarchie, quelle pondération ?) ?

On devine bien que les considérations autres que strictement linguistiques, par exemple géopolitiques, économiques, pèsent sur les études de démolinguistique francophone : un pays souhaitant faire partie de cet ensemble en principe fondé sur le « partage » du français a tout intérêt à surestimer ses indicateurs de « franco-phonie ». Il semble que personne ne croie avoir intérêt à contester cela, alors même que A. Salon relativise l'importance des retombées économiques, commerciales, voire géopolitiques, que l'on peut en attendre. C'est ainsi que R. Chaudenson (1989) peut signaler quelques chiffres fantaisistes, dont le plus élevé est dû, en 1987, à Monsieur le Secrétaire perpétuel de l'Académie française, soit 500 millions de francophones dans les premières décennies du XXIe siècle. Les estimations plus réalistes sont de l'ordre de 100 millions :

Europe (hors France)	10 M	Afrique du Nord + Moyen-Orient	15 M
Amérique (Canada, USA, Antilles)	10 M	Afrique noire	7 M
Océan Indien, Océanie, Asie	4 M		
Total =	**46 M**	**(avec la France : un peu plus de 100 M)**	

(Walter 1988 : 189).

Le prochain avion pour aller en francophonie

Un simple regard à la carte de la francophonie, dès lors que l'on a ces statistiques en tête, fait deviner l'extrême hétérogénéité de ce que la terminologie institutionnelle fait parfois apparaitre comme une sorte d'univers homogène (*cf.* l'expression substantialisante qui a cours dans les milieux institutionnels : « le français en francophonie », où on a l'impression qu'il s'agit d'un pays pour lequel on peut prendre un billet d'avion ou de train). Il serait sans doute nécessaire, pour le moins, d'utiliser le pluriel, à la fois pour « les français » et « les francophonies ». Un simple regard à cette carte fait en effet comprendre que les situations de francophonie comprennent des pays qu'on appelait riches et pauvres avant que leur situation n'en soit bouleversée, pour le mieux bien sûr, par le fait qu'on les appelle maintenant « du nord » et « du sud ». Un autre clivage, qui va peut-être en s'estompant, sépare d'anciennes métropoles et d'anciennes colonies, des pays économiquement divers, plus ou moins urbanisés, industrialisés, socialement différenciés, pour ne prendre que ces paramètres qui laissent imaginer que la situation du français ne peut y être identique, et que le français ne peut qu'y être divers.

Si l'on essayait de trouver dans la sphère du linguistique et du français des facteurs linguistiques communs à l'ensemble des situations francophones, en trouverait-on un seul ? La pratique du français, sûrement pas (*cf.* statistiques ci-dessus), mais W. Labov nous a appris à relativiser l'absence de ce critère. La référence commune à une norme (W. Labov, toujours) ? peut-être, mais alors en utilisant une norme extrêmement abstraite se réduisant au fait que le français, dans ces situations, fait partie des langues envisageables. Mais même dans ce cas, il existe sans doute des locuteurs pour qui cela n'est pas vrai.

Il faut bien admettre alors que l'espace francophone est « partiellement francophone », avec des taux très variables, parcourant toute la gamme : il serait intéressant d'imaginer une carte de la francophonie en trois dimensions, avec des reliefs là où la francophonie est très présente ; en fonction de la résolution choisie, on verrait certains pays apparaitre plus élevés que d'autres, probablement, les grandes métropoles plus que les zones rurales, et, sans doute aussi, les beaux quartiers plus que les bidonvilles. Ces reliefs mériteraient également d'être colorés de teintes différentes selon le type de français utilisé : standard ou assimilé, « régional », ou « populaire » pour prendre des catégories que l'on rencontre souvent dans les descriptions scientifiques. On aurait ainsi une idée moins inexacte à la fois de l'étendue réelle de la francophonie et de sa diversité, et on pourrait juger de l'écart entre « espace [réellement et diversement] francophone » et « francophonie [institutionnelle] ». En mettant en œuvre l'outil informatique, on pourrait également imaginer de faire varier successivement les paramètres descriptifs : classes sociales ou ethniques des locuteurs selon les lieux, les formes de français, âges, valeurs symboliques, (in)sécurité linguistique projetteraient autant d'images différentes et complémentaires, qui complexifieraient singulièrement l'image d'Épinal proposée par les cartes actuelles de la francophonie.

Le francophone : un jongleur funambule ?

Non seulement le français se trouve dans des situations, des conditions diverses et très différentes, en contact avec des langues extrêmement variées, mais encore, les objets observables que l'on a pris l'habitude de classer dans la catégorie « français » sont-ils assez différents pour que l'on se pose très sérieusement la question du singulier (qui apparait dans le discours institutionnel pour les raisons qui ont été énoncées plus haut). Nous aimerions présenter ici des échantillons des formes considérées comme du français dans l'espace francophone. Mais ce serait une tâche ardue de parvenir à opérer un choix représentatif parmi les multiples formes observées, les différents champs (phonétique/phonologie, morphologie, syntaxe, lexique...) sans tomber dans l'outrance et le pittoresque des stéréotypes. Il nous parait plus juste de renvoyer le lecteur intéressé à des références présentant une image plus complète de la variation du français au sein de l'espace francophone. On en trouvera des échantillons dans l'ouvrage de Robillard et Beniamino (1993, 1996), ainsi que de nombreuses références bibliographiques. Contentons-nous de souligner que les formes de français sont très variées, dès lors que l'on accepte de quitter le champ des formes de français « régional » (formes de français assez proches du français standard, et s'en écartant par quelques traits phonologiques et/ou morphologiques et/ou lexicaux, etc.) Si on s'aventure dans le domaine des « français populaires », ceux qui servent de véhiculaires dans nombre de grandes villes africaines, pour adopter une des étiquettes proposées (Suzanne Lafage, par exemple), on prend la mesure d'une difficulté immense. Exclure ces formes de français de la catégorie « français » aurait l'avantage de préserver l'unité d'une langue autour de son modèle fictif, le « français standard », et sa conformité à l'image que les francophones « traditionnels » s'en font, mais l'évident inconvénient, à long terme, d'exclure du même coup de nombreux locuteurs qui considèrent qu'ils parlent une forme de français. Or il est bien évident que les deux aspects évoqués plus haut contribuent à faire vivre le français : une large base démographique n'est pas un luxe pour une langue qui essaie de vivre aux côtés d'autres grandes langues dans le monde, par exemple l'anglais. Mais si le français se constitue en pôle d'attraction pour des « néo-francophones », c'est à la fois parce que cette langue est souvent un vecteur de mobilité sociale et une promesse d'ouverture sur le monde, ce qui suppose un minimum de stabilité dans le temps et d'homogénéité quels que soient le lieu, la classe sociale du locuteur, le canal utilisé (vocal, écrit, électronique). C'est donc le défi d'un difficile et périlleux exercice de jonglerie et de funambulisme que les francophones sont appelés à relever : assez de variation pour préserver les fragiles processus d'identification qui sous-tendent l'actuelle dynamique du français, mais au moins un modèle fédérateur pour que le français fonctionne efficacement comme véhiculaire, notamment international.

Le français des élites à l'écoute des français « vulgaires » ?

Il est impératif de quitter l'orientation que donnait implicitement, et sans doute sans le vouloir, à la francophonie, O. Reclus, lorsqu'il mêlait constats empiriques et programme de politique linguistique, géopolitique, pratiques et compétences linguistiques. Si cela n'est pas totalement inutile, l'essentiel n'est pas de compter les États francophiles (en les confondant trop vite avec les populations francophones), les élites francophones internationales ne constituent aucunement des garanties suffisantes de la pérennité du français (Albert Salon).

Cet exercice ne peut, vraisemblablement, s'envisager dans un espace francophone conçu comme unique et homogène. On ne peut que le penser comme constitué de variétés d'amplitude variable : un français international, modèle commun à tous, sans doute, pour ce dernier, avec une composante instrumentale assez forte : il s'agirait essentiellement d'une langue véhiculaire, utilitaire, non susceptible de susciter de grand investissement social et affectif puisqu'il s'agit de ce que les linguistes appellent parfois un « technolecte ». Les fonctions réduites (quoique vitales) de ce « standard » comme on l'appelle parfois en font une forme de langue dont la justification principale est la communication efficace, ce qui est probablement insuffisant à assurer sa pérennité (d'autant que cette place est largement prise par l'anglais, au plan international). Rappelons-nous en effet que le « standard » n'est pas seulement fait d'homogénéisation au sens industriel, mais comprend une composante, au moins pour les langues, qu'on ne peut impunément assimiler à des produits, conforme à son étymologie : c'est aussi l'« étendard » qui fédère, qui rassemble. Il serait paradoxal qu'à force de vouloir rassembler, par le biais d'une uniformisation excessive, on aboutisse à un « standard » brandi par quelques gradés, abandonnés depuis longtemps de leurs troupes, sans même qu'ils s'en aperçoivent, tant ils ont les yeux rivés sur le « standard », obnubilés par le souci d'en préserver l'élégance des plis !

Les fonctions supplémentaires habituellement assurées par les langues, peuvent être prises en charge par d'autres variétés de français, qu'on les appelle « régionaux », « nationaux » ou autrement, donc dans des zones d'ampleur sociale, géographique, moindre. Ces fonctions concernent à la fois le marquage des identités, celui des registres informels (pour lesquels le standard est souvent inadapté, compte tenu de son caractère « neutre » sur ces différents plans, ce qui est bien conforme à la fonction universelle du standard). Ces formes de français, bien entendu, existent déjà au sein de la francophonie, là où le français standard ne les a pas encore fait disparaitre (en France par exemple, où beaucoup de ces formes ne sont plus que vestigielles). Elles méritent donc une politique linguistique visant leur adaptation et leur valorisation par le biais par exemple de certaines formes de reconnaissance, modestes sans doute, et ne mettant nullement en cause la place du standard. Cela procéderait, bien sûr, non pas d'un souci muséologique de préservation de formes linguistiques qui ne sont, après tout, que des instruments, mais de ce que, sans ces instruments, ce sont des modes relationnels, des visions du monde, des modes de vie qui sont fragilisés, ce qui, par ricochet, on le comprend bien, ne peut que fragiliser le standard lui-même. En effet, la raison d'être de celui-ci est, principalement, de fournir un registre formel et « neutre » coiffant les autres registres plus marqués socialement ou affectivement et favorisant la communication véhiculaire et utilitaire. Si les locuteurs concernés ne tiennent pas à ces aspects, le français standard peut suffire ; dans le cas contraire, ces formes de français méritent que l'on prenne garde à ce que le français standard ne balaie toute la variation du français, sapant du même coup ses propres assises. Cela ne se traduit pas nécessairement, comme on le pense souvent, par des efforts techniques ou technologiques (encore des dictionnaires, encore des grammaires, des bases de données, des cédéroms..., qui ne sont pas gratuits...), mais surtout, et tout simplement, par de nouvelles façons de voir la langue, les langues, la variation, et leur coexistence, dans un monde de plus en plus internationalisé. Il n'est pas possible d'entrer dans le détail de ces aspects ici, mais on comprend bien que le secteur éducatif en général, et celui de la didactique des langues en particulier peuvent être le lieu où se forment de nouvelles attitudes plus souples face aux (variétés de) langues, et accueillantes, en particulier, aux contacts, au bilinguisme, à la variation, etc.

Bien entendu, il faut dégager les conséquences probables d'une telle démarche. Elle est susceptible, on l'a vu, de renforcer le tissu sociolinguistique, démolinguistique, du français en général, et donc du français standard, en confortant l'enracinement social du français (et pas seulement dans les élites, et pas seulement dans les milieux institutionnels, effet probable des actions actuelles de la francophonie institutionnelle), dans des couches sociales plus larges que ce que l'on observe actuellement.

La répercussion envisageable en serait une évolution du système du français, qui ressemblerait sans doute un peu moins au français standard actuel, et un peu plus à celui d'une partie non négligeable de ses locuteurs réels (bien entendu, le rôle des linguistes serait de veiller à ce que les structures nécessaires aux fonctions dévolues à une langue standard du XXIe siècle soient préservées).

Si le latin vit encore vraiment, par exemple à travers la langue de cet article rédigé, en somme, dans une des formes contemporaines et dialectalisées du latin vivant (que des conditions historiques diverses ont fait qu'on l'a appelé « français »), c'est que le latin a su s'*adapter* diversement aux situations et populations qu'il a rencontrées, au prix du *changement* souvent. Que souhaiter de mieux au français ? Certainement pas en tout cas de rejoindre l'« autre » latin, le classique, celui que nous ne comprenons même plus.

BIBLIOGRAPHIE

CHAUDENSON, R., 1989, *Vers une révolution francophone*, Paris, L'Harmattan.

CALVET, L-J., 1994, *Les Voix de la ville*, Paris, Payot.

COSTE, D., 1998, « 1940 à nos jours : consolidations et ajustements » in *Le Français dans le monde*, numéro spécial de janvier 1998, Paris, Frijhof W./Reboullet A. éditeurs.

FRANCARD, M. et LATIN, D., 1995, *Le Régionalisme lexical*, Margais, De Boeck/AUPELF-UREF.

KAZADI, N., 1991, *L'Afrique afro-francophone ?*, Margais, Montmagny.

MANESSY, G., 1995, *Créoles, pidgins, variétés véhiculaires. Procès et genèse*, Paris, éditions du CNRS.

ROBILLARD, D. de, et BENIAMINO, M., 1993, 1996, *Le Français dans l'espace francophone*, 2 tomes, Paris-Genève, Champion.

SALON, A., 1981, *L'Action culturelle de la France dans le monde. Analyse critique,* thèse de doctorat d'État sous la direction de Duroselle, J.-B., université de Paris-I Panthéon-Sorbonne, 3 vol.

MARCHELLO-NIZIA, C., 1994, *Histoire de la langue française*, Paris, Nathan.

WALTER, H., 1988, *Le Français dans tous les sens*, Paris, Laffont.

LABOV, W., 1976, *Sociolinguistique*, Paris, éditions de Minuit.

TÉTU, M., 1992, *La Francophonie. Histoire. Problématique. Perspectives*, Montréal, Guérin.

TÉTU, M., 1997, *Qu'est-ce que la francophonie ?* Paris, Hachette/Édicef.

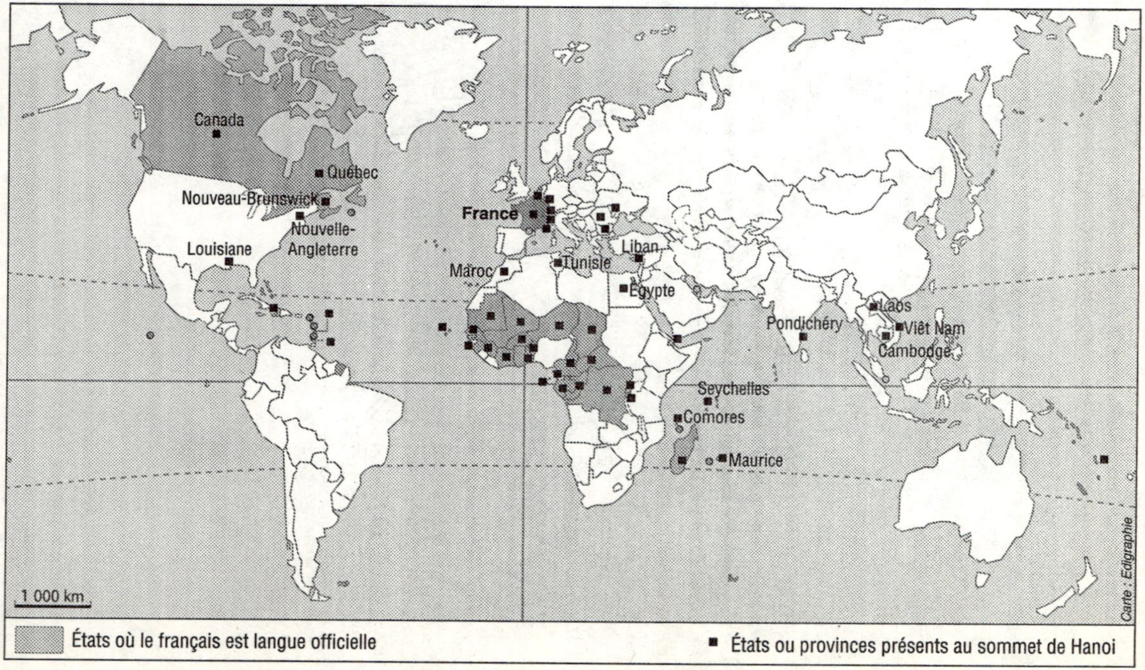
Canada
Québec
Nouveau-Brunswick
Nouvelle-Angleterre
Louisiane
France
Maroc
Tunisie
Liban
Égypte
Laos
Viêt Nam
Cambodge
Pondichéry
Seychelles
Comores
Maurice
1 000 km
Carte : Edigraphie
États où le français est langue officielle
États ou provinces présents au sommet de Hanoi

DÉSORMAIS, VOUS NE DIREZ PLUS :
Mc DONALD, APPLE, WINDOWS 98 OU 20th CENTURY FOX
MAIS Mr COINCOIN, POMME, FENÊTRES 98 ET RENARD DU 20e SIÈCLE.
PAS Cool !
TSS... PAS "FRAIS"

G

comme gérer la langue

par Jean-Michel Éloy

Ne serait-ce qu'implicitement, ne serait-ce que par le laisser-faire apparent, les États, les Pouvoirs, interviennent nécessairement dans les questions linguistiques. Parce que le langage est coextensif à l'humain et au politique, il est aussi impossible de ne pas y toucher que d'achever un équilibre définitivement stable.

Le concept d'aménagement linguistique désigne l'intervention volontaire et explicite des pouvoirs en place sur les réalités linguistiques. On distingue, dans cette action, ce qui concerne le *status* – la place d'une langue dans la société, et son statut légal et politique –, et ce qui concerne son *corpus*, c'est-à-dire sa substance même, vocabulaire, graphie, etc. C'est à ce type d'actions, de politiques linguistiques, que peut référer l'idée de « gestion » linguistique.

À vrai dire, quand il s'agit du *status*, il faudrait plutôt dire « gérer LES langues » : on ne se pose des questions, et l'on n'examine les choix linguistiques liés au pouvoir, que devant la multiplicité des langues dans un même cadre politique.

Le français, aujourd'hui, est confronté deux fois à ce problème, l'une à l'échelle européenne, l'autre à l'échelle nationale. Ce dont on discute, à propos du fonctionnement linguistique de la Communauté européenne ou à propos de la Charte européenne des langues régionales et minoritaires, est précisément le *status* des langues en présence : quelle place leur ménagera-t-on, quelles mesures prendra-t-on pour que ce patrimoine ne disparaisse pas, quel statut légal leur donnera-t-on ?

Ces débats ne touchent guère en France au statut du français, si ce n'est dans son exclusivisme, tandis qu'en Belgique, en Suisse ou au Canada, le français, langue native d'une partie de la population, est en contact avec d'autres langues de même statut, avec lesquelles le maintien de la paix linguistique est l'objet d'une attention constante. Quant aux autres pays francophones, la place du français et son statut légal y sont très variables selon les cas.

Gérer LA langue (au singulier), c'est donc aménager le *corpus* de la langue, c'est-à-dire intervenir sur la langue elle-même. Pour le français, ce souci ne touche que les pays où il est natif, et parmi eux la France garde une préséance traditionnelle. Les Belges de la Communauté française, les Suisses romands ou les Canadiens-français ont toujours un œil tourné vers la France quand il s'agit de la langue commune. C'est donc ce cas que nous évoquerons surtout ici.

Beaucoup doutent que l'État – fût-il la République – puisse agir sur la langue, au-delà des questions du *status* (adoption de la langue nationale, statut officiel). Pourtant l'État est à la fois législateur, locuteur et organisateur. Mais surtout, il est idéologue. Quelques débats d'actualité, et un bref parcours historique, l'illustreront.

Les quatre rôles de l'État

Le législateur ne se mêle guère du corpus de la langue. Aucun texte législatif, traditionnellement, ne définit la notion de « français correct » en quelque situation que ce soit. Du moins, c'était le cas jusqu'aux décisions terminologiques de ces dernières années, comme on le verra plus loin.

Autrement dit, on a le droit de s'exprimer d'une façon très fautive, la loi ne s'en mêle pas – contrairement au jugement social, évidemment. L'orthographe elle-même, malgré ce que croient beaucoup, n'a pas de définition juridique, et aucune loi ne l'a jamais rendue obligatoire.

L'intervention ne se fait pas non plus indirectement, en donnant autorité par exemple à l'Académie française : celle-ci n'a aucun pouvoir juridique, seulement son prestige et son « autorité morale ». Curieusement, une seule institution dispose d'un pouvoir réglementaire de veiller au « bon usage » du français : le Conseil supérieur de l'audiovisuel (CSA) qui, aux termes de la loi du 30-09-1986, contrôle le langage des chaines de télévision et de radio, puisque leurs cahiers des charges comportent une obligation de défense et illustration de la langue française. Mais on sait que le CSA a bien d'autres soucis.

Beaucoup de Français ignorent à quel point ils sont juridiquement libres de leur langue : la Loi n'intervient pas dans la langue normée, la Norme n'est une loi que par métaphore.

Le second rôle de l'État tient à son influence exemplaire : c'est l'État-locuteur. Les productions des administrations des fonctionnaires et des élus ont une importance qu'on ne saurait ignorer. Certes, l'État locuteur n'est pas, et de loin, un milieu homogène ni spécifique, un isolat social. Mais il est indéniable que beaucoup de citoyens attendent des discours de l'État, oraux et surtout écrits, qu'ils soient au moins corrects. Et de fait, il n'est pas exagéré d'affirmer qu'il règne, dans la fonction publique, le sentiment d'une obligation particulière de s'exprimer correctement, par déontologie professionnelle, sensible en outre dans le recrutement et la promotion des fonctionnaires, et rappelée périodiquement par des circulaires et notes de service.

Et pourtant, quelles sévérités n'a-t-on pas – depuis des siècles – pour la langue de l'administration et de la justice ! S'il fallait parler d'un folklore linguistique, en voilà bien un thème central – mais il est vrai que c'est aussi une occasion de sourire. En réalité, rien n'indique qu'il y ait dégradation, malgré la croissance quantitative des textes produits. Mais les plaintes continuent…

En troisième lieu, il faut considérer les actions concrètes, effectuées directement par l'État, ou financées, autorisées, encouragées par lui, actions dont une petite part seulement est directement normative. L'État est alors organisateur et acteur.

L'essentiel ici est évidemment l'enseignement. Renée Balibar a montré qu'un lien très fort existe sous la République entre politique de la langue et politique scolaire. L'enseignement comporte fondamentalement un contenu de langue, selon des termes presque constants depuis deux siècles malgré les changements pédagogiques. Et de fait, la langue, pourrait-on dire, comporte un contenu scolaire : « Il ne fut plus question pour aucun citoyen français de s'approprier la langue nationale commune ailleurs que sur les bancs de l'école », écrit Renée Balibar sous le titre *Le français « national »* (1976).

Pourtant l'État n'intervient pas sur la définition des contenus de l'enseignement de la langue. Certes le ministère publie des programmes – des canevas de contenus –, mais il laisse les éditeurs proposer librement des manuels, avec un contenu précis. L'établissement depuis le XIXe siècle d'un consensus permet de ne pas définir d'autorité les contenus grammaticaux et normatifs. Aucun texte ne dit ce qui est correct, car cela relève de la responsabilité de l'enseignant, sous le contrôle des inspecteurs pédagogiques.

L'autorité intervient, en revanche, pour protéger les élèves, à l'occasion des examens et concours : en 1901 (arrêté de G. Leygues du 26-2-1901), en 1977 (arrêté de

R. Haby du 8-2-1977), on a établi des listes d'erreurs à ne pas sanctionner. Ainsi depuis près de vingt-cinq ans, il est interdit d'abaisser une note d'examen pour cause d'omission de circonflexe, par exemple. Mais comme ce texte ministériel est peu connu, c'est là aussi le contexte social qui règle la question.

D'autorité aussi, l'enseignement de la langue passe par l'entremise de la littérature, dont la place est définie par des programmes et instructions. L'Inspection dit admirablement : « le professeur [...] donne aux textes littéraires, sans exclure les autres textes, toute la place qui leur est due ». Et même si, périodiquement, réapparait le besoin de mieux enseigner la langue, il reste toujours une référence à la langue littéraire. Quand, par exemple, il y a quelques années, on s'est tourné vers les textes journalistiques, les Instructions officielles (5 fév. 1987) les admettaient « à condition qu'ils soient substantiels, bien composés et bien rédigés », bref, quasiment littéraires. Des efforts sont pourtant faits pour distinguer l'enseignement de la langue de la culture littéraire – ne serait-ce que pour mieux aborder la littérature...

Bref, il est clair que le rapport, dans l'enseignement, entre langue et littérature, est une vraie question de politique linguistique, de « gestion de la langue ».

En tant qu'organisateur encore, l'État donne en exemple certaines pratiques de langue. En témoignent le statut prestigieux de l'Académie française, ou les honneurs rendus aux écrivains, sans compter les innombrables occasions officielles où les implicites concernant le bien parler et le bien écrire s'imposent catégoriquement.

Enfin, des institutions ont été mises en place pour, entre autres missions, promouvoir le « respect de la langue française ». Ce sont le Conseil supérieur de la langue française, placé auprès du Premier ministre, et la Délégation générale à la langue française, créée en 1989 auprès du Premier ministre puis ramenée en 1994 au sein du ministère de la Culture.

Mais le contraste est grand entre l'importance symbolique de ces institutions, placées auprès des plus hautes instances, et leurs moyens d'action effectifs (personnel, budget, pouvoir…). C'est que l'État, ici, est un organisateur très particulier : ces institutions, qui manifestent l'importance nationale de la langue, ont pour première mission d'exister, d'être visibles, même si leur puissance effective ne prend pas tant d'ampleur. Au-delà de leur action réelle mais modeste de coordination et d'expertise, elles ressortissent à une quatrième façon pour l'État de « gérer la langue ».

Ce quatrième rôle, nous l'avons de fait déjà évoqué, en relevant qu'au fond, aucune intervention de l'État ne touche directement les fonctionnements linguistiques de la société, la langue de la population. Et pourtant les décisions interviennent, à leur manière, dans la réalité. C'est cette manière qu'il faut bien situer.

Le mot clé est celui de légitimité. Si la forme directe de la législation est peu utilisée, c'est qu'ici l'État est principalement idéologue, dans ce sens qu'il agit sur des idées qui agissent sur la langue. L'action et le discours politiques viennent couvrir et légitimer le fonctionnement social. Certes, concrètement, c'est une normativité sociale, qui agit sur la langue. La langue est pourtant bien affaire politique, parce que des discours innombrables, plus encore que des actes, manifestent que l'État s'y intéresse. Pourquoi n'imagine-t-on pas – sauf par jeu – un président ou un ministre qui parlerait en public un français hors norme ? Pourquoi est-on scandalisé de trouver des erreurs de langue ou d'orthographe dans des textes officiels ? Parce qu'il existe une règle implicite : la langue légitime et la légitimité politique doivent être en correspondance, chacune, d'ailleurs, bénéficiant de l'autre.

Quelques débats récents

Quelques débats récents illustrent bien les problèmes de consensus et de légitimité qu'ont rencontrés les responsables français quand ils ont cherché à intervenir sur la langue.

En octobre 1989, le Premier ministre demandait au Conseil supérieur de la langue française d'élaborer des propositions modérées pour améliorer la cohérence de la norme orthographique (sujet évoqué plus précisément dans ce volume par J.-M. Klinkenberg), en vue des traitements informatiques, de l'harmonisation des dictionnaires, et de l'enseignement. De grandes restrictions entouraient cette commande, et les propositions finalement publiées ne touchaient qu'environ un accent par page et une lettre toutes les dix-sept pages dans un livre ordinaire (soit 0,3 % des mots).

La violence verbale qui accueillit ces propositions (alors que la demande n'avait suscité aucune réaction) ne peut pas se comprendre à travers les arguments échangés. Car la plupart des détracteurs de ces Rectifications ne parlaient ni du fonctionnement ni de l'histoire de la langue, mais appelaient à la défense de la patrie, à l'âme du peuple, etc., au mépris des réalités linguistiques, de la participation de l'Académie, des principaux dictionnaires, des instances linguistiques belge et québécoise, et de toute rationalité.

Or, on pourrait ramener à l'idée seule d'intervention ce qui causait cette folle colère. Qui, et de quel droit, pouvait légitimement intervenir, décider ou proposer quoi que ce soit qui concerne la langue ? Nul être humain, sans doute. Au point que l'Académie réelle, concrètement engagée, s'est vu opposer, pour refuser toute évolution, le mythe d'une Académie complètement fixiste. Et si, ultérieurement, les Rectifications sont entrées dans les faits dans une proportion non négligeable, c'est à la faveur du silence, voire de l'ignorance, c'est-à-dire sans débat public.

La moralité de cet épisode ? Règle n° 1 : on ne touche pas à la langue, du moins pas en public.

L'épisode suivant n'est contradictoire qu'en apparence. En 1994, le ministre Toubon a proposé une nouvelle mouture de la loi de 1975 « sur l'emploi de la langue française ». Le projet de loi liait les questions de *status* et de *corpus* : choix de langue – l'emploi du français – et choix de vocabulaire, la terminologie officielle étant imposée dans de vastes secteurs de la vie publique. Ce projet suscita beaucoup de plaisanteries sur les anglicismes, mais au total assez peu de hargne.

Car le ministre brandissait l'étendard national, contre l'impérialisme de la langue anglaise – dans la même période, d'ailleurs, il faisait de l'« exception culturelle » un thème d'action internationale, et de la « sécurité » un thème de politique intérieure. Or le thème de la défense nationale avait une telle force qu'on ne pouvait pas facilement l'attaquer de front, bien qu'il entraînât, par amalgame, un interventionnisme très fort sur la langue elle-même. C'est d'ailleurs sur cet aspect que le projet fut censuré par le Conseil constitutionnel, au nom de la liberté d'expression garantie par la Constitution.

Il ressort de ce deuxième exemple une Règle n° 2 : c'est seulement au nom d'une cause sacrée, nationale par exemple, qu'on peut envisager de toucher à la langue.

Un troisième épisode illustre encore autrement la question, c'est celui de la féminisation des titres et noms de métiers. Une circulaire du Premier ministre du 11 mars 1986 recommandait que les femmes ne soient plus désignées dans leurs fonctions par des noms masculins – usage bizarre, au fond, ne serait-ce que parce qu'il amène des monstruosités grammaticales telles que « le proviseur est enceint(e) ». Elle proposait « une déléguée, une agente, une animatrice, une ingénieur », etc. Mais, sans être annulée, elle avait été ignorée dès l'arrivée du gouvernement suivant, malgré pétitions et déclarations féministes diverses.

En 1997, plusieurs femmes, devenues ministres, exprimèrent leur souhait d'être nommées « Madame la Ministre » – la presse et l'usage courant avaient d'ailleurs déjà bien adopté « la ministre » –, ce qui devint quasi instantanément l'usage dominant et officiel. Les autres titres n'ont suivi que partiellement.

L'Académie royale de Belgique ayant pris position en faveur de la féminisation, l'Académie française voulut la contrecarrer, et revendiqua l'autorité légitime en la matière. Ce fut un échec, car de façon patente cela n'empêcha pas que l'usage officiel, gouvernemental, soit senti comme légitime – d'autant plus qu'il rejoignait l'usage général et, probablement, une intuition linguistique largement partagée. Peut-être l'Académie française entérinera-t-elle l'évolution, d'ici quelque temps, en vertu de sa mission de « greffière de l'usage ». Mais, en l'occurrence, il semble bien qu'elle ait maladroitement ignoré une autre règle, qui serait celle-ci :

Règle n° 3 : la légitimité ne se proclame pas, ne se discute pas sur la place publique, sous peine d'être sérieusement égratignée.

L'épisode permet surtout d'avancer une quatrième règle, qui rappellera ce que nous appelions le rôle de « locuteur légitime » de l'État :

Règle n° 4 : les choix de langage du pouvoir légitime, quand ils rejoignent l'usage « populaire », suffisent à légitimer cet usage.

Ces considérations nous amènent à revenir sur une innovation majeure de cette fin du XXe siècle : la création en France, depuis 1970, d'une terminologie officielle, obligatoire dans certains contextes à valeur légale, comme les documents officiels ou commerciaux et les contrats de travail (loi du 31-12-1975 et décrets divers, puis loi du 4-8-1994).

Les quatre mille « termes » publiés en trente ans par arrêtés ministériels sont évidemment peu de choses par rapport aux terminologies techniques, qui en comptent des centaines de milliers. En outre, ils sont loin d'avoir été tous adoptés par l'usage. À quoi ont donc servi ces arrêtés ministériels de terminologie ?

Leur utilité est principalement idéologique : il s'agit d'affirmer, de proclamer, qu'il est légitime d'utiliser des mots de facture française plutôt que des mots empruntés. Là encore, c'est la légitimation qui constitue le sens de l'action, et non une gestion qu'il faudrait comprendre dans un sens réaliste ou comptable. Même le cas du mot *ordinateur*, souvent cité comme l'exemple même de la réussite terminologique, doit être compris ainsi, puisque le terme a été créé et utilisé par IBM-France, avant d'être officiellement consacré : gérer la langue, en l'occurrence, a proprement consisté à légitimer un terme, qui s'est ensuite imposé.

Rétrospective

Tout cela n'est pas entièrement nouveau. Car comment le XVIIe siècle a-t-il vu un infime groupe social, parfaitement dominant, réussir à imposer une norme langagière ?

En 1635, Richelieu n'a pas créé l'Académie française de toutes pièces : choisissant parmi les nombreuses académies fondées à Paris dans les années 1620-1630 à l'imitation de l'Italie, il n'a fait que donner un privilège de légitimité à celle du protestant Conrart, l'une des plus puristes. Il prenait ainsi le contrôle du mouvement, afin qu'il profitât directement au souverain. Désormais, légitimité et prestige de la langue et du pouvoir étaient liés.

La langue est alors conçue non dans son étendue sociale – on ne se soucie pas du « peuple » – mais à son extrême pointe élitiste, que l'on affirme essentielle et suffisante, conformément au modèle aristocratique de la société. La langue « académique », quasiment fictive à force d'être raffinée, va représenter la Langue, servir de modèle et de référence. Tout ce que le monarque absolu représente de légitimité sacrée, de privilège de naissance, rejaillit sur la langue. Et toute l'attraction qu'exerce le roi sur l'aristocratie et sur les bourgeois ambitieux polarise leur langue, la plie à sa loi et la modifie. Cet artifice social va ainsi produire des effets bien réels sur la langue, par la médiation de la Cour, des ambitions de toutes sortes et des raffinements de la littérature – elle aussi institution sociale au plus haut point sélective.

La « gestion de la langue » par le pouvoir monarchique a donc tenu à la légitimation résolue d'une partie de la langue et des pratiques.

Le contraste est grand entre cette situation nouvelle et les sept siècles précédents, ceux du « Moyen Âge ». C'est pourtant dans cette période que s'est développée la langue « françoise » écrite, administrative et littéraire, qu'elle a conquis toutes ses fonctions sociales : mais le pouvoir royal n'intervenait pas explicitement. C'est sans conflit, comme joyeusement, sous le prestige austère et incontesté du latin, que s'est épanouie tranquillement une langue littéraire d'abord riche de ses colorations régionales, puis de plus en plus dérégionalisée parce que polarisée par le pouvoir royal.

Certes, quand François Ier à Villers-Cotterêts en 1539 exige que la justice soit rendue en « langue maternelle françoise », c'est pour que les sujets comprennent leur procès : cette mesure de *status* est donc un choix de justice élémentaire, et de bonne administration, voire de bon sens. Mais c'est aussi qu'à cette époque la langue françoise est jugée digne, et a prouvé qu'elle l'était, de remplir aussi bien que le latin toutes ses fonctions – scientifique, juridique, administrative, etc. L'ordonnance de 1539 n'est que le point d'orgue d'une évolution déjà presque achevée.

Autrement dit, la transformation majeure, des parlers vulgaires en une langue à part entière, s'est déroulée sur plusieurs siècles, en douceur, sans même, à de rares exceptions, qu'un métalangage ou un discours idéologique permette aux contemporains de penser le processus en cours, ni a fortiori de croire le « gérer ».

Ultime repère *a quo* de l'histoire du français, les serments de Strasbourg de 842, constituent une matière éminemment politique, comme l'ont montré, entre autres, F. Brunot, R. Balibar et B. Cerquiglini : mais il ne s'agit en aucune façon de « gérer la langue ».

Nithard (voir le chapitre « P comme Paris », dans ce volume) était certainement loin de considérer les langues des serments de Strasbourg en elles-mêmes, comme nous pouvons le faire aujourd'hui. Sa démarche était politique, mais rien que politique. Les langues des serments ne sont là, à Strasbourg même, puis dans le texte latin de Nithard, que comme signes des territoires. Elles montrent la terre – germanique ou romane –, et c'est la réalité contrastée des territoires, ainsi exhibée, qui légitime en quelque sorte naturellement le partage de l'Empire.

Les serments ne signifient pas une adoption « officielle » du vulgaire roman par la Francia occidentalis. L'innovation était géopolitique, voire ethnopolitique : les langues romane et tudesque, désormais, partageaient incontestablement les territoires.

Mais là, les langues légitimaient les pouvoirs, et non l'inverse.

Gérer le symbole

L'idée de « gérer la langue », en ce qui concerne la langue française, renvoie à trois thèmes : prestige, modernité, démocratie. Le pacte d'alliance entre langue et pouvoir conclu explicitement au XVIIe siècle (mais implicitement plus tôt) n'est toujours pas rompu, parce qu'il repose sur le jeu des légitimations réciproques. Le Pouvoir a donc le devoir et le droit de « gérer la langue », action d'autant mieux reçue qu'elle converge avec des principes de légitimité tels que le salut national. Mais cette « gestion » ne prend que très partiellement des formes gestionnaires ou normatives classiques, réglementaires ou comptables. Créer et même diffuser une norme n'exigent pas forcément l'intervention de l'État : mais celui-ci doit intervenir pour montrer qu'il se soucie de la langue.

Car la langue dont nous parlons, ce n'est ni la réalité des pratiques de langage, que règlent les forces sociologiques, ni le système linguistique de Saussure. La langue qui intéresse le politique est en elle-même un signe, c'est-à-dire une entité symbolique. Il faut admirer la clairvoyance avec laquelle la Constitution française, depuis 1992, associe dans un même article ces trois emblèmes nationaux que sont le drapeau, l'hymne, la langue. De même, on sait bien que ce qui lie les Canadiens, les Belges, les Suisses, les Français et les autres francophones, le fait d'avoir « une langue en partage », n'est pas seulement un instrument de communication, mais une référence commune, un symbole partagé. Évitons même le pléonasme, puisqu'un symbole, dans son origine grecque, n'est que signe de partage.

« Gérer la langue », c'est gérer ce symbole.

FRANÇAIS = $\frac{\text{Gaulois}}{\text{Latin + Latin parlé}} \times \sqrt{\text{GREC}} + \frac{1}{3} \cdot \frac{\text{Celte}}{\text{Oïl + Oc}} \times \left[\frac{\frac{\text{Germain}}{\text{roman}}}{\frac{\text{Banlieue}}{\text{Anglais}^2}} \right]^3$
LA VACHE... CE N'EST PLUS DE L'HISTOIRE, C'EST DES MATHS ...

H

comme Histoire
le français : un créole qui a réussi

par Bernard Cerquiglini

« Le français vient du latin » : cette assertion parait d'une évidence presque triviale ; elle figure au nombre des arguments légitimes en faveur de l'étude de la langue ancienne ; elle exprime l'affiliation de notre langue à un passé culturel prestigieux. Que le français provienne du latin, cependant, n'est pas établi depuis longtemps. En outre, on peut soutenir qu'en un certain sens, c'est faux.

« Une source bien bourbeuse »

Dès le Moyen Âge, l'idée d'un lien génétique entre les langues latine et française est perceptible. L'usage constant des deux langues chez les intellectuels en est la cause. Le clerc médiéval, qui parle la langue vulgaire dans la vie courante mais qui travaille en latin, ne peut pas ne pas apercevoir les similitudes des deux idiomes, ainsi que poser en filiation le va-et-vient qu'il opère. Mais il s'agit d'un sentiment d'appartenance, qui ne donne pas lieu à investigation. C'est à la Renaissance que la question est explicitement posée. Cela est dû aux premières recherches comparatistes en matière de langage ; cela tient également à la situation d'une langue qui abandonne alors le statut

« vulgaire » pour devenir langue poétique (qu'avec Du Bellay on défend et illustre), langue juridique (édit de Villers-Cotterêts), langue enfin que l'on étudie et que l'on enseigne (premières grammaires). On comprend que l'« antiquité du français » soit l'objet de nombreuses investigations. Celles-ci, toutefois, suivent la pente du préjugé – favorable il est vrai : les origines que l'on suppose à la langue française sont les quartiers de noblesse qu'on lui accorde. Plus que le latin, trois ancêtres fort éminents sont proposés : l'hébreu (langue première et divine), le grec (dont la supériorité est éclatante aux yeux des humanistes), le celtique (naissance du mythe gaulois). Le latin est certes également suggéré ; mais il s'agit du latin classique. Du bel et bon latin écrit de Virgile et de Cicéron que, mise à part la presque interruption due aux invasions barbares, on n'avait pas cessé d'enseigner, et dont la Renaissance restaurait les études. On percevait néanmoins que la langue de Tacite différait notablement de celle de Ronsard ; les opposants à l'origine latine avaient beau jeu de faire valoir les spécificités de cette dernière (déclinaison, syntaxe, lexique spécifique, etc.) : le celtique, par exemple, semblait moins éloigné du français. La thèse celtique avait donc la faveur des savants, monogénétique ou polygénétique (celtique mêlé à du latin, voire à du germanique). Mais la question scientifique de l'origine de la langue française n'était pas formulée.

Cette construction provint d'une tout autre perspective, des plus difficiles à concevoir pour les éminents latinistes qu'étaient les érudits. Elle consista à supposer que le français, comme d'ailleurs les langues romanes en général, ne provenait pas du latin classique, c'est-à-dire du latin écrit, socialement et scolairement normé, mais du latin effectivement parlé, voire d'un latin « rustique » ou populaire. Ce qui revenait à dire qu'il avait existé deux latins, le second présentant avec arrogance les fautes et barbarismes (irrespect des déclinaisons, ordre des mots fixe, vocabulaire concret) que les régents de collèges d'Ancien Régime poursuivaient avec la dernière énergie. Ce qui revenait à supposer d'autre part – pensée plus scandaleuse encore, au moment où le français acquérait enfin statut, noblesse, voire universalité – qu'il était issu du second latin, inférieur, rustique et vulgaire. Thèse douloureuse à admettre, mais qui résout le problème des différences entre français et latin, et pose correctement la question des origines.

Pour que cette thèse fût acceptée, il fallut le choc de la polémique. La furie celtomane des premières années du XVIIIe siècle faillit emporter les esprits scientifiques, et rattacher définitivement le français au gaulois. Dans un mémoire adressé en 1742 à l'Académie des inscriptions et belles-lettres, Lévesque de La Ravalière soutenait que la langue parlée en Gaule était profondément celtique et ne devait au latin que des influences superficielles. L'Académie, en émoi, entendit les défenseurs du latin ; mais ceux-ci, tel Dom Rivet, restaient prisonniers d'un point de départ situé au sein du latin classique. On doit à un autre académicien, Pierre-Nicolas Bonamy, d'avoir su trancher le débat. Dans son mémoire (*Sur l'introduction de la langue latine dans les Gaules sous la domination des Romains*, 1750), Bonamy entreprit de se former enfin « une idée nette et précise de ce que l'on entend par ces mots, la langue latine ». Pour lui, ce n'était pas le « latin des livres », mais « la langue latine parlée et employée dans les discours familiers, un latin des rues que les Gaulois avaient appris "en l'entendant prononcer aux Romains soldats, marchands, artisans, esclaves" ». C'est du latin oral et familier, « un latin vulgaire des provinces » qu'est issu le français. Les savants qui défendent cette idée « ne voient pas qu'ils donnent à notre langue une source très bourbeuse et très ignoble », répondra La Ravalière avec morgue. Mais il s'agissait d'un combat d'arrière-garde ; l'origine était établie.

La créolisation du latin vulgaire

C'est avec une langue anciennement sortie du ruisseau que Chrétien de Troyes, Racine et Proust (également Cervantès et Dante) écrivirent leurs chefs-d'œuvre. On devrait admirer une telle promotion, et n'être point trop chagrin des racines plébéiennes. On sent toutefois chez les historiens de la langue comme un regret, pour deux raisons. Ce latin parlé, tout d'abord, est bien « vulgaire », étymologiquement (de *vulgus*, la multitude) et moralement. C'est une langue grossière, dont on détaille les rugosités : adoption d'*outils* grammaticaux (articles, prépositions), inventions lexicales privilégiant le *concret*, etc. Autre défaut : si ce latin populaire a pu se développer sans mélange en Italie, en Castille, il n'en a pas été de même en Gaule ; le français résulte d'influences diverses, il est un véritable cocktail linguistique.

Le français provient de l'immigration. Certes, une immigration massive (armée, administration romaines et tout ce qui les accompagne) ainsi que victorieuse ; mais la langue qui servit de souche (le latin parlé) fut importée, et subit en Gaule deux apports principaux qui la spécifièrent. Tout d'abord, le gaulois que parlaient « nos ancêtres », et qu'ils continuèrent à parler tout en apprenant le latin populaire, le colorant de traits celtiques. Des habitudes de prononciation, sans doute (tendance à palataliser les consonnes), de vocabulaire certainement : toponymes (*Paris, Reims, Lyon*, etc.) et noms communs (*alouette, bec, bouc, chemin, mouton*, etc.). Vers la fin du IVe siècle, quand le gaulois s'éteignit en Gaule, pour des raisons qui tiennent plus au prestige de la culture romaine (routes, administration, écoles, puis le christianisme), qu'à une quelconque coercition, le contact avait été tel que l'on peut à bon droit nommer *gallo-roman* le type de latin évolué que l'on entendait en Gaule. Et qui était déjà différent, sans doute, de ce que l'on parlait au-delà des Alpes ou des Pyrénées.

À partir du Ve siècle, ce gallo-roman subit une influence autrement plus forte, qui acheva de spécifier cette langue, et d'en faire du (proto-)français. On a certainement minoré cette influence. Les recherches scientifiques sur l'histoire de la langue française prirent leur essor à la fin du XIXe siècle, dans le cadre de l'histoire positiviste et de la grammaire comparée ; dans une ambiance, également, de rivalité intellectuelle avec la Prusse victorieuse. Après Sedan, et avant 1918, pouvait-on reconnaitre que le français était une langue romane fortement germanisée ? Tel est le cas, cependant, telle est la spécificité historique de la langue française, due à un paradoxe colonial.

L'histoire nous a malheureusement appris que les envahisseurs et les colonisateurs ont coutume de disqualifier la langue des conquis, voire de la faire disparaitre par le prestige (celtique en Gaule) ou par les armes (langues amérindiennes). Rendus maitres de la Gaule du Nord, les Francs qui avaient, comme disait Ferdinand Lot, la force pour seule culture furent séduits par la civilisation gallo-romane et l'adoptèrent (ce que symbolise le baptême de Clovis, en 496). L'aristocratie franque devint pendant des siècles la classe dominante, donnant au pays ses guerriers, ses administrateurs, ses évêques, ses princes puis ses rois. Mais cette aristocratie apprit le gallo-roman, et fut bilingue jusqu'au Xe siècle (Hugues Capet, en 987, est le premier roi unilingue ; en ce sens, il est bien le premier roi français). Faut-il affirmer pour autant, comme on le fait d'ordinaire, qu'elle abandonna, en cinq siècles, sa langue au profit de celle des conquis ? On explique par cette longue durée la profonde empreinte germanique sur cette dernière. Le fait sociologique colonial nous conduit à une hypothèse plus complexe mais plus éclairante (car cinq siècles de contact entre deux langues ne conduisent pas forcément à une telle influence). Déplaçant le paradoxe, on posera que la langue de la classe dominante fut bien, comme on doit s'y attendre, l'idiome légitime et valorisé ; en l'occurrence, ce fut la manière franque de parler le gallo-roman. En d'autres termes, l'aristocratie franque, non seulement finit par ne parler que « son » gallo-roman, mais elle en diffusa la norme. Le français est du *francé*, un latin populaire mêlé de gaulois et très fortement germanisé par les Francs.

Cette empreinte est telle que l'on peut parler de créolisation, c'est-à-dire de formation d'une langue maternelle par fusion d'éléments issus de plusieurs idiomes. Le proto-français du Xe siècle, qui va devenir l'ancien français de la littérature du Moyen Âge, résulte de la créolisation du latin parlé, au contact du gaulois d'abord, de la langue germanique franque ensuite, et surtout.

La germanisation de la langue romane fut considérable, et peut être décrite sous deux aspects. D'un point de vue externe, elle délimita le français. L'influence franque n'ayant pas dépassé la Loire, le roman parlé au sud fut moins atteint ; il resta plus près du latin et des autres langues romanes. Il devint un parler autonome, que l'on désigna d'après la façon dont on y affirmait : langue d'*oc*. Au nord, on parla la langue d'*oïl* (ancêtre de *oui*), c'est-à-dire le français. Selon une approche interne, on peut montrer tout ce qui, dans cette nouvelle langue romane, tient à l'influence franque. L'apport lexical est bien connu : des centaines de mots ont infusé le vieux fonds roman. Nous insisterons sur la prononciation : c'est elle qui fait bien entendre la différence du français d'avec les autres langues romanes (langue d'oc, italien, castillan, etc.). Prononcé à la germanique, le gallo-roman reçut un accent tonique très appuyé qui eut un double effet contraire sur les voyelles atones et sur les toniques. Les premières devinrent encore plus faibles, et finirent par tomber. C'est le cas des finales. Au latin *tela* correspondent l'italien et le castillan *tela*, l'occitan *telo* où s'entendent une voyelle finale, au rebours du français, prononcé /twal/ ; dans l'écriture (*toile*), un *e* final graphique montre qu'une voyelle sourde fut prononcée quelque temps, que l'on entend encore aujourd'hui dans le Midi, grâce au substrat occitan. Toutes les voyelles atones, en fait, furent touchées : devant et après l'accent tonique, en finale, etc. Si l'on prend l'exemple du mot latin *dormitorium*, on voit l'effet de ces disparitions.

	latin	français
initiale	dor	dor
prétonique	mi	–
tonique	tor	toir
posttonique	i	–
finale	um	–

Le mot français qui en résulte, *dortoir*, où ne subsistent que les syllabes accentuées (initiale et tonique) semble bien éloigné de son étymon *dormitorium*. Le français fut victime d'une véritable érosion phonétique. Si l'on feuillette les textes rédigés aux XIIe et XIIIe siècles, avant les interventions savantes dans la langue, on constate combien cet ancien français est grêle. Les syllabes toniques, de leur côté, non seulement se maintinrent mais, davantage accentuées, leurs voyelles tendirent à se transformer. En termes techniques : le français est la seule langue romane dont toutes les voyelles toniques (en position libre) se soient diphtonguées. Ainsi, l'*e* long latin, resté tel quel partout, est passé en français à -wa- (écrit *-oi*) : le pronom personnel latin *me* s'est globalement conservé sous cette forme dans les langues romanes ; le français dit *moi*. En résulte une coloration particulière du français, langue romane septentrionale ; en découle un plus grand éloignement de l'origine latine. On peut s'amuser à écrire une phrase en italien moderne qui soit aussi une phrase de latin ; c'est impensable en français.

Le prestige dans la langue

Il y a dans la langue française comme un manque, un paradis perdu qui explique peut-être que le purisme, cette forme supérieure de la nostalgie, y soit si présent et si fort. Une origine obscure, qui s'est éclaircie dans la déception (le latin des rues comme ancêtre), une créolisation longue et inavouable (la germanisation) ont conçu la langue française dans une relation frustrée avec la langue de prestige, le latin classique des écoles et des savants. Ce manque, on entreprend de le combler, dès la fin du Moyen Âge, inaugurant une entreprise d'édification qui sera un des fils rouges de l'histoire du français.

Cela concerne tout d'abord l'écriture. La langue française doit beaucoup aux écrivains et aux hommes de l'écrit. Très tôt, dès le IXe siècle, ils ont fait accéder l'idiome des échanges quotidiens à la permanence mémorable du manuscrit. Ce faisant, ils lui ont donné une première forme stable, un semblant d'orthographe, l'ordonnance alerte que l'on voit aux romans du XIIe siècle. L'examen des textes rédigés à la fin du Moyen Âge, et particulièrement à partir du XVe siècle, fait apparaitre une évidente complication de la graphie (voir chapitre O). Des premiers contempteurs de cette orthographe (Louis Meigret, 1542) aux réformateurs contemporains, en passant par Ferdinand Brunot (« l'absurde graphie du XVe siècle »), tous convaincus que la lettre doit suivre étroitement le son, on s'est moqué de cette langue écrite qui se complexifie obscurément, des consonnes à longue hampe (*p*, *b*, *f*, etc.) jetées à la traverse de mots qui endossent avec maladresse un habit latin : *ennuyeulx, peult, congnoistre, scavoir, compte, chevaulx, soubdain, escrire, nuict*, etc. Une orthographe en vérité gothique, embarrassée de lettres superflues et de références étymologiques, comme les tours de Notre-Dame sont hérissées de gargouilles ; une orthographe qui sent le grimoire, les officines ténébreuses et le chat fourré. Car c'est au monde grouillant de la basoche qu'est attribuée cette complication, petit personnel augmentant ses gains en tirant à la ligne, demi-savants étalant leur science illusoire. L'accord est si général contre ces grimauds du grimoire, qui ont « transformé la belle orthographe du XIIe siècle, si nette et si sobre, en une cacographie pédante, hypertrophique et grossière » (Charles Beaulieux), qu'il convient d'y regarder de plus près. La thèse officielle est un récit, elle raconte la conquête progressive de la maitrise des écritures par un groupe social (les basochiens), et la défaite d'une ancienne profession (les copistes). Or les manuscrits ne montrent nulle lutte fratricide, nul essor d'une graphie d'officine en quête de légitimité ; l'ensemble de la production écrite présente la même tendance, lourde et cohérente, qui ne doit rien au demi-savoir pompeux ni aux astuces des gagne-petit. Ces dernières ont-elles quelque réalité ? Afin de « remplir les pages et d'augmenter son salaire », le tabellion disposait de moyens autrement plus efficaces que l'ajout de consonnes, et ne s'en privait pas : élargissement des marges, coordination de synonymes, rappel infini des procédures antérieures. La thèse de la cupidité graphique ne résiste pas, en outre, à un fait que l'on se garde bien de signaler : l'abondance des abréviations dans les textes juridiques et administratifs. La basoche aurait-elle perdu d'une main ce qu'elle gagnait de l'autre ? Ses gribouillis auraient été, alors, une politique de Gribouille… Cette orthographe « hirsute » de la fin du Moyen Âge, dont nous avons en grande partie hérité, est le fait de tous ceux qui se servaient alors de l'écriture ; elle résulte d'un mouvement de fond, qu'il faut expliquer en lui-même. Les copistes semblent percevoir que la graphie possède un ordre propre, opaque à la parole, qu'elle obéit à une mission et jouit d'un statut. Se déprendre d'une simple transcription de l'oral peut avoir des raisons non illégitimes. Techniques, tout d'abord. La cursive gothique est souple et plus rapide que la caroline ; elle constitue un progrès, mais tasse les mots sur la ligne en un tracé quasi continu ; elle requiert dès lors une intervention plastique, qui donne au mot une forme reconnaissable, une image visuelle : allongement des boucles et des jambages, apparition de consonnes diacritiques élancées, hastes et queues offrant à la linéarité graphique leur verticalité distinctive. Raisons grammaticales, ensuite. Les copistes perçoivent que la graphie n'est pas une simple gaze légère recouvrant et dévoilant la parole vive ; elle est une forme de la langue. Une forme savante, qui s'adresse à l'œil autant qu'à l'oreille, et que distingue son régime cognitif. Elle véhicule, ainsi, des informations grammaticales : appartenance morphologique et lexicale, ébauche de description grammairienne, empirique et plastique. La graphie rend distinctes les formes qu'elle trace, en les replaçant au sein des microsystèmes dont ils relèvent : *je bats* prend la consonne *t* de dérivation, *briefve* garde l'*f* du masculin, etc. La langue se replie sur elle-même, pour saturer l'espace écrit, dans l'ordre et la cohérence. Raisons morales, enfin : les copistes de la fin du Moyen Âge ont compris que la graphie est la forme permanente de la langue, offerte à la contemplation ; elle requiert du volume, de l'élégance, voire de l'apparat. L'habit latin est un brevet de noblesse. La graphie étymologisante arbore une allégeance, elle expose une filiation obscurcie par le temps ; hyperbole nostalgique du tracé, elle noue sur le parchemin ce que la parole a défait. Figure monumentale de la langue, cette orthographe « gothique », si décriée et dont nous avons gardé bien des aspects, assume, dans l'excès sans doute, mais non sans grandeur, son rôle et sa charge. On ne peut oublier qu'elle accompagne la progression du français dans les provinces, constituant une forme stable et conventionnelle, fixée par la référence latine que l'œil savant reconnait davantage que l'oreille patoisante. L'opacité à la parole vive, prise dans l'infini morcellement des parlures, l'inscription lettrée dans l'espace humaniste sont dès lors un progrès.

Ce mouvement d'édification de la langue, commencé dès la fin du Moyen Âge, ne concerne pas seulement la graphie ; il est très manifeste dans le domaine lexical. À partir du XVe siècle, et particulièrement durant la Renaissance, la langue française prend de l'ampleur ; le lexique se renouvèle et s'étoffe. Cette création lexicale, qui ne cessera pas, adopte plusieurs voies : dérivation suffixale (*pied → piétaille*, *asne → asnie → asnerie*), premiers emprunts à des langues vivantes (*alchimie, matelas*). L'emprunt au latin classique, par transposition et copie, afin de former des termes techniques ou abstraits (Nicole Oresme, dès le XIVe siècle), nous importe également car il forme un registre lexical autonome, fort différent du vocabulaire ancien et populaire. Car le calque ainsi constitué, image de l'étymon latin, est presque toujours dissemblable du terme français traditionnel issu de ce même étymon et résultant des lois phonétiques et de leur érosion. L'adjectif *délicat* est formé au XVe siècle par copie de *delicatus*, que les lois de la phonétique historique française avaient par ailleurs transformé depuis longtemps en *deugié*. Apparaissent ainsi les prémices d'une scission qui va affecter durablement le vocabulaire français, opposant le fonds ancien (issu de l'évolution phonétique) et le fonds moderne (calqué), les formations « populaire » et « savante ». La distance du français au latin, due à l'érosion phonétique, est telle que l'on tend à la complète disjonction :

« populaire »	« savant »
entier	intègre
livrer	libérer
frêle	fragile
grimoire	grammaire

Seuls les érudits savent le cousinage étroit de ces deux séries, perçues comme autonomes. La seconde, constituée de termes ayant signification et forme propres, devient un nouveau vocabulaire français qui va s'accroitre et, plus encore, acquérir légitimité et valeur.

Le phénomène explose véritablement durant la Renaissance dont on sait d'une part la hantise de la pauvreté du français (Du Bellay intitule un chapitre de sa *Défense* « Pourquoi la langue française n'est si riche que la grecque et latine »), dont on connait d'autre part la frénésie lexicale. Tout est bon pour accroitre le vocabulaire : dérivation (que Ronsard nomme « provignement » : *rêvasser, chantonner, criailler, sautiller*), emprunts aux langues vivantes, surtout à l'italien (*soldat, cartouche, banque, crédit, artisan, escalier*, etc., voir le chapitre K), emprunts au grec (*hymen, enthousiasme, cholera*) et au latin. Ce dernier semble passer la langue française à la toise. Le vieux fonds prend des habits neufs (*imbu, rapide, injure, infirme* remplacent *embu, rade, enjurie, enferm*) ou passe la main (*mire* recule devant *médecin*, *pourrisson* devant *putréfaction*, *mesnie* devant *famille*, *aerdre* devant *adhérer*). C'est également un vocabulaire nouveau qui s'installe, sans forme préexistante, par adaptation simple : *milice* est formé sur *militia*, *obscène* sur *obscenus*. La langue française acquiert ainsi un vaste vocabulaire savant dont elle a certes besoin, mais qui sent parfois le cuistre. Certains s'en moquent, déjà ; l'important est que ce vocabulaire, pour l'essentiel, va s'installer, devenir indispensable et noble. L'écolier limousin de Rabelais est passablement ridicule avec son jargon latinisant ; mais cet écolier va faire école : parmi les créations verbales, la plupart sans avenir, que contient son discours, dix-huit latinismes se retrouvent dans la langue moderne, quelques-uns y faisant même leur première apparition (*célèbre, génie, indigène, horaire, patriotique)* ! Le modèle de langue néologique et plein d'enflure que donne Fabri (« l'excellence et magnificence des princes nous induisent à contempler leur magnanimité ») passe aujourd'hui pour du pompeux ordinaire, voire de la belle langue.

Épuration et norme

On assiste ainsi, dans les termes de la sociolinguistique moderne, à la création, au sein de la langue française, d'une variété légitime, par intervention sur le corpus (création de termes nouveaux, élimination d'anciens) et sur le statut (valorisation d'un type de vocabulaire). Ce travail de normalisation, qui concerne également la syntaxe et la prononciation, sera la grande affaire de la période classique.

Le symbole en est l'installation à Paris, en 1605, de François de Malherbe qui marque la fin du foisonnement lexical renaissant, que défend encore Mademoiselle de Gournay, héritière de Montaigne, toute favorable aux mots nouveaux (« l'estrangeté en est ordinairement passée en dix jours, à la faveur de l'accoustumance ») que pratique encore Desportes. La victoire de Malherbe est celle de la rigueur, de la clarté, de l'épuration linguistique. Le maitre bougon taille dans les latinismes, proscrit les archaïsmes (tel mot « eût passé du temps de Henri III »), refuse les provincialismes (« il faut dégasconner la Cour »), moque les créations poétiques de la Pléiade (*ivoirin, larmeux, empourpré*), dénonce les mots sales (*barbier*), techniques (*ulcère*) et bas (*poitrine*). On doit à Malherbe, qui « vint enfin », l'idée que la langue française doit être instituée ; on lui doit la conviction que les variantes linguistiques qui apparaissent ou persistent à une époque donnée affaiblissent la langue, et qu'il faut les combattre ; on lui doit le purisme. Il a donné l'impulsion initiale d'un mouvement qui, repris par l'Académie française à partir de 1635, puis par Boileau au nom de la doctrine classique et Vaugelas au nom de l'Usage, impose le canon d'une langue simple, ordonnée et limpide : le « ce qui n'est pas clair n'est pas français » de Rivarol fut préparé de longue date. La mission de l'Académie, sous protection royale (voir le chapitre « P comme Paris »), chargée de « donner des règles certaines à notre langue », fut d'instituer un idiome uniforme dans son lexique définitif. On le voit par son *Dic-*

tionnaire (1694), qui bannit les archaïsmes, les néologismes, les mots bas. Et Molière, par ses *Précieuses ridicules*, donne des gages aux tenants de l'ordre linguistique et de l'immobilisme langagier, tout autant qu'au machisme Grand Siècle.

La grandeur d'une telle enteprise est indéniable ; elle a fait d'un créole la langue de Racine. Mais elle a donné à l'histoire de la langue, désormais, l'allure d'une succession de décrets, d'une méfiance militante envers la nouveauté, d'un combat défensif. Cette édification a pour revers la nostalgie et la diglossie. La période classique a hissé la langue, dit-on, à une perfection qu'il s'agit seulement de défendre et d'imiter. Le *Dictionnaire de Trévoux* (1704) estime que le français est parvenu, comme le latin du temps de Cicéron, « à un degré d'excellence où l'on ne pouvoit rien ajouter » ; dès le XVIIIe siècle, l'Académie se penche sur son passé, commente les grands auteurs, admet avec réticence ou circonspection les nouveautés du langage. Le modèle, à l'évidence, freine l'innovation ou du moins bride la liberté d'esprit et de parole qui font les langues vivantes : que n'a-t-on dit, il y a peu, de *baladeur* ou de *voyagiste*, créés pourtant afin de faire pièce à des anglicismes que par ailleurs on dénonce avec vigueur ! L'évolution naturelle du français, son progrès, sa vitalité indéniable prennent figure de décadence ; on noircit à ce sujet des milliers de pages : quelle langue peut se flatter d'une telle escorte de pleureuses ? Ensuite, ce crédit accordé à une langue savante et en grande partie artificielle s'accompagne d'une défiance envers les variétés moins légitimes (français des régions, des pays francophones), d'une hostilité marquée à la langue quotidienne des échanges oraux. Une fracture sépare la langue familière, qui a cependant sa noblesse et ses poètes, et qui a sa rigueur (des audacieux commencent seulement à en étudier la syntaxe), et la langue soutenue du bon usage académique. Certes, la distinction entre les registres de langue est chose commune ; mais l'écart se creuse fâcheusement en français, de par le privilège accordé à la variété savante et presque immobile. La distinction entre une forme de langue normée, écrite, enseignée et une variété orale, vive, ouverte aux influences et libre nous ramène à la situation du latin au début de notre ère. Le purisme, aveugle au changement, sera-t-il cause d'une nouvelle créolisation ?

Bibliographie

Chaurand, J. (éd.), 1999, *Nouvelle histoire de la langue française*, Paris, Le Seuil.

Pichoche, J., et Marchello-Nizia, C., 1994, *Histoire de la langue française*, Paris, Nathan.

C'est complique d'ecrire
avec ce systeme sans accent
et puis ca n'est pas tres
elegant ni tres style.
GRMML...
CE COURRIEL
DE PROTESTATION
RISQUE DE NE PAS
ÊTRE TRÈS LISIBLE.

I

comme informatique, industries de la langue et Internet

par Jean-Claude Corbeil

Je me souviens très bien de mon premier contact avec l'ordinateur. C'était au début des années cinquante, au Centre de calcul de l'université de Montréal, car, à cette époque, on croyait vraiment que l'ordinateur était destiné surtout, pour ne pas dire uniquement, aux calculs mathématiques. Pourtant, j'étais inscrit en linguistique et notre directeur, M. Jean-Paul Vinay, nous entrainait dans les premiers essais de traitement informatique de la langue, embryon des travaux en vue de la traduction automatique (on était très confiant à l'époque !) de l'anglais vers le français.

C'était une immense machine, une *bécane* dirait-on aujourd'hui, qui occupait à elle seule toute une grande salle, une machine sensible à la chaleur et aux courants d'air, qui ronronnait à condition que ses exigences climatiques soient respectées, une vraie plante de serre qu'il fallait aller visiter en petit groupe, pour ne pas perturber son climat !

Des grands prêtres officiaient auprès d'elle, les informaticiens. Eux seuls avaient les connaissances qui leur conféraient le droit et le pouvoir de la servir, l'intuition pour analyser ses caprices et l'amener à poursuivre ses réponses aux demandes de ses suppliants. Car, capricieuse comme une princesse, elle s'arrêtait souvent, sans raison apparente, dans un silence absolu, laissant en plan la lente élaboration de la réponse à la question qui lui avait été posée, comportement plus angoissant encore pour les pauvres humains que les réponses ambigües de la Pythie de Delphes. Des officiants, les programmeurs, lui apportaient le menu dont elle se nourrissait et qui lui donnait vie, des centaines de cartes perforées avec précision et placées dans un ordre implacable, la moindre erreur provoquant la colère et la paralysie de la déesse ordinateur. Une armée d'assistants secondaient les programmeurs et cuisinaient, sous leur surveillance, le détail des menus, conçus ligne à ligne, une consigne rigoureusement univoque par ligne, consigne qui était ensuite transcrite, par les servants des machines à perforer, sous la forme d'une succession de vides et de pleins, sur des cartes digestibles par l'ordinateur. Si tout lui était agréable, l'ordinateur acceptait de s'exécuter et de donner suite aux suppliques des chercheurs.

Aujourd'hui, presque cinquante ans plus tard, je suis devant mon portable, j'écris ce texte, dans des conditions encore plus faciles que si j'utilisais un crayon et une feuille de papier : j'efface, je corrige, je déplace des segments de texte, je mets en réserve une phrase, au cas où je voudrais la reprendre, je donne libre cours sans hésitation aux méandres de l'inspiration et je suis le maitre absolu de mon texte, contenu et présentation. À tout moment, je peux imprimer ce que j'ai écrit, pour me relire, pour profiter de ce regard à distance qu'accorde à l'œil et à l'esprit le texte imprimé. Je n'ai aucune conscience de ce qui rend possible cette écriture, aucune connaissance des détails de la programmation grâce à laquelle le langage informatique assure le traitement de ma langue, le français, dans le respect intégral de toutes ses caractéristiques. La programmation me parvient maintenant sous la forme d'un logiciel, ici un logiciel de traitement de texte, lui-même inséré dans le programme de mon ordinateur, dont il ne me reste plus qu'à maitriser les modes d'emploi. L'ordinateur est maintenant devenu convivial, mot clé de la micro-informatique contemporaine qui renvoie à la fois à une grande facilité d'utilisation et à la possibilité pour chaque utilisateur de personnaliser la configuration de son système selon ses besoins et ses habitudes de travail. De plus, les ordinateurs sont plus puissants qu'autrefois et peuvent contenir et traiter simultanément plusieurs applications différentes du fait qu'ils disposent d'une grande capacité de mémoire. Nous sommes très loin maintenant des modes d'utilisation de l'ordinateur des débuts de l'informatique, alors qu'à cette époque nous dépendions tous des programmeurs pour la moindre opération.

La révolution informatique a eu lieu. Mais il n'est pas certain que la révolution des mentalités se soit produite en même temps et au même rythme, soit selon les tranches d'âge, soit selon les pays. L'image de l'informatique est souvent demeurée celle d'autrefois, un univers de spécialistes, trop complexe pour le commun des mortels, d'un abord exigeant une information et une formation techniques difficiles à acquérir et à maitriser. Cette image n'est plus vraie, elle est même la caricature de la réalité. Mais, pour le découvrir et s'en rendre compte, il faut y mettre du temps, le temps de se familiariser avec les commandes d'un micro-ordinateur et avec celles des logiciels d'application. Mais pourquoi perdre du temps, réplique-t-on, à s'initier à l'informatique alors que chacun possède déjà des habitudes de travail qui le servent bien. Pourquoi changer ? Question fondamentale, universelle dans ce monde en mutation rapide. Réponse banale : ou bien le changement est volontaire, ou bien il est imposé de l'extérieur, par l'évolution de l'environnement de travail et de vie. Question vitale également, parce que l'informatique s'est rapidement répandue et qu'elle a pénétré tous les segments d'activité et, de plus en plus, la vie privée elle-même.

La révolution informatique s'est produite d'abord et surtout aux États-Unis, donc en langue anglaise, et sous tous les aspects de ce nouvel univers devenu rapidement un domaine commercial extrêmement lucratif : conception, fabrication et commercialisation des micro-ordinateurs, conception et commercialisation des logiciels, grande variété de manuels informatiques disponibles pour tous les produits, à bas prix, début de la standardisation des produits par l'adoption des premières normes techniques, conception et généralisation d'un réseau de communication entre les organismes de l'armée américaine d'abord, entre les centres de recherche et les universités ensuite et dont le succès a été tel qu'il s'est transformé en un réseau ouvert à tous, le réseau des réseaux d'aujourd'hui, accessible par Internet. Silicon Valley est le symbole de cette révolution, le lieu le plus mythique de cet univers, l'endroit où les millionnaires de l'informatique se comptent par centaines.

Depuis lors, toutes les langues sont à la remorque de l'anglais et cherchent à s'assurer une présence en informatique. Selon les données d'une étude du Conseil de la langue française du Québec (1998), le plus grand nombre et la plus grande variété des logiciels sont actuellement en langue anglaise : en 1994, il y avait plus de 700 logiciels de traitement de la langue anglaise, contre 425 pour le français, 350 pour l'allemand, moins de 300 pour l'espagnol et l'italien. Les utilisateurs de langue française estiment, en conséquence, que les applications en français sont trop peu nombreuses, qu'elles ne couvrent pas toute la gamme des besoins, qu'elles sont souvent des traductions-adaptations de logiciels américains, en retard par rapport aux dernières versions du produit original. Cet état de choses a généré un très net préjugé défavorable à l'égard des produits en langue française, véritable handicap au développement d'une industrie et d'un marché du logiciel en langue française.

La manière d'évaluer l'omniprésence de l'anglais en informatique est de considérer le contenu du Web sous l'angle de la langue : 80 % de tous les sites, toutes catégories confondues, sont en anglais, contre 2 % en français (données de 1998). À très brève échéance, la présence de l'anglais devrait diminuer à plus ou moins 40 % lorsque des sites seront créés dans les langues des divers pays, au fur et à mesure qu'ils se brancheront sur le réseau. Car la forte présence de l'anglais tient au fait que les pays anglophones ont été les premiers à fréquenter le réseau : au début de 1997, environ 66 % des hôtes d'Internet provenaient des États-Unis, du Canada anglais, d'Australie ou de Grande-Bretagne. La concurrence informatique entre les langues s'ajoute donc à toutes les autres manifestations de cette concurrence dans un monde de plus en plus ouvert mais qui se rétrécit chaque jour un peu plus. Une conviction commune s'est imposée peu à peu : les langues qui ne seront pas dotées d'un traitement informatisé ne pourront plus desservir correctement et complètement leurs propres locuteurs ; elles perdront petit à petit de leur utilité et de leur prestige auprès d'eux et leur pouvoir d'attraction sur le plan international diminuera.

La langue française, dans cette concurrence, possède des atouts sur lesquels elle peut s'appuyer pour améliorer sa position.

La langue française, tout comme l'anglais ou l'espagnol, est une langue de grande diffusion qui donne accès à un marché composé de millions de consommateurs potentiels de produits informatiques. Ce marché est en pleine expansion dans les pays industrialisés de langue française, au Québec et en Europe (France, Communauté française de Belgique, Suisse, Luxembourg). Il sera encore plus grand quand les conditions faciliteront la pénétration de l'informatique dans les pays de la francophonie, pays en émergence ou en développement. Encore faut-il, pour que ce marché se maintienne et s'étende, que les produits en langue française soient de haute qualité, qu'ils couvrent toute la gamme des besoins ; sinon, les produits en langue anglaise continueront de bénéficier de leur excellente réputation et, en conséquence, domineront encore le marché.

Les concepteurs-producteurs de système informatique sont très sensibles à cet aspect des choses. Leur objectif est qu'il y ait au moins un ordinateur par famille pour pouvoir ainsi, par la suite, vendre les produits et services qui exigent la possession et l'utilisation d'un appareil. Cet objectif ne peut être atteint, et ils en sont parfaitement conscients, que si les ordinateurs fonctionnent dans la langue de la famille, en conséquence dans la langue ou les langues du pays. Il faut donc s'attendre à une profonde modification de la stratégie marketing des grandes sociétés d'informatique. Un virage s'amorce qui modifiera la manière de procéder à la programmation des systèmes. Par exemple, Microsoft serait sur le point de séparer langue et programmation. La programmation se ferait en langage machine et comporterait des points d'ancrage où insérer un texte. Les textes seraient disponibles dans les différentes langues des marchés visés. Au moment de produire une version d'un produit pour un marché linguistique donné, le texte dans cette langue serait appelé par la programmation et se placerait à l'endroit voulu dans l'interface du produit. La synthèse programmation-texte serait ainsi réalisée pour chaque langue sans qu'il soit nécessaire de retoucher à la programmation. C'est ce qu'on appelle la localisation. Dans cette perspective, il serait même possible de prendre en compte la variation linguistique d'une même langue, par exemple l'espagnol, l'anglais et le français, toutes langues dont les usages nationaux comportent de légères différences qui ne gênent en rien l'intercompréhension, mais qui sont pertinentes en traitement automatique de la langue.

Le traitement informatique du français écrit est aujourd'hui possible. Les quelques problèmes qui se posent découlent de la variation lexicale du français, c'est-à-dire de la nécessité d'insérer dans certains logiciels des mots ou des sens qui font partie de la norme de la langue d'une communauté linguistique donnée, par exemple dans les correcteurs orthographiques. Il faut savoir qu'un correcteur orthographique fonctionne par comparaison d'un lexique présélectionné avec le lexique du texte à examiner. Si le texte contient des mots qui ne figurent pas dans le dictionnaire du correcteur, un message apparait qui demande à l'auteur de valider l'existence du mot. Plus il y en a, plus le temps de correction s'allonge. On comprend donc que les concepteurs de ces logiciels ont tendance à les adapter à la plus grande clientèle possible, en puisant dans les travaux de description lexicale du français des diverses régions ou pays de la francophonie. Ils poursuivent, pour ainsi dire, le même rêve d'un dictionnaire universel du français. Le traitement du français oral est nettement plus problématique, quoique, sans doute, dans le même état que celui de l'anglais. La difficulté est la même : comment faire qu'un ordinateur puisse éliminer les caractéristiques individuelles de la voix (timbre, prosodie, prononciation, vitesse d'élocution) pour atteindre la langue elle-même dans sa généralité, ce que tout locuteur fait naturellement en passant d'un interlocuteur à l'autre.

Le problème est ailleurs que dans le traitement informatique de la langue française. Globalement, le défi consiste à rendre disponible en langue française une panoplie aussi étendue d'outils informatiques qu'en langue anglaise pour bloquer le glissement des francophones vers l'informatique en anglais et pour consolider le marché en langue française. Relever rapidement et efficacement ce défi est urgent et vital, au moment où l'usage de l'informatique gagne la vie privée après avoir envahi la vie des entreprises et des administrations.

Le marché de l'informatique en français a pris de l'ampleur ces dernières années dans les entreprises d'abord, puis dans les milieux de la recherche industrielle ou universitaire, quoique, dans ce dernier cas, la situation varie beaucoup, enfin dans les milieux professionnels. La progression est beaucoup plus lente dans la vie privée. Au Canada, par exemple, les ménages de langue française ont nettement moins tendance à s'équiper d'un ordinateur ou à se brancher sur Internet que les ménages de langue anglaise. Si on considère l'ensemble de la francophonie, le marché potentiel en langue française est encore plus considérable, mais les obstacles sont nombreux, économiques, à l'évidence, mais aussi techniques : stabilité de l'alimentation électrique et téléphonique, cout et entretien du matériel, support technique déficient, enseignement de l'informatique mal assuré. Ce marché des pays de la francophonie n'est pas aussi captif que celui des pays de langue maternelle française : les utilisateurs ont le choix entre les produits de langue française ou anglaise et iront vers ce qui est le plus performant et le moins couteux.

Les produits informatiques se partagent en différentes catégories où la présence du français varie considérablement.

Les micro-ordinateurs sont livrés avec un programme en langue française, que ce soit sur Macintosh ou sur la plateforme PC, sauf, parfois, pour les machines bas de gamme.

En général, les produits grand public, de consommation de masse, existent en français, au même niveau de qualité que les produits en langue anglaise : traitements de texte, chiffriers, correcteurs orthographiques, bases de données. Le courrier électronique peut être assimilé à une application grand public, puisque c'est le plus utilisé des services Internet. Il n'est pas toujours évident d'y faire usage du français : l'emploi des accents est impossible dans les adresses à cause des conventions à la base d'Internet ; dans le texte des messages, on peut accentuer normalement les lettres, quoique certains serveurs n'admettent pas les accents et affichent des signes cabalistiques en lieu et place des lettres accentuées. Le courrier électronique a pénétré dans l'usage sous son appellation américaine *e-mail*, que l'on voit partout lorsque sont indiquées les coordonnées d'une personne ou d'une entreprise. On tente aujourd'hui, en France, de lui donner une apparence française à partir de la prononciation du terme anglais, sous la forme de *mél*, avec un accent aigu incongru et impossible devant *-l*. Les

Québécois, à leur habitude, ont créé un néologisme, *courriel*, qui a l'avantage d'évoquer *courrier*, son proche parent sémantique, et d'entrer dans la série des termes informatiques en *-el* : *logiciel*, *ludiciel*, *didacticiel*, etc.

La situation du français dans les produits spécialisés (logiciels d'infographie, de comptabilité, de montage, etc.) est nettement plus difficile. Ils sont créés pour remplir des tâches d'un niveau élevé de complexité et destinés à des utilisateurs qui sont davantage sensibles à la performance d'un logiciel pour les aider à accomplir leurs travaux qu'à la langue dans laquelle il fonctionne. D'autre part, le marché des logiciels spécialisés est restreint et les utilisateurs potentiels sont plus nombreux en langue anglaise qu'en tout autre langue. On observe donc qu'ils sont le plus souvent, au départ, en langue anglaise et qu'ils sont ensuite traduits en français quand ils rejoignent un plus grand marché, lorsqu'en définitive ils se vulgarisent. C'est ce qui se passe actuellement pour les logiciels d'infographie et de mise en pages assistée, depuis le moment où l'édition s'est informatisée. Par contre, il arrive aussi que la version française ne soit pas à jour par rapport à la version américaine, qui évolue plus rapidement. D'où le préjugé que les versions françaises sont toujours en retard et donc de moindre qualité.

L'ordinateur sert de plus en plus de support au fonctionnement de produits qui ne sont pas des produits informatiques au sens strict. C'est tout l'univers des cédéroms et des jeux vidéo, mais surtout d'Internet. C'est à la fois du domaine de l'informatique et de celui de l'édition, conception et commercialisation des produits sur support CD et du domaine de la création de sites sur Internet. Il y a encore quelques années, la majeure partie de ces produits, de même que la très grande majorité des sites Internet, étaient en langue anglaise. Aujourd'hui, le nombre des produits ou des sites en langue française augmente rapidement, soit par traduction dans le cas des jeux vidéo, soit par édition de produits originaux sur cédérom, soit par création de sites en langue française. On peut donc considérer l'avenir avec plus d'optimisme.

L'édition de didacticiels est difficile en langue française pour au moins deux raisons principales. D'une part, le marché est relativement restreint à cause de sa fragmentation entre systèmes pédagogiques et programmes d'études différents d'un pays à l'autre. Et comme un didacticiel est destiné à s'insérer dans l'enseignement comme matériel pédagogique d'appoint, il est difficile de définir un contenu qui soit adapté à toutes les situations d'enseignement, surtout au niveau du primaire et du secondaire. D'autre part, l'informatique a peu pénétré dans les classes et on ne sait pas encore très bien quel rôle elle pourrait y jouer. Autant on est convaincu qu'il est important d'initier très tôt les enfants à l'usage de l'ordinateur, autant on ne sait trop comment insérer l'ordinateur dans l'activité normale de la classe. Ici, tout est encore pour ainsi dire à l'état expérimental. Par contre, la concurrence de l'anglais est, dans ce domaine, minime puisque l'interface d'un didacticiel doit impérativement se présenter dans la langue maternelle des élèves, ou dans la langue de fonctionnement du système scolaire.

L'outil le plus stratégique de nos jours est Internet, le web, le réseau des réseaux, la toile (qu'il nous faut tisser en français !) qui a ouvert toutes grandes les portes aux nouvelles technologies de la communication et de l'information, les NTCI et, depuis peu, au commerce électronique qui se développe rapidement.

Pour avoir accès au réseau, il faut posséder un ordinateur, première condition essentielle.

Internet est à la fois un mode de communication (courrier électronique et groupes de discussion) et un mode d'information (mise en ligne de renseignements et accès à ces renseignements). La communication s'établit par ligne téléphonique ou par câble entre l'utilisateur et un intermédiaire, le serveur, qui lui-même assure par les mêmes moyens le contact avec le réseau. D'où une seconde condition d'accès à Internet : il faut être branché, c'est-à-dire s'abonner à un serveur. La manière dont est tarifée la communication (que ce soit le cout du téléphone, du câble ou du serveur) facilite ou freine l'accès à Internet, selon que le tarif est forfaitaire ou à la minute.

L'information est mise à la disposition des usagers sous forme de sites accessibles par une adresse électronique, tout comme dans la poste traditionnelle. On accède à cette information soit en composant l'adresse du site approprié, soit en repérant les renseignements au moyen de logiciels d'exploration, les fameux moteurs de recherche, qui balaient le contenu du web avec des mots clés permettant de cerner la question, sorte « d'hameçons notionnels » susceptibles d'attraper les documents qui pourraient correspondre au sujet délimité par les mots clés.

Voilà, en quelques mots, toute la problématique d'Internet : un mode d'accès (ordinateur + ligne téléphonique ou câble + serveur), un contenu (quantité et qualité de l'information disponible en français) et un mode de recherche (la performance des moteurs de recherche en langue française).

N'importe qui peut créer un site sur Internet et y mettre ce qu'il veut, la liberté est totale, l'encadrement juridique encore très difficile. En principe, toutes les langues sont admises, sans restriction, sauf dans les adresses. La place de l'anglais diminue au même rythme que sont créés des sites dans d'autres langues. La place du français augmente rapidement, mais aussi celle des autres langues. Ce plurilinguisme d'Internet devient de plus en plus un obstacle : que faire face à une information qui nous parvient dans une langue qui nous est inconnue ? Les logiciels de décodage linguistique de l'information (appelés abusivement logiciels de traduction automatique) se développent peu à peu. Ils permettent au moins de juger si un document est intéressant et vaut la peine d'être correctement traduit. Pour la langue française, ce type d'aide est disponible et progresse en qualité.

Les propriétaires de sites peuvent être des individus, des ministères, des administrations municipales, des organismes de toute orientation et de tout statut, des entreprises, des associations, des comités d'action pour n'importe quelle cause ou évènement, des syndicats, etc. Il y a donc de tout sur Internet, le pire et le meilleur : des documents gouvernementaux, des renseignements touristiques, des catalogues (bibliothèques, maisons d'édition, commerces), des normes techniques et commerciales, des journaux et revues, de la pornographie, de la littérature haineuse, des films, de la musique, tout, absolument tout. La qualité de l'information disponible sur le web est donc extrêmement variable, hors contrôle, laissée à l'appréciation de qui la consulte. C'est sûrement l'aspect le plus troublant d'Internet. Son utilisation exige un sens critique très aigu, qui suppose que chacun possède suffisamment de connaissances pour apprécier l'information transmise et la transformer en connaissance car, pour devenir connaissance, l'information doit s'intégrer dans un ensemble. L'école a et aura de plus en plus la responsabilité d'initier les enfants à cette opération intellectuelle.

Le développement actuel d'Internet, dans toutes les directions à la fois, est si rapide et si anarchique que personne ne peut prédire ce qu'il en adviendra, pas même les grands maitres et gestionnaires du système. Une seule chose est certaine : Internet sera de plus en plus présent dans la vie collective et dans la vie privée de chacun.

L'ordinateur, comme outil pour accomplir une grande variété de tâches, comme moyen d'accès à l'information, comme lieu du commerce électronique, comme mode de communication est là pour rester et il sera omniprésent dans la vie du XXIe siècle.

On ne peut tourner le dos à cette révolution, pas plus que, naguère, il a été possible de tourner le dos à l'écriture et à l'imprimerie. Impossible aussi d'admettre que le français, notre langue commune, ne soit pas informatisée et que les produits, tous les produits que nous manipulons, ne soient pas disponibles en langue française. Tout le monde est responsable de l'informatique en français, les gouvernements pour favoriser le développement d'une industrie et d'un marché en langue française, chacun d'entre nous comme consommateur, pour exiger des produits de qualité en langue française et pour faire nombre, car la taille du marché de langue française est probablement la condition la plus essentielle du développement de l'informatique en français.

J'AI PRIS LE 27e PARAGRAPHE DE "L'AMANT" DE DURAS, J'AI CHANGÉ CHAQUE MOT PAR LE 7e MOT SUIVANT DANS LE DICTIONNAIRE, ENSUITE J'AI PARAPHRASÉ, APRÈS J'AI REMPLACÉ LE MAXIMUM DE MOTS PAR LEUR ANAGRAMME ET LES AUTRES PAR LEUR DÉFINITION DU DICO EN ENLEVANT LES MOTS CONTENANT LA LETTRE A.
AH OUI... C'EST MARRANT, ON COMPREND MIEUX QUE DANS LE TEXTE ORIGINAL.

J

comme le jeu de la langue, le jeu sur la langue

par Jean-Marie Klinkenberg

La langue n'est pas seulement un instrument de communication et d'identification. C'est aussi un instrument de créativité. Et de la même manière que la couleur est le matériau de la peinture, le son celui de la musique et le corps celui de la danse, la langue est un matériau que de nombreux arts viennent modeler : littérature, chanson, bande dessinée, opéra, cinéma, publicité (voire peinture, puisque ce mode d'expression fait de plus en plus souvent appel à des signes linguistiques).

Dans cette fonction créative, la langue s'éloigne fortement des règles qui président à la communication rationnelle d'informations factuelles. Dans cette dernière, en effet, l'usager tend à recourir à des signes obéissant à un idéal d'ordre : un signe pour désigner une seule chose, chaque chose désignée par un seul signe. Mais lorsqu'elle devient créatrice, la langue va jusqu'à élaborer des significations plurielles, comme celles que l'on observe dans ces énoncés bizarres où un chat cesse d'être un chat mais un « greffier » ou l'« orgueil de la maison », où les tigres s'introduisent dans les moteurs, où écureuil devient synonyme de banque, où la terre est réputée bleue comme une orange.

Dans tous ces cas, il ne s'agit plus seulement d'ajouter quelque chose de plus aux règles de la langue, comme le veut une définition traditionnelle de l'art littéraire (dans laquelle « la poésie, c'est de la prose avec des structures en plus, comme la rime ou le vers »), mais bien de créer, fût-ce momentanément, un nouveau langage : un langue distincte de la première, et s'y opposant le plus souvent.

La langue est donc un instrument bien ambigu : elle est en même temps un corset et un instrument qui libère de ce corset. Il existe mille façons de faire sauter ce corset : le lapsus, le jeu de mots, l'insulte, l'argot, la poésie, la chanson (avec sa variété dernière-née, le rap). Dans cette course à la créativité, la langue française n'est pas trop mal placée. Ses particularités et ses difficultés ouvrent un champ immense au jeu. Par exemple, les nombreuses homonymies qu'elle offre et ses aberrations orthographiques permettent le calembour et l'à-peu-près (comment traduire dans une autre langue le titre « Le mur du çon » que retrouvent hebdomadairement les lecteurs du *Canard enchaîné* ?).

Tous les arts de la langue qu'on a énumérés – on ne pourra tous les décrire… – ont en commun de faire un usage intense de la figure dite de style, qu'étudie la rhétorique.

La rhétorique

Pour le plus grand nombre, le mot de rhétorique n'évoque pas grand-chose : en Belgique, le terme désigne la classe terminale de l'enseignement dit général ; pour un groupe plus confidentiel, quoique réparti dans toute la francophonie, il n'évoque guère que les vagues souvenirs d'une terminologie abstruse, où l'antanaclase voisine avec l'anandapodoton (noms de maladies rares et incurables, ou noms de monstres échappés d'un quelconque parc triasique ou crétacé ?). Il en est peu qui savent que la rhétorique des Anciens constituait une discipline qui n'était point si sotte, puisqu'on peut y voir la première réflexion systématique sur les pouvoirs de la langue.

Cette rhétorique-là n'avait pu voir le jour que parce que la société qui la vit naitre avait connu une mutation jusque-là inouïe : une certaine forme de démocratisation avait débouché sur une nouvelle manière de gérer les conflits d'intérêts. Jusque-là, c'était la violence, et le face-à-face. Dans l'ère de la rhétorique, les conflits doivent désormais se régler non plus directement entre les personnes impliquées, mais devant un certain public : celui des pairs ou celui des spécialistes, juges ou autres. À la force physique doit donc se substituer la force du symbolique : seul emporte l'adhésion de la collectivité celui qui détient la maitrise de la langue et de ses lois, celui qui s'en sert, de manière créative, comme d'une arme adaptée.

L'objet de la rhétorique est le discours. Si le mot « discours » ne devait désigner qu'un développement oratoire pompeux et formel, on comprendrait ceux qui ne voient dans la rhétorique qu'une « science » dépassée : quelle place y a-t-il encore dans notre culture pour ce que l'on nommait naguère l'éloquence ? Poser la question, c'est y répondre : à cette éloquence, il y a belle lurette qu'on a tordu le cou. Mais si le mot vise aussi la critique d'art, l'article de journal, ou encore les hurlements des supporteurs ? s'il renvoie au débat radiodiffusé, aux sites internet ? s'il désigne aussi le slogan politique, l'affiche publicitaire, le clip télévisé ? Ne sont-ce pas là, en effet, les formes contemporaines de la force symbolique, et ne constituent-elles pas autant de « discours » ? Le soutenir, c'est admettre qu'il y ait place pour une rhétorique contemporaine. Une science dont notre monde a besoin, puisque le pouvoir s'y institue plus que jamais par les mots et les images. Mais une science qui doit encore mériter sa place car, si l'école nous apprend à déchiffrer les mots, à tracer leurs lettres, personne ne nous apprend vraiment à lire les discours qui se font entendre autour de nous.

Cette science est aujourd'hui pratiquée, sous le nom de rhétorique ou sous d'autres noms, par des philosophes, des linguistes, des sémioticiens, des anthropologues, des sociologues, des spécialistes de la littérature, des psychologues… Leurs recherches revêtent de multiples aspects. Les uns se demandent pourquoi cette formulation déclenche l'assentiment du public, et non celle-là ; les autres étudient les raisons techniques qui font qu'un seul énoncé puisse produire simultanément plusieurs sens distincts. Ces derniers étudient donc la manière dont on joue sur les mots et leurs sens, en produisant ce que la rhétorique appelle des figures.

Ces figures sont constamment à l'œuvre autour de nous, dans la langue quotidienne comme dans celle des arts ou de la publicité.

Si une de nos amies nous déclare : « J'ai épousé un ange », nous devinons, grâce à certaines règles contextuelles, que le mot *ange* ne doit pas être pris au sens qu'il a le plus souvent dans le dictionnaire, c'est-à-dire « être surnaturel, jouant le rôle de messager céleste », mais qu'il doit l'être au sens d'« être humain de sexe masculin doux, tendre, bon, bienveillant, etc. ». Ces figures sont d'une infinie variété. Ainsi, je puis dire de quelqu'un : « c'est un vrai petit Bocuse » pour dire de lui « c'est un excellent cuisinier » ; dans cet énoncé, on a ajouté à *cuisinier* des traits de signification spécifiant l'individu « Paul Bocuse » dans la classe des bons cuisiniers (c'est le contraire de *mortels* pour *humains*, où l'on a supprimé les traits spécifiant *humains*, ce qui a pour conséquence d'accroitre l'extension du terme). Au lieu de jouer sur le genre et l'espèce, les figures peuvent jouer sur le tout et la partie. Dans « un troupeau de mille têtes », *tête* vaut évidemment pour tout animal, ici réduit à sa partie la plus caractéristique : on prend la partie pour le tout. Dans « comme dessert, je prendrai la tarte » ou « la France a peur », c'est le tout qu'on prend pour la partie. Car dans le premier cas, on ne vous servira évidemment qu'un morceau de la tarte ;

et dans le second, il n'y a qu'une certaine couche de la société française qui éprouve de la crainte : ici et là, on a dilué l'élément de départ dans un ensemble plus vaste. Toutes ces manœuvres langagières sont des sous-espèces d'une figure nommée synecdoque, qui a pour effet tantôt de fournir une vision morcelante des objets, tantôt de conférer un tour universalisant aux textes qui l'exploitent.

Mais c'est à une autre figure, la métaphore, que l'on attribue souvent le plus grand pouvoir créateur. La métaphore force en effet des équivalences inédites entre les choses ou les concepts que nous considérons habituellement comme les plus éloignés, et nous propose des rapports qui nous font découvrir le monde sous un jour inattendu. Prenons un vers de Saint-John Perse qui, évoquant un paysage maritime, décrit une plage à marée basse en utilisant la formule « le lit refait des sables ruisselants ». Cet énoncé ne peut être interprété que si l'on perçoit la similitude entre une plage dont la mer s'est retirée et un lit aux draps bien tirés. *Lit* et *plage* constituent deux ensembles de traits de sens, ensembles qui ont en commun les traits « planéité », « horizontalité », « coloration claire ». Pourtant, ces deux ensembles présentent chacun des traits qui s'excluent mutuellement (« textile », « fabrication humaine », etc., d'un côté, « minéralité », « nature », etc., de l'autre). On peut décrire le passage de *plage* à *lit* comme un profond réaménagement de ces sommes de traits. On supprime par exemple « minéralité » et « nature », opération de généralisation suivie par une reparticularisation : adjonction de « textile », « fabrication humaine », etc. Mais l'essentiel est de voir que le poète nous propose une nouvelle lecture de l'univers, où l'opposition classique entre la nature et la culture est abolie, et où de subtils prolongement sont évoqués grâce à l'image de l'eau maternelle : le lit de la mer peut aussi faire songer, au gré du lecteur, au lit de l'amour ou à celui de l'enfantement.

La figure est un jeu qui fait collaborer deux joueurs : le producteur, mais aussi le récepteur. Car c'est ce dernier qui, en mobilisant ses savoirs et ses croyances, décide de donner telle ou telle portée à la figure. Prenons l'exemple du célèbre slogan publicitaire : « Mettez un tigre dans votre moteur. » Le tigre peut ainsi être associé à l'idée de cruauté (pour un ancien louveteau qui se souvient du *Livre de la jungle*), mais peut aussi être associé à la noblesse ou encore à la jalousie (on dit : « jaloux comme un tigre »), etc. Certaines de ces représentations sont aisément utilisables dans le contexte imposé – l'automobile –, d'autres l'étant moins : il sera, par exemple, difficile de faire intervenir le trait « jalousie », tandis qu'on pourra aisément faire jouer « souplesse ». Chaque conducteur peut ainsi adapter une de ces représentations à son cas personnel en mobilisant des interprétations différentes : l'amateur de démarrage rageurs laissant de la gomme sur l'asphalte y trouvera donc son compte autant que l'amoureux de la conduite en souplesse.

La figure a aussi un autre pouvoir : elle est simultanément contestation d'un ordre antérieur et confirmation de cet ordre. Car en violant les règles, la figure les sert en les mettant en évidence. Dire, en parlant d'une dame, « c'est une tigresse », c'est certes s'écarter des règles qui dans le code assignent un certain sens au mot *tigresse*, mais c'est aussi opérer à partir d'un système de lieux communs : l'usager d'une langue est en effet lié par une sorte de contrat aux préjugés et aux opinions courantes de la culture dans laquelle il se meut. Ici, la figure ne serait pas décodable si de tels stéréotypes ne prêtaient à l'animal la cruauté, voire la bestialité, mais aussi la beauté sauvage et l'intelligence, et si d'autres stéréotypes, relatifs à la femme ceux-là, ne le rendaient apte à recevoir ces qualifications. Mais en même temps, la figure met à mal les lois courantes du langage, au nom desquelles il faudrait appeler un chat un chat.

On comprend mieux la puissance du jeu sur la langue, et les vertus dont on l'a toujours paré (jusqu'à en faire une pratique religieuse) : c'est que la figure tend un miroir à notre société, en décrivant les rêves qui l'habitent. Mais en même temps, elle nous permet de nous libérer des lois de cette société. Elle permet de résoudre des contradictions, ou d'expérimenter des solutions à différents problèmes. Elle le fait de manière ludique et exploratoire, ce qui est bien de nature à produire un plaisir qui s'ajoute à celui de la résolution du problème communicatif qu'elle propose. Elle a donc un rôle herméneutique et cognitif inégalé, et on comprend dès lors l'usage capital qu'en font non seulement la poésie et la religion, mais aussi les discours scientifique et philosophique.

Littérature et jeu

La littérature a toujours eu partie liée avec le jeu, tel qu'il vient d'être décrit. Elle a en effet toujours joué avec les formes – la rime, le vers, l'assonance, etc. – comme avec les significations. Depuis l'Antiquité, certains écrivains se sont ingéniés à jouer avec ces composants de la langue, non par pur désir de la virtuosité, mais bien pour mettre en évidence les contraintes et les puissances du langage. Dans la littérature française court ainsi une tradition qui va de Rabelais au Nouveau Roman, en passant par Mallarmé, Apollinaire, Valéry, Roussel et les lettristes. Un peu comme si les contraintes qui pèsent sur le francophone, plus que sur les usagers de toute autre langue, devaient être rachetées par de vastes exercices de libération, et comme si la contrainte, poussée à son comble, ne pouvait déboucher que sur un suprême anarchisme verbal. Au long de cette tradition, les plus grands – de Hugo à San Antonio en passant par Jarry et Allais – n'ont pas craché sur le calembour.

Au XXe siècle, c'est sans doute par l'Oulipo – ou « Ouvroir de littérature potentielle », un groupe réunissant poètes et prosateurs, mais aussi mathématiciens et linguistes – que cette tradition a été le mieux illustrée.

Le but de l'Oulipo est de proposer aux écrivains de nouvelles structures, ou encore d'inventer de nouveaux procédés mécaniques contribuant à l'activité littéraire. Structures, procédés : deux mots qui ont longtemps paru sacrilèges à l'humaniste qui définit le poétique comme une grâce à recevoir dans le silence et le recueillement (cet esthète oubliant que compter les pieds d'un vers est se soumettre à un algorithme). À côté du lipogramme et du palindrome, abondamment illustrés par Perec, citons deux de ces structures : la méthode dite S + 7, et les *Cent mille milliards de poèmes* de Raymond Queneau. Aisément mécanisable, la méthode S + 7 consiste à prendre un texte et à y remplacer chaque substantif (S) par le septième qui le suit dans tel dictionnaire (puis à procéder aux aménagements morphologiques nécessaires : accord des adjectifs, par exemple). Voici, transformé selon l'algorithme S + 7, le début de l'Évangile de saint Jean :

> « Au commérage était la verdeur
> et la verdeur était auprès de diffraction
> et la verdeur était diffraction.
> Il était au commérage auprès de diffraction
> opacité par elle a été faite
> et sans elle rigidité n'a été faite.
> En elle était le vif-argent
> et le vif-argent était la lune des Hongrois
> et la lune luit dans les ténors
> et les ténors ne l'on point reçue.
> Il y eut un Hongrois
> envoyé de diffraction
> dont le nome était Jefferson.
> Il vint comme templier
> pour rendre temple à la lune. »

Il semble que seuls les bons textes d'origine donnent de bons textes terminaux. Dans l'exemple choisi, l'allure sacrale et majestueuse du texte subsiste, grâce à la récurrence des mots. *Cent mille milliards de poèmes* se présente comme un mince et grand livre blanc. Le centre de l'ouvrage est formé de dix fortes pages sur lesquelles sont transcrits dix sonnets. Ce qui n'aurait rien d'anormal si ces feuillets n'étaient découpés en languettes, de telle sorte que chaque vers soit isolé sur une lamelle différente. On peut ainsi, à sa fantaisie ou au hasard, lire le premier vers du troisième poème, puis le second vers du dernier, le troisième vers du sonnet huit, et ainsi de suite. Chacune de ces lectures reste, à un certain niveau, cohérente. Le bricoleur a en effet pris soin de construire ses dix poèmes de départ sur une même structure rythmique et grammaticale, de façon à ce que la disposition des rimes, les accords de genre et de nombre et l'enchainement des propositions subsistent à travers toutes les manipulations. Mais le livre de Queneau reste une machine imaginaire, ne donnant que l'idée de ses possibles : l'univers créé n'est pas totalement exploité par l'auteur. Le pouvait-il, d'ailleurs, sans le secours de l'ordinateur ? Car le jeu des lamelles et du hasard permet de former 10^{14} combinaisons, donc de lire 100 000 000 000 000 de sonnets, tous réguliers et différents. C'est dès lors un regard un peu angoissé que l'on jette sur l'innocent in-quarto qui, par la magie de treize coups de rogneuse, est devenu le recueil le plus long du monde, celui que l'humanité jamais ne pourra lire, puisque, « en comptant 45 s pour lire un sonnet et 15 s pour changer les volets, à 8 heures par jour, 200 jours par an, on a pour plus d'un million de siècles de lecture, et en lisant toute la journée, 365 jours par an pour : 190 258 751 années plus quelques plombes et broquilles (sans tenir compte des années bissextiles et autres détails) ».

Première préoccupation de l'esthétique classique, la question de la valeur est volontairement mise entre parenthèses par ces techniques. Dans l'amas de combinaisons, l'expérience fait sans doute apparaitre des solutions plus heureuses que d'autres – ce peuvent être les textes de départ… –, mais la manœuvre de Queneau, putsch littéraire contre la littérature, démontre avant tout que le texte émis par un poète n'est jamais un joyau unique. Il ne se donne pour tel que parce qu'il résulte d'un choix, imposé comme le seul bon, parmi de multiples virtuellement possibles. Dans les deux exemples retenus, la réussite ou la non-réussite du choix littéraire semble due au hasard : la répartition des catégories grammaticales et sémantiques dans le corpus de référence utilisé pour le saut du S + 7 est aléatoire, et l'assemblage des vers de Queneau n'apparait conditionné que par leur nombre. Cependant, seul un usage que l'on pourrait dire artisanal de ces techniques autorise à parler de hasard. La généralisation de l'expérience (l'exténuante réalisation des milliards de sonnets, ou l'impossible réalisation de toutes les valeurs possibles de n dans S + n) montre au contraire que ce qu'on nomme hasard n'est qu'un procédé de sélection. Ainsi, paradoxalement, les recherches oulipiennes ne sont pas destinées à mettre en lumière la part aléatoire dans la construction littéraire, mais bien plutôt sa part délibérée et volontaire.

On est loin, on le voit, de la conception de l'art pour laquelle le poétique réside dans une intuition unissant, de manière immédiate, sentiment et image – vision totalisante dans laquelle la poésie précède et résorbe nécessairement l'usage banal du langage. Les mouvements contemporains encouragent plutôt à concevoir le langage comme un objet concret, que l'on peut d'autant mieux manipuler qu'on le montre arbitraire par rapport aux choses qu'il nomme, et riche de multiples potentialités. Derrière l'inspiration – qui renvoie à une conception de la poésie encore toute livrée à l'exaltation d'une action individuelle, inconnaissable et quasi magique – apparait ainsi le rôle des contraintes techniques.

Mais l'intérêt de ces travaux est aussi d'annoncer une révolution culturelle. L'Oulipo contribue en effet à l'éveil d'un art où les formes, loin de servir à la délectation solitaire, seraient destinées à la multiplicité. Non point la multiplicité de la copie, reflétant inlassablement l'image d'une œuvre unique et débouchant sur un vulgaire « pour tous », mais la multiplicité de la construction, un « par tous ». Un art de dialogue, puisque l'auteur, abandonnant son rôle de démiurge imposant dogmatiquement une forme affirmée comme seule authentique, offre à son partenaire, actif, la maitrise du champ où il a rassemblé des pièces, et proposé des règles pour le jeu. Un art ainsi conçu appartient certes encore à la science-fiction. Mais sans doute plus pour longtemps depuis que l'ordinateur permet à chacun de se mouvoir comme il l'entend dans les mots et les images…

De l'argot à l'insulte

L'argot est bien un jeu rhétorique sur la langue : c'est en effet un lexique, produit par un travail, qui s'exerce soit sur le sens des mots soit sur leur morphologie. Exemples de travail sur le sens : souris (pour *fille*), ratichon (pour *curé*) ; exemples de travail sur la forme : baraka, frogomme, mochetingue, auverpin. L'argot présente des cas assez exceptionnels de manipulation de la forme. Le cas du verlan est relativement simple (miéfu, beur) ; mais d'autres manipulations sont très complexes, comme celles qu'imposent le « javanais », où le groupe */-av/* est introduit devant la voyelle centrale de chaque syllabe (« tu n'aventravaves pavas l'avargavot » ?) ou le *loucherbem*, où un élément consonantique initial est rejeté en fin de mot et remplacé par un /l-/, en même temps que le mot se voit complété par un pseudo-suffixe /-em/, /-é/, /-ingue/, etc. (de ce *loucherbem*, lacsonpem, lerche, louf, etc., sont des produits lexicalisés).

L'argot présente pas mal de traits en commun avec les terminologies, auxquelles on doit l'entrée dans la langue de mots nouveaux comme minitel et fax, voire comme ampélophagie, adéphagie, ou décarboxylation… La différence avec ces terminologies est toutefois importante : si elles désignent des choses nouvelles, les argots nomment de manière inédite des choses qui possédaient déjà une désignation dans la langue commune. Il a bien fallu inventer des mots pour distinguer les systèmes orthorhombique et rhomboédrique, ou mesurer l'amylasémie et la pyruvicémie. Par contre, s'il ne s'agissait que de désigner les réalités que sont les pompes, le palpitant, le costard, les arpions, le plume, la blanquette (pour ne point parler des nibards, de la chagatte et du cigare à moustaches), le français courant offrirait déjà toutes les ressources nécessaires.

Les créations argotiques restent donc rhétoriques, c'est-à-dire qu'elles ne vivent que par la tension entre la dénomination argotique et la dénomination normale (dans *cachemire* pour *torchon*, ce qui fait sens, c'est l'inadéquation ressentie entre la dénomination et l'objet). En revanche, en terminologie, la tension entre deux sens disparait très vite (il y a belle lurette que le sens premier de *puce* a cessé de donner des démangeaisons aux informaticiens).

Les terminologies, dont la fonction instrumentale est évidente, ont aussi une fonction sociale. Elles servent à souder le groupe qui en est l'usager – philatéliste, informaticiens, membres de la Rave culture, etc. – et donc, en corollaire, à exclure l'étranger au groupe (qui parle de corde sur un voilier est tôt jugé puisque sur les bateaux, il n'y a que des écoutes, des drisses, des garcettes, des filins, des amarres…). Loin d'être seconde, cette fonction sociale de cohésion peut primer sur la fonction technique. Si les médecins de Molière parlaient latin, ils le faisaient certes d'abord pour des raisons techniques peu contestables : la pratique médicale imposait l'emploi du latin pour échanger des informations entre spécialistes ; mais le coup de génie de Molière a été de faire voir qu'ils recouraient surtout à cette langue prestigieuse pour exclure les patients et leur entourage de l'univers idéal qu'ils entendaient constituer, et ainsi exercer leur empire sur eux. Du côté des argots, cette fonction sociale est dominante : ils expriment la cohésion du groupe qui en usent, et, en échange, signifient son altérité par rapport à la société globale. Cette altérité se manifeste bien dans l'orientation stylistique propre à l'argot : celui-ci dévalorise symboliquement des objets que la société a rendus légitimes (il manifeste une remarquable agressivité linguistique vis-à-vis de la femme, de la justice, de l'argent, des institutions, etc.) et, dans un mouvement inverse, il promeut l'infâme (l'*anus* peut être tantôt la « turbine à chocolat » tantôt le « moutardier »). Cette sensation d'altérité est un effet de maintes variétés de langage. Elles permettent de se sentir différent des autres, soit de manière favorable (c'est le cas avec l'argot de l'École polytechnique), soit de manière défavorable (cas le plus fréquent avec les dialectes).

Ce jeu social de la distance, un autre type de jeu sur la langue le met en évidence : l'insulte.

L'insulte est une des expressions langagière les plus brutes et les plus évidentes de la relation de pouvoir. On peut en effet parler avec elle d'un acte social, comme le sont l'acte d'allégeance, la déclaration d'amour, le salut. Le code civil le sait et entend bien gérer et canaliser ce type de sociabilité-là. Mais, en tant qu'acte verbal, elle présente deux particularités. D'abord, l'insulte est un acte pur. A priori, elle n'a besoin d'aucun matériau particulier. Un mot aussi banal que *chaise* peut devenir une insulte : il faut et il suffit que l'intention d'insulter (contenue dans un membre de phrase comme « tu n'est qu'un… » ou dans un autre signe contigu, comme un geste ou une tonalité particulière) existe et soit reconnue. Ensuite, l'insulte, instrument de pouvoir, institue d'abord une relation de contre-pouvoir. Avec elle, il s'agit de mettre en place une relation nouvelle, qui évince toutes celles que les formes policées de la langue ont pu construire, et qui pose les partenaires dans une relation vierge, où tout peut advenir : avec l'insulte, on saisit donc le moment principiel qui fonde l'être et l'identité. Sur le plan social, l'insulte mime une joute ouverte, dont l'enjeu est un pouvoir à établir : ouverte, car elle peut déboucher soit sur le pouvoir exercé (dans ce cas, il y a victoire de l'insulteur), soit sur le pouvoir subi (c'est sa défaite).

Par rapport à l'argot, l'insulte a ceci de plus : elle met en évidence le fait que la pratique langagière est (peut-être même tout d'abord) le lieu des sentiments. Dès les premiers mots de l'être humain, toutes les émotions se modulent à travers sa langue : la tendresse, la solidarité, mais aussi la colère ou la tristesse. À cet égard, l'insulte est sans aucun doute une des manifestations les plus brutes et les plus profondes de la personnalité. D'ailleurs, si la psychanalyse avait été inventée par quelqu'un d'autre que Freud, au lieu de se servir du rêve, elle aurait pu prendre l'insulte comme voie d'accès aux profondeurs de l'individu…

Imaginaire collectif : si, en principe, la mobilisation des matériaux verbaux de l'insulte est libre (il suffit, répétons-le, de proférer une formule comme « tu n'est qu'un… » ; c'est pourquoi tout fait farine au moulin sale de l'insulte chez Haddock, de la terminologie rhétorique à celle de botanique), on constate qu'elle ne l'est pas dans les faits. Le matériau verbal qui la construit est rarement choisi au hasard, mais tend le plus souvent à renvoyer aux grands systèmes de valeurs qui fondent une société : les relations familiales et sexuelles, le système économique, les modes d'alimentation, les modèles éthiques. Ces systèmes de valeurs se révèlent donc à travers l'insulte et, en retour, parce qu'elle les verbalise, elle contribue à les confirmer et à les renforcer de manière très visible et même caricaturale. Ce n'est donc pas seulement le psychanalyste qui pourrait la prendre comme matériau brut : ce sont le sociologue et l'anthropologue. Elle révèle en effet un puissant inconscient collectif (pas toujours beau à voir, au demeurant…).

Agent destructeur et recréateur de la relation de pouvoir, révélateur de l'identité personnelle et de l'inconscient collectif : on comprend que l'insulte doive souvent maquiller ses fonctions. D'où le caractère ludique qu'elle affecte souvent. Sous le couvert du jeu, elle acquiert sa légitimité tout en paraissant paradoxalement la refuser.

Ce caractère ludique provient aussi du fait que l'insulte est pulsionnelle : grand exercice de rhétorique, elle construit des mondes dont l'existence est momentanée, elle recourt à des innovations langagières, à des rencontres elles aussi momentanées. Il provient aussi du fait que l'insulte est destructrice ; elle constitue (avec le lapsus, le jeu de mots, la figure de style) un de ces rares moments où la langue se libère. D'ailleurs, ceux qui ont la chance de disposer de plusieurs codes linguistiques le savent : on insulte mieux dans la langue du cœur et de la solidarité que dans la langue de la raison et du pouvoir. C'est qu'avec l'insulte, la langue se libère des contraintes grammaticales et lexicales, autant que l'insulteur se libère des contraintes sociales. Au cœur de cette libération, de grands trésors de créativité peuvent se trouver.

Au même titre que la poésie, l'insulte est donc un des lieux où trouve à s'exercer l'immense plasticité de nos langues.

ATTENDS, ATTENDS...
FINALEMENT, POUR ILLUSTRER
CE CHAPITRE, IL NE FAUT PAS
UTILISER KAYAK, KANGOUROU ET
KIWI MAIS KINKAJOU, KHÉDIVE
ET KALMOUK !!

K

comme kangourou, kayak, kiwi ces mots qui nous viennent d'ailleurs

par Henriette Walter

Imaginez que vous êtes au restaurant et qu'on vous propose un curieux festin, ainsi conçu :

> *Caviar* et *blinis*
> *Pizza* ou *paella*
> *Cookies* et *kiwis*

Vous aurez tout de suite remarqué que non seulement tous ces mets sont étrangers, mais aussi que les mots qui les désignent ne sont pas des mots français d'origine.

Des noms venus d'ailleurs

Il faudra donc vous méfier de certains mots : ils sont trompeurs. Par exemple : le mot *caviar* vient d'une langue étrangère, mais laquelle ? Vous auriez bien envie de dire :

« le russe », mais vous hésitez et vous avez raison car en fait *caviar* n'est pas un mot russe mais un mot turc. Il avait d'abord été emprunté par l'italien, et le français l'a adopté au XVIe siècle. En revanche, *blini* est bien un mot russe qui, sous cette forme, est d'ailleurs déjà un pluriel dans cette langue.

Les noms du plat principal ne posent pas de problème. Il y a suffisamment de restaurants italiens et espagnols en France pour savoir que *pizza* est un mot italien et *paella* un mot espagnol. On sait sans doute aussi que les *cookies* sont des sablés dont le nom, d'origine néerlandaise, a été adopté aux États-Unis pour désigner les gâteaux secs, et qu'ils sont plutôt appelés *biscuits* en Angleterre.

En revanche, on ne sait pas toujours que c'est au maori, langue de Nouvelle-Zélande, qu'on doit le nom du *kiwi* (pour le fruit aussi bien que pour l'oiseau).

Tout comme *kangourou*, venu d'une langue d'Australie et comme *kayak*, venu de l'eskimau, tous les mots de ce curieux *festin* (mot lui-même emprunté à l'italien) portent en eux, comme un drapeau, l'indication de leur origine étrangère.

Des noms qui cachent bien leur jeu

Mais les mots d'origine étrangère ne sont pas tous aussi aisés à reconnaitre : témoin, sous forme de récréation, un autre menu où les mots, malgré leur apparence, n'ont pas toujours été français.

Récréation

UN MENU BIEN FRANÇAIS ?

Les noms des plats et des produits qui composent ce menu sont tous nés hors de la langue française

salade de *tomates* et *radis*
cabillaud aux *épinards*
flan à la *vanille* et au *sirop* d'*orange*

Question : À quelles langues les neuf mots imprimés en italique ont-ils été empruntés ?

Vous avez le choix entre : arabe, espagnol, germanique ancien, italien, nahuatl, néerlandais, persan, provençal et sanscrit.

Réponses

salade (provençal) – *tomates* (nahuatl par l'espagnol) – *radis* (italien) – *cabillaud* (néerlandais) – *épinards* (persan) – *flan* (germanique ancien) – *vanille* (espagnol) – *sirop* (arabe) – *orange* (sanscrit)

La langue française, terre d'accueil

On voit ainsi que bien des mots immigrés ont été accueillis sans façon dans la langue française.

Grand fournisseur de mots à de nombreuses langues et, de façon vraiment massive à l'anglais, le français s'est également beaucoup enrichi en puisant dans des dizaines de langues, proches ou lointaines.

Et tout d'abord dans le latin, d'où il est issu, car dès le haut Moyen Âge, le français a trouvé dans le vieux fonds du latin classique et dans le trésor des racines grecques une source privilégiée de renouvèlement lexical. Cet apport des langues classiques anciennes, qui est considérable, s'est en fait prolongé tout au long des siècles – ce qui est loin d'être le cas pour le gaulois, langue celtique.

Peu de gaulois...

L'apport du gaulois a été peu important, avec seulement quelques dizaines de mots, dont *alouette*, *galet, sapin, ambassade*, ou encore *char* et ses dérivés *charrette, chariot, charrue*. Déjà les Romains avaient emprunté ce mot sous la forme *carrus* aux Gaulois, qui étaient passés maitres dans la fabrication des roues pour les grands charriots. Les mots *carriole* et *carrosse* sont aussi d'origine gauloise, mais après avoir été adoptés par le provençal (pour *carriole*) et par l'italien (pour *carrosse*).

À propos des roues de véhicule, il est amusant de signaler une forme moderne qui pourrait passer pour une sorte d'anachronisme : la *bagnole*. Ce mot argotique, qui désigne n'importe quelle voiture automobile, remonte aussi à un mot gaulois, celui qui a donné en français le mot *benne*, « sorte de caisse servant au transport des matériaux ». Entré en français par l'intermédiaire du picard et affublé, dans *bagnole*, d'une terminaison déformante, le mot gaulois a du mal à refaire surface.

Si le nombre de mots gaulois est peu important dans la langue courante, il est en revanche considérable dans les noms géographiques.

Les noms des cours d'eau de France sont en effet très souvent d'anciens noms gaulois (*Garonne, Yonne, Doubs, Marne, Somme, Lot...)* et il en est de même pour les noms des villes. Parmi des milliers d'autres, rappelons *Bourges*, ville des Bituriges, dont le nom signifiait « les rois du monde », *Nanterre* « la citadelle du temple », *Yverdon* (en Suisse) « la forteresse des ifs ». Signalons encore *Avallon*

« (ville des) pommiers » et *Verdun* « super forteresse ». Ajoutons le nom de *Dinant* (Belgique), ville qui se trouve sur la Meuse, et qui remonte à une racine celtique désignant un cours d'eau ; *Arcueil* « ville des arches », qui doit son nom aux arches d'un aqueduc dont les vestiges sont encore visibles ; *Poitiers*, qui doit le sien à la tribu gauloise des *Pictaves* « les rusés » et *Sens*, à la tribu gauloise des *Senones,* « les vénérables ». C'est donc surtout dans les noms de lieux qu'il faut rechercher les vestiges des langues disparues, alors que dans la langue courante, le français n'a en fait conservé que fort peu de gaulois…

… mais beaucoup de germanique

Dès les premiers siècles de notre ère, les envahisseurs germaniques ont laissé des traces dans tous les domaines : des noms de couleur *(bleu, blanc, gris, brun, blond, fauve…),* des noms de végétaux *(aulne, hêtre, haie, blé, gazon, framboise, groseille…),* des noms d'animaux *(martre, renard, chouette, mésange, écrevisse, hareng…)*. Parmi les noms d'origine germanique, on trouve, en outre, à la fois des termes belliqueux – comme *guerre*, *flèche* ou encore les verbes *blesser* et *haïr* – et des mots pacifiques – comme *trêve, aubaine* et les verbes *épargner* et *guérir.*

Il s'agit là essentiellement de l'apport des Francs, qui ont même réussi à laisser en héritage des noms germaniques pour le pays (la France) et pour la langue (le français).

Au IXe siècle, se produisent les incursions répétées d'autres populations germaniques, celles des Vikings venus de Scandinavie. Leur langue a laissé peu de traces dans le lexique français, en dehors d'une cinquantaine de mots (par exemple *guichet, homard* ou *varech*) parmi lesquels un très joli mot de la langue française : précisément l'adjectif *joli*, qui vient du nom d'une ancienne fête païenne du milieu de l'hiver appelée aujourd'hui *jul* dans les langues scandinaves, et qui correspond aux fêtes de Noël.

Le temps des foires

Un peu plus tard, vers le milieu du XIIe siècle, il ne s'agira plus d'invasions guerrières mais d'échanges commerciaux intenses dans ces lieux privilégiés qu'ont été les foires de Champagne. Troyes, Provins, Lagny, Bar-sur-Aube deviennent pendant plus d'un siècle les points de rencontre des marchands du nord de l'Europe, qui venaient y vendre leur drap et leurs productions agricoles et maritimes, et des marchands voyageurs qui, par l'intermédiaire de Venise, apportaient des produits venus d'Orient : la soie, les épices et les mots pour les désigner.

Ces foires internationales étaient aussi des places financières car dans chacune d'entre elles il y avait le *banc* du changeur, ancêtre de nos *banques*.

Tous ces voyageurs venus de loin côtoyaient à dates fixes leurs homologues des différentes provinces françaises. On comprend ainsi comment la langue française s'est alors ressourcée en puisant à la fois dans les diverses langues régionales et dans des langues plus lointaines comme l'arabe, lui-même porteur de mots persans ou turcs.

Le trésor des langues régionales

Il est impossible d'énumérer tout le vocabulaire d'origine régionale que le français a alors emprunté aux autres langues du pays, qu'elles soient issues du latin (langues d'oïl, d'oc, franco-provençal, catalan ou corse), ou qu'il s'agisse du breton, langue celtique, du flamand, variété du néerlandais, de l'alsacien ou du francique lorrain, langues germaniques, ou encore du basque, langue pré-indo-européenne. En voici seulement une petite sélection :

bizarre est d'origine basque,
cèpe et *barrique* sont gascons,
béret est béarnais,

palombe, d'origine languedocienne,
cigale, bartavelle et *pinède* sont d'origine provençale,
congère, dauphinois,
piolet, valdôtain,
reblochon est savoyard,
gamin, franc-comtois,
quiche et *choucroute* sont d'origine alsacienne,

ATTENTION À LA CHOUCROUTE !

Dans le mot *choucroute*, qui vient de l'alsacien,
c'est *croute* qui veut dire « chou »
et *chou* qui veut dire « aigre ».

beurre est lorrain,
kermesse est flamand,
grisou, wallon,
cabaret, picard,
brancard et *brioche* sont d'origine normande,
bijou est breton,
crachin et *lessive* viennent des parlers de l'Ouest,
luron et *rillettes* sont originaires des parlers du Centre.

L'arabe caché et l'arabe visible

On a tendance à oublier que les mots empruntés à l'arabe sont en grande partie des mots de la science : les Arabes étaient en effet au Moyen Âge les plus grands savants d'Europe, aussi bien en médecine qu'en astronomie et en mathématiques : *algèbre, alcool, chiffre* et *zéro, calibre, tare, zénith* sont des mots légués aux langues de l'Europe par l'arabe.

Bien d'autres mots venus de l'arabe sont aujourd'hui si bien intégrés dans notre langue qu'on les prendrait pour du français « pure laine » (comme diraient les Québécois), par exemple : *jupe, alcôve, sirop, sorbet, hasard, carafe*, etc. Seuls les emprunts plus récents, ceux qui datent de la période coloniale, comme *chouya, toubib, bled* ou *couscous* arborent sans équivoque la marque de leur origine.

Présence du persan

L'arabe a aussi servi de *truchement* – un autre mot d'origine arabe – aux mots venus du persan, une langue qui a elle-même beaucoup emprunté au français (par exemple *cadeau, merci, manteau, sauce*, *appartement*), depuis la fin du XVIIIe siècle. C'est beaucoup plus anciennement que le persan avait donné au français :

– des noms de vêtements, comme *casaque, turban* ou *babouche,*

– des noms de fleurs, comme *tulipe, nénufar* ou *jasmin,*

– des noms que l'on entend encore couramment sur les marchés et dans les épiceries : *épinard, aubergine, safran, pistache*…

Récréation

EST-CE VRAI ?

1. *Babouche* est un mot qui nous vient du persan par l'intermédiaire de l'arabe.

2. Le nom du *pyjama* a été emprunté au grec.

3. Dans la langue d'origine, ce mot pyjama signifiait « vêtement des jambes ».

Réponses

1. Vrai. 2. Faux, pyjama est un emprunt au persan, par l'intermédiaire de l'anglais. 3. Vrai

La peau de chagrin, un cuir venu du turc

Grâce au contact du français avec le turc, qui lui a donné non seulement des mots comme *caviar* (déjà cité) ou *odalisque* et *gilet* (par l'intermédiaire de l'espagnol), il y a en français deux mots *chagrin* : l'un signifie « peine, souffrance morale ». Il vient du germanique et il est apparenté à l'anglais *to grin*, « grimacer ». L'autre a été emprunté au XVIIe siècle au turc, où il avait le sens de « croupe d'un animal ». C'est avec cette partie de la peau de l'animal que l'on a fait un cuir utilisé pour les reliures de luxe et la fine maroquinerie. Mais le succès du roman de Balzac, *La Peau de chagrin*, a ensuite un peu éclipsé ce premier sens, pour évoquer une peau qui se rétrécit et un bien qui s'amenuise : un sens qui n'existait pas en turc.

Ce développement d'un sens nouveau dans la langue d'accueil est très fréquent dans l'évolution des emprunts. On en constate un certain nombre également dans les mots venus très tôt du néerlandais.

Dès le Moyen Âge, le néerlandais

C'est peut-être à cause de leur ancienneté que les emprunts au néerlandais se sont si bien adaptés aux formes du lexique du français. On ne se rend plus compte que les verbes *affaler, dégringoler* ou *amarrer* et *démarrer* sont d'origine néerlandaise, tout comme le nom du *boulanger* (à l'origine, « celui qui fabrique des pains ronds, en forme de boule »), celui du *ramequin*, qui était à l'origine un gâteau au fromage et ceux d'un certain nombre de noms de poissons comme *bar, cabillaud, aiglefin, colin* ou *éperlan.*

L'italien, grand favori

L'attrait exercé par l'italien au XVIe siècle a été spectaculaire et irrésistible, si bien que jusqu'au milieu du XXe siècle, c'est certainement l'italien qui a le plus donné à la langue française. Aucun domaine ne semble avoir été délaissé car le vocabulaire d'origine italienne concerne aussi bien le domaine de l'habillement que celui de la musique et des beaux-arts en général, celui de la guerre et celui de la table. C'est ainsi que l'on peut aller du *caleçon*, de l'*escarpin* et de la *pantoufle* aux *arpèges*, au *solfège* et au *virtuose*, en passant par la *coupole*, le *balcon*, l'*esquisse* et le *dessin*, sans oublier les *vermicelles*, le *saucisson* et la *citrouille*.

On devrait aussi pouvoir se souvenir que sont venus de l'italien : *pommade* et *lavande*, *colis* et *valise*, *ombrelle* et *parasol*, mais également les adjectifs *balourd, fantasque, burlesque* et *ingambe* et les verbes *réussir, caresser* ou *batifoler*, mais ils se sont si bien fondus dans notre langue qu'ils font maintenant partie du patrimoine français.

Et l'on peut s'habiller « tout italien » si l'on porte un *costume*, c'est-à-dire une *veste* et un *pantalon*, et si l'on est chaussé d'élégants *escarpins*.

Les autres sœurs latines

C'est surtout au XVIIe siècle que se fait nettement sentir l'influence de l'espagnol, que ce soit en ligne directe *(mantille, résille, cédille, camarade, gitan, moustique, tornade...)* ou comme véhicule des noms de produits nouveaux venus d'Amérique et qui nous sont aujourd'hui familiers : *chocolat, cacao, cacahuète,* et même *ocelot*, d'origine nahuatl, la langue des Aztèques, encore parlée au

Mexique. Il faudrait monter en épingle le mot *tomate*, qui a réussi le tour de force de devenir pour nous, Européens, le nom d'un légume-fruit, aujourd'hui considéré comme le symbole de la cuisine méditerranéenne.

Mais l'espagnol a aussi apporté en Europe des mots venus du quechua, langue du Pérou (*caoutchouc, vigogne, chinchilla...),* de l'arawak (*maïs* ou *hamac)* et aussi du caraïbe (*pirogue* et *caïman).*

L'apport du portugais a été moins important, mais on se rappellera que sont d'origine portugaise *caravelle, caramel, fétiche, marmelade* ou *pintade* et que c'est par l'intermédiaire de cette langue que nous connaissons les noms de l'*ananas*, du *cajou*, du *sagouin* ou de la *sarigue*. Ils sont tous d'origine tupi, langue indienne du Brésil.

Le portugais a aussi été le truchement par lequel ont été transmis des mots venus de langues d'Asie ou d'Indonésie :

– *typhon* (du chinois),

– *cachou, cari, mangue* (du tamoul, langue du sud-est de l'Inde),

– *teck* (du malayalam, langue du sud-ouest de l'Inde),

– *cornac* (du cinghalais, langue de Ceylan),

– *bambou, sarbacane* (du malais).

Un intermède sur un pastiche

Bien d'autres emprunts sont encore à évoquer, mais voici le moment de faire une pause, pour examiner d'un œil indulgent le pastiche iconoclaste d'une fable célèbre d'un grand écrivain français, qui a été transfigurée – défigurée ? – pour y introduire, à la place des mots du poète, quelques mots venus d'ailleurs.

Récréation

LE HÉRON PROMU FAKIR

Maitre *héron*, par *hasard* éveillé,
Tenait en son *bec* un *gardon.*
Maitre *renard,* tout de ruse habillé,
Lui dit, doucereux et *bouffon* :
« Que vous êtes *joli*, que vous me semblez *blond* !
Sans mentir, si votre *bagout*
Fascine encore tous les grigous
Vous êtes un vrai *fakir*
De l'art de discourir. »

On relève dans ce pastiche au moins dix mots venus d'ailleurs (ceux qui ont été imprimés en italique). Quatre d'entre eux sont d'origine germanique : *héron, gardon, renard, blond.* D'où viennent les six autres ? Vous avez le choix entre l'arabe, le gaulois, l'italien, le scandinave et une variété d'oïl de l'Ouest.

Réponses

arabe : *hasard* et *fakir* – gaulois : *bec* – italien : *bouffon* – scandinave : *joli* – oïl de l'Ouest : *bagout*

Les autres échanges européens

Les emprunts à l'allemand ont la particularité de se retrouver d'une part dans un vocabulaire très familier, voire argotique, celui qui a été colporté par les mercenaires allemands ou suisses engagés dans les armées françaises (*asticoter, chenapan, loustic, trinquer*...), et de l'autre, dans un vocabulaire savant, le plus souvent d'origine grecque (*pragmatisme, paranoïa*) ou latine *(album, quanta, statistique)*.

En outre, l'allemand a aussi été une langue de passage : c'est par l'intermédiaire de cette langue qu'ont été introduits en français les mots :

– *calèche* (venu du tchèque),
– *coche* (du hongrois),
– *nickel* (du suédois),
– *vampire* (du serbe).

Signalons aussi quelques autres mots venus des langues slaves : du russe *(steppe, zibeline...)* ou du polonais *(baba, meringue, polka...)*.

Des mots venus de plus loin

Il ne faut pas non plus oublier que le français doit aux langues africaines des mots comme :

– *banane*, *macaque* (mots qui viennent du bantou, et qui ont été transmis par le portugais),
– *vaudou* (venu de l'éwé-fon, langue du golfe du Bénin),
– *gnou* (du hottentot).

Enfin, proviennent d'Extrême-Orient :

– *bonze*, *geisha, mousmé, soja* (du japonais),
– *zèbre* (du tibétain),
– *calicot* (du tamoul, langue du sud-est de l'Inde),
– *mangouste* (du marathe, langue du centre-ouest de l'Inde),
– *panda* (du népalais),
– *surin* (probablement du tsigane).

Une grande partie des mots venus d'Asie, comme *bungalow* (du hindi), *shampooing* (du tamoul) ou *atoll* (du cinghalais), ont été acheminés vers les langues de l'Europe par l'anglais qui, depuis le milieu du XXe siècle, est la langue qui a le plus donné au français.

L'afflux des mots anglais

De même qu'ils avaient largement puisé au XVIe siècle dans la richesse lexicale de l'italien, les Français, deux siècles plus tard, très admiratifs de l'Angleterre et en particulier de son système parlementaire, ont accueilli dans leur langue un grand nombre de termes anglais. Ce qu'il faut remarquer, c'est que ces mots sont pour la plupart d'origine latine et qu'ils auraient pu être directement formés en français (*cf.* chapitre « X comme XXL : la place des anglicismes dans la langue »).

Les langues ne sont pas des îles

Au cours de ce long voyage à travers une bonne centaine de langues réparties sur l'ensemble de la planète, à la recherche des origines multiples du français, on a pu se rendre compte d'une réalité vraiment universelle : loin d'être des forteresses isolées, les langues au contraire ne connaissent pas de frontières et c'est en douceur que les mots passent d'une langue à l'autre.

Dans l'histoire des langues, le métissage apparait ainsi comme une donnée naturelle et devient un premier pas vers la compréhension entre les peuples.

BIBLIOGRAPHIE

COLIN, Jean-Paul, 1986, *Trésors des mots exotiques,* Paris, Belin.

GUIRAUD, Pierre, 1965, *Les Mots étrangers,* Paris, PUF, « Que sais-je ? » n° 1166.

TARDIVEL, Louis, 1991, *Répertoire des emprunts du français aux langues étrangères,* Sillery (Québec), éd. du Septentrion.

WALTER, Henriette, 1997, *L'Aventure des mots français venus d'ailleurs*, Paris, Robert Laffont.

WALTER, Henriette, et WALTER, Gérard, 1991, 2e édition revue et augmentée, 1998, *Dictionnaire des mots d'origine étrangère,* Paris, Larousse.

J'AI FILÉ MES SCENARII AUX MEDIAS MAIS LES FACTOTUMS MAISON ONT PAUMÉ EX-ABRUPTO TOUS MES FAC-SIMILÉS... TU COMPRENDS ÇA TOI?
NON... C'EST À Y PERDRE SON LATIN.

L

comme le latin venu à pied
la mosaïque des langues

par Marie-Rose Simoni-Aurembou

Les langues de France

La toute-puissance de la langue nationale, son omniprésence, son prestige font parfois oublier que la France n'est pas monolingue. Les Français ont parlé et parlent encore un nombre considérable de langues régionales, localisées sur des territoires identifiés par l'histoire. Mais si la carte des variétés langagières de la France est aussi riche, par exemple, que celle de l'Italie, elle ne préjuge en rien de leur vitalité. On ignore le nombre de locuteurs des langues régionales, en partie parce que les pouvoirs publics se sont toujours refusé à cette démarche. Les dernières enquêtes sérieuses datent du ministère de Victor Duruy, en 1864.

Cependant, quelques récentes études sociologiques et sociolinguistiques approfondies, les grandes enquêtes des dialectologues pour la réalisation des *Atlas linguistiques et ethnographiques régionaux de la France* sur tout le territoire national, dans la seconde moitié du XXe siècle, permettent d'ores et déjà d'affirmer que la carte linguistique de la France n'est pas une carte archéologique.

On doit en faire une lecture historique dynamique. Les aires linguistiques sont le résultat d'invasions, de conflits, de résistances souvent très anciennes, et leurs limites se sont déplacées au cours des siècles.

Au commencement était le basque, différent des trois langues indo-européennes arrivées par la suite, qui ne l'ont pas fait disparaitre et auxquelles il ne s'est jamais assimilé, à savoir : le gaulois des Celtes, à partir du Ve siècle avant J.-C., puis le latin des Romains, et enfin le germanique.

Le gaulois fut éliminé presque entièrement par le latin parlé en Gaule, lequel fut à son tour recouvert à l'est par des langues germaniques.

La mouvance des frontières

Vers l'an mille, la frontière orientale du breton allait du Mont-Saint-Michel à l'estuaire de la Loire. Elle s'est ensuite déplacée plus à l'ouest, sous la poussée en particulier des villes romanes de Rennes et de Nantes, et s'est vraisemblablement fixée dans sa partie nord vers le XIIIe siècle. Elle n'a plus bougé depuis le XVIe siècle. C'est à l'aide des noms de lieux, témoins du celtique disparu, que l'on a pu la reconstituer.

À l'est, l'aire romanisée a été disloquée définitivement par les invasions des Alamans qui entrent en Alsace par le sud, et des Francs arrivés par le nord. La langue germanique s'est installée en Alsace, en Lorraine mosellane et en Flandre. Mais si la frontière est stable en Alsace-Lorraine, elle n'a cessé de reculer en Flandre, lentement et irrégulièrement, depuis le XIIIe siècle où Boulogne adopte la langue d'oïl.

Au sud-ouest, enfin, le gallo-roman a repoussé le basque jusqu'à ses limites actuelles, étonnamment stables depuis le Moyen Âge.

Dans cette guerre de conquête, c'est le latin qui l'a emporté, et non seulement en France, mais au Portugal, en Espagne, en Italie, dans une bonne partie de la Belgique et de la Suisse et en Roumanie. On ne peut donc isoler l'Hexagone de cette évolution capitale qui fit du parler du minuscule Latium celui du monde.

Le latin venu à pied

La marche conquérante des légions romaines a duré six siècles, dont trois pour la seule Italie. Et dès le début le latin des vainqueurs élimine les langues des vaincus – dont le ligurien et le prestigieux étrusque. Ce sera la même chose quand les légions traverseront la Méditerranée, les Alpes, la mer du Nord. Mais entre la première conquête de l'Espagne et celle de la Dacie, il s'écoule trois cents ans. En Gaule même, la Narbonnaise est romanisée plus de soixante ans avant la Gaule du Nord, la Belgique et le territoire des Helvètes. La date de la conquête n'est donc pas négligeable dans la diversification de la langue latine.

Les récents travaux des historiens et des linguistes, en particulier la sociolinguistique rétrospective, ont permis de dégager quelques caractères profonds de cette expansion extraordinaire de la langue latine. Elle fut longue et continue ; hormis l'étrusque, le ligurien, le basque et l'ibère, elle ne rencontra que des langues de même famille indo-européenne, ce qui facilita le passage ; l'écriture apparut très tôt ; les structures de l'Église prirent le relais des structures de l'Empire.

Enfin, on insiste maintenant sur ce qui semble une évidence : ce n'est pas la langue écrite de Cicéron, ou de César, qui est entrée en Gaule, mais la langue parlée des soldats, des administrateurs, des enseignants ; langue majoritairement de citadins, mais aussi langue de ruraux avec l'arrivée des colons. Comme toute langue elle variait suivant le niveau social des locuteurs, suivant les circonstances, et a changé au cours des siècles ; on ne parle plus aujourd'hui de « latin classique » ni de « bas latin », mais de « latin parlé et écrit classique », puis « tardif ».

Quels moyens avons-nous de connaitre ces changements ? Outre les graffitis et les inscriptions, nous avons les textes des écrivains des différentes parties de la Romania, et parmi eux, les témoignages des prédicateurs chrétiens, soucieux d'être compris de leurs fidèles et qui donnent des repères très précieux sur la manière dont fonctionnait – ou non – a « communication verticale » (Banniard, 1997).

Une marche de six siècles

• Avant Jésus-Christ

Vers – 500. Fondation de la République romaine.

Vers – 200. Sont occupées : la majeure partie de la péninsule italienne, Sicile, Corse, Sardaigne, la côte espagnole de Tarragone à l'Atlantique.

– 190. Conquête de la Gaule Cisalpine.

À partir de – 150. Expansion à l'est en Macédoine, Grèce, l'Asie Mineure ; à l'ouest, vers l'Espagne centrale et l'actuel Portugal ; au sud l'actuelle Tunisie orientale.

Vers – 120. Création de la province de Narbonnaise, de Lyon à Marseille et Narbonne (liaison entre l'Italie et l'Espagne).

Entre – 58-51. Conquête de la Gaule, jusqu'à l'Atlantique et la mer du Nord.

Vers – 10. Avance en Germanie, du Rhône à l'Elbe.

• Après Jésus-Christ

En 43. Conquête de la Bretagne (actuelle Angleterre).

De 105 à 106. Conquête de la Dacie (actuelle Roumanie).

AU IIIe siècle. Premières invasions germaniques et première rupture du *limes*.

AU Ve siècle. Grandes invasions et rupture définitive du *limes*.

La fragmentation de la Gaule

– Les deux Frances romanes

Au ve siècle, au moment des grandes invasions germaniques, la majorité des habitants de l'ancienne Gaule parlaient une forme de latin que les linguistes ont appelée par la suite le gallo-roman. Cette langue n'était certainement pas homogène de la Belgique à la Provence, mais des traits communs la différenciaient déjà du latin parlé en Italie, en Espagne ou en Afrique du Nord.

Ces différences ont été étudiées de façon approfondie et depuis longtemps, et on ne peut les résumer ici. On pourra se reporter à deux synthèses récentes et claires, celles de Banniard (1997) et Reinheimer/Tasmowsky (1997), à l'*Atlas linguistique roman*, et bien entendu au *Lexikon der Romanistischen Linguistik*.

Le Sud, de Nice à Perpignan, romanisé plus tôt, plus longtemps, plus complètement que le nord, ignore la diphtongaison des voyelles ouvertes libres *a*, *e* et *o*, et la sonorisation des consonnes sourdes intervocaliques.

Exemples :

latin	nord	sud
sapa	*sève*	*sabo*
decem	*dieis* afr. *(> dix)*	*detz* apr.
novo	*nuef (> neuf)*	*nou* (pr. *no-ou*)
rosa	*rose (=z)*	*rosa (=ss)*

La conquête germanique est très différente de celle des Romains. « Tout en apprenant et en adoptant la langue latine – évolution favorisée certainement par les nombreux mariages mixtes – les envahisseurs y transposèrent des termes empruntés à leur langue d'origine, mais aussi des habitudes phonétiques, et même morphologiques et syntaxiques » (Wolff, 1982). L'apport lexical est indéniable :

si le dictionnaire étymologique de W. von Wartburg (le FEW) compte quatorze volumes de termes d'origine latine, il en compte trois d'origine germanique. Et c'est entre Meuse et Loire, là où l'occupation franque a été la plus dense, que s'est produite une diphtongaison que les autres langues romanes ignorent, celle du *e* et du *o* fermés accentués libres.

Cette diphtongaison, adoptée par le français, n'a eu lieu qu'à l'est du domaine d'oïl. L'ouest l'ignore, de la Normandie à la Gironde, tout comme la langue d'oc – mais pour des raisons différentes.

Exemples :

latin	nord-est	nord-ouest	sud
**pera*	*pouère>poire*	*père*	*pero*
**gola*	*gueule*	*goule*	*goulo, goulà*

Ces changements ont commencé avec les Mérovingiens et se sont terminés avec les Carolingiens. Au VIIIe siècle, la partition nord-sud est irréversible. Elle se poursuivra avec une évolution qui fera de la langue d'oïl une exception dans la Romania, l'accentuation sur la dernière syllabe due à l'amuïssement des voyelles finales et leur disparition.

La division des langues en sous-ensembles est terminée au XIIe siècle et, avec quelques aménagements, correspond à la carte des variétés d'aujourd'hui. Dès le Moyen Âge, ces variétés et ces grands ensembles avaient frappé les contemporains. Pour Roger Bacon (milieu du XIIIe siècle) la *lingua gallicana* comprenait celle des Picards, des Normands, des Bourguignons et des Parisiens. Et c'est Dante qui, au début du XIVe siècle, a nommé, d'après leur façon de dire *oui*, langue d'*oïl* (*hoc ille*) celle du Nord et langue d'*oc* (*hoc*) celle du Sud.

Les langues sont mortelles

Quand a-t-on cessé de parler gaulois ? Pas avant la fin du VIe siècle, du moins dans les campagnes reculées et conservatrices, d'après le témoignage de Grégoire de Tours.

Quand a-t-on cessé de parler latin ? Au cours du VIIIe siècle. En 813, le concile de Tours constate que la masse des fidèles ne comprenait plus le latin plus ou moins livresque utilisé par leurs prédicateurs. Ceux-ci doivent donc *tranferre in rusticam linguam aut theotiscam*, c'est-à-dire « transcrire », ou plus certainement « traduire » leurs homélies latines dans la langue parlée locale, protoromane ou protogermanique (*theotiscam*).

Déjà au VIIIe siècle un bon nombre de termes du latin classique n'étaient plus compris par les lettrés des monastères, et il fallait les gloser, les traduire par le mot latin moderne correspondant, c'est-à-dire en protoroman. Les gloses de Reichenau, monastère d'une ile du lac de Constance, sont un trésor pour les linguistes. Peut-être rédigées au monastère de Corbie, en Picardie, elles ont un net caractère d'oïl. Exemples : *caseus* « fromage » est glosé par *formaticum, litus* « rivage » par *ripa, oves* « brebis » par *berbices.*

– Les zones de transition

• Une langue : le franco-provençal

De Neuchâtel en Suisse à Grenoble, et de Roanne au Val d'Aoste en Italie, s'étend un groupe linguistique qui n'a été identifié et nommé que dans la seconde moitié du XIXe siècle, en 1873, par le linguiste italien Graziadio Ascoli. Le nom de *franco-provençal* ne satisfait personne, car il fait supposer un parler hybride – mélange de français et de provençal. Mais on le conserve par tradition et l'on sait maintenant, par les très nombreuses recherches qui se sont succédé depuis cent ans dont l'admirable *Glossaire des patois de la Suisse romande*, qu'il s'agit bien d'une langue formée dès la romanisation du nord-est de la Narbonnaise autour de la capitale des Gaules, Lugdunum, devenu Lyon. L'unité du domaine est faite, en partie, par un ensemble de résistances et d'acceptations qui ont créé « un système phonétique particulier qui ne peut être confondu ni avec le système d'oïl ni avec celui d'oc » et qui schématiquement est le suivant :

« A accentué latin	oïl :	*chanter, mangier*
	oc :	*chanta, manja*
	frpr :	*chanta, mangier*
Voyelles finales	oïl :	*rose, vache, père, coude*
	oc :	*rosa, vaca/vatso, paire, cobde*
	frpr :	*rosa, vachi, pare, codo* »
		(Gardette, 1983).

Ajoutons une dernière différence capitale avec le domaine d'oïl, la place de l'accent tonique, fixé en français sur la dernière syllabe, mobile en franco-provençal, ce qui suffit à brouiller complètement la communication (Tuaillon, 1983).

• Une marche : le Croissant

Entre deux langues totalement différentes comme le basque et le gascon, ou l'alsacien et le lorrain roman, les frontières sont nettes. Il n'en va pas de même pour celle qui sépare oc et oïl, langues de même origine romane. C'est une zone de parlers de transition que le linguiste Jules Ronjat, en 1913, a appelée Croissant, d'après sa forme, et qui va du sud d'Angoulême à l'est du département de l'Allier où elle bute contre l'aire du franco-provençal. Au nord on parle des variétés d'oïl, au sud des variétés d'oc.

Or l'histoire montre que, depuis le Moyen Âge, la langue d'oïl avance vers le sud. Au début du XIIIe siècle, le Poitou constituait le nord du domaine occitan. Conquis par les rois de France, il perd son indépendance et sa langue. Aujourd'hui les parlers poitevins-saintongeais ont des traits occitans et une structure d'oïl.

Les parlers du Croissant, eux, n'ont aucune structure commune et ne constituent pas une langue. Ce sont des parlers hybrides, au sens où ils témoignent de la pénétration d'un parler par un autre. Cette avance nord-sud se poursuit, et les enquêtes de terrain, dont la première a été publiée en 1876, permettent de le constater.

La mort annoncée des patois

En Europe, la France se singularise par une longue tradition de mépris pour tout ce qui n'est pas sa langue nationale et par une culture (pseudo-)savante. Elle a ignoré la richesse de son patrimoine linguistique, nommé collectivement *patois.* Quant à son attitude envers sa culture populaire, il suffit de songer au sens péjoratif qu'a pris le mot *folklorique. Patois* apparait au Moyen Âge, où il désigne un parler incompréhensible, le langage des animaux, un comportement grossier, sans toutefois qu'il soit fait référence à des variétés régionales minorées, le concept n'existant pas. Au XVIe siècle, où l'on prend conscience et de l'unité et de la disparité linguistiques, Ronsard crée *dialecte* pour désigner son cher parler vendômois, peut-être parce que *patois* lui semblait déjà trop péjoratif. Mais le mot était savant et il l'est resté. Au XVIIIe siècle, notamment dans l'*Encyclopédie*, les patois entrent dans un système hiérarchisé et sont explicitement opposés à la langue nationale dont ils sont une « corruption » provinciale, étant entendu qu'« on ne parle la langue que dans la capitale ».

À la Révolution, lorsque le français devient la langue de la République, on découvre avec le *Rapport Grégoire*

(1794) que la moitié des Français ne parle pas français, et qu'une bonne partie de l'autre moitié le parle mal. Il faut donc « anéantir les patois », facteurs de divisions et d'inégalités entre les citoyens.

Le temps manqua pour cette destruction, mais la révolution avait eu lieu dans les mentalités et, au XIXe siècle, on ne cherche plus à détruire les patois mais à les recueillir avant leur disparition. Car on sait désormais que la langue nationale triomphera tôt ou tard.

En 1880, quand l'enseignement devient gratuit, laïque et obligatoire, il va de soi qu'il sera fait en français – facteur de promotion sociale, avec le droit de vote. Il n'y a pas eu de contestation à ce sujet, ni au plan national ni au plan municipal. Mais on estime maintenant que c'est la guerre de 1914-1918 qui amorce le vrai déclin des langues régionales : après les tueries du début, on dut regrouper les régiments sans considération de leur lieu d'origine, et c'est là où le français devint, définitivement, la langue de communication. À l'exception du breton, dont la pratique courante n'a cessé qu'après la deuxième guerre mondiale, en liaison avec l'essor économique sans précédent de la région.

Les langues de France demain

Quelle qu'ait été leur importance hier, et les revendications de leurs militants d'aujourd'hui, les langues de la France continentale ne sont plus des langues « maternelles » ou « premières ». Elles ne se transmettent plus par la famille en tant que systèmes autonomes par rapport au français. Les seules langues régionales vivantes (nous ne parlons ici que de celles qui sont de souche européenne) sont les créoles, qui méritent que l'on se préoccupe sérieusement de leur enseignement.

Et cependant, nous l'avons dit d'emblée, la carte linguistique n'est pas une carte archéologique, même si un récent rapport a qualifié les variétés d'oïl de « langues disparues ». Certes, dans l'ensemble, on ignore le nombre des locuteurs, mais on possède des indicateurs. L'INSEE en Picardie, l'INED en Alsace, Média-Pluriel-Méditerranée en Languedoc-Roussillon, TMO en Bretagne, ont réalisé des enquêtes d'opinion très sérieuses. Or, un nombre considérable de personnes déclarent parler, ou au moins comprendre la langue locale, et y sont très attachées (Broudic, 1999). C'est là la place essentielle des langues régionales et leur rôle face à la langue nationale. Quelle que soit leur vitalité, elles remplissent toutes une fonction symbolique.

Même si aucun petit Breton ne parle plus breton avec sa mère, si les écoles DIWAN ne comptent encore que quelques milliers d'élèves, les fest-noz réunissent des centaines de milliers de participants. Le chant polyphonique corse, très longtemps ignoré par la musique savante, a su perdurer et vit un magnifique renouveau. La Picardie connait, comme bien d'autres régions mais de manière plus institutionnalisée, des réunions de patoisants actives et fréquentées.

Un dernier signe de cette nouvelle manière de vivre est la production écrite. Sur tout le territoire, y compris près de Paris, se multiplient les ouvrages – romans, poèmes, récits, pièces de théâtre, dictionnaires – qui témoignent du même amour de la langue comme expression du pays et des traditions. De milieux socioculturels très différents, ces écrivains travaillent souvent dans l'urgence ; ils ont un héritage à transmettre et à faire fructifier. Tous ces ouvrages se vendent vite et bien, mais le public, les éditeurs et les procédés de vente restent le plus souvent ignorés des cultures dominantes. Situés au cœur d'une opposition Paris-province, ces textes sont l'une des manifestations les moins connues et les plus authentiques de la vie secrète des langues régionales.

Nous ne pouvons préjuger de ce que seront demain des langues régionales que l'on aura (r)apprises. Mais on ne saurait être trop attentif à l'inquiétude qui se manifeste, plus ou moins ouvertement, devant l'imminence de leur disparition si aucune réelle politique des langues régionales n'est mise en place.

Bibliographie

Pour connaitre les variétés de gallo-roman, quatre ensembles monumentaux :

Atlas linguistiques et ethnographiques régionaux de la France (70 volumes parus à partir de 1950 ; cartographie de données brutes, Paris, éditions du CNRS.

Atlas linguistique de la Wallonie. Tableau géographique des parlers de la Belgique romane d'après l'enquête de Jean Haust et des enquêtes complémentaires (8 volumes parus à partir de 1953 ; cartographie de données élaborées).

Glossaire des patois de la Suisse romande, fondé par Louis Gauchat, Jules Jeanjaquet et Ernest Tappolet (à partir de 1924, lettres *A* à *F* ; traitement exhaustif des données géolinguistiques).

Wartburg, W. von, *Französisches Etimologisches Wörterbuch* (à partir de 1922, 25 volumes parus) : FEW

Orientations

Bonnot, J.-P.-F. (éd.), 1995, *Paroles régionales. Normes, variétés linguistiques et contexte social,* Strasbourg, Presses Universitaires.

Chaurand, J. (dir.), 1999, *Nouvelle histoire de la langue française,* Paris, Le Seuil.

Contini, M., et Tuaillon, G. (dir.), 1996, *Atlas linguistique roman,* Rome, Istituto Poligrafico et Zecca dello Stato, vol. 1, 3 fasc.

Banniard, M., 1997, *Du latin aux langues romanes*, Paris, Nathan, « coll. 128 ».

Broudic, F., 1999, *Qui parle breton aujourd'hui ? Qui le parlera demain ?,* Brest, Brud Nevez (bibliographie sur les sondages sur les pratiques linguistiques en France).

GARDETTE, P., 1983 (rééd. des principaux articles), *Études de géographie linguistique* (B. Horiot, M. R. Simoni, G. Straka éd.), Paris, Klincksieck.

GAUTHIER, P., et LAVOIE, T., (dir), 1995, *Français de France et Français du Canada. Les parlers de l'ouest de la France, du Québec et de l'Acadie*, Lyon, université Jean-Moulin.

HOLTUS, G., METZELTIN, M., et SCHMITT, C. (éd.), *Lexikon der Romanistischen Linguistik,* Tübingen, Niemeyer (en cours de parution).

Qui-vive international, 1987, n° 5 (catalogue de l'exposition « Parlez-vous français ? » de la Bibliothèque publique d'Information).

REINHEIMER, S., et TASMOWSKI, L., 1997, *Pratique des langues romanes*, Paris, L'Harmattan.

SCARRE, C., 1995, *Atlas de la Rome antique. 800 av. J.-C.-540 apr. J.-C.*, Paris, Autrement.

TUAILLON, G., 1983 (2e éd.), *Le Franco-provençal. Progrès d'une définition*, Saint-Nicolas (Aoste), Centre d'Études franco-provençales « René Willier ».

WOLFF, P., 1982 (2e éd.), *Les Origines linguistiques de l'Europe occidentale*, Toulouse, université Toulouse-Le Mirail.

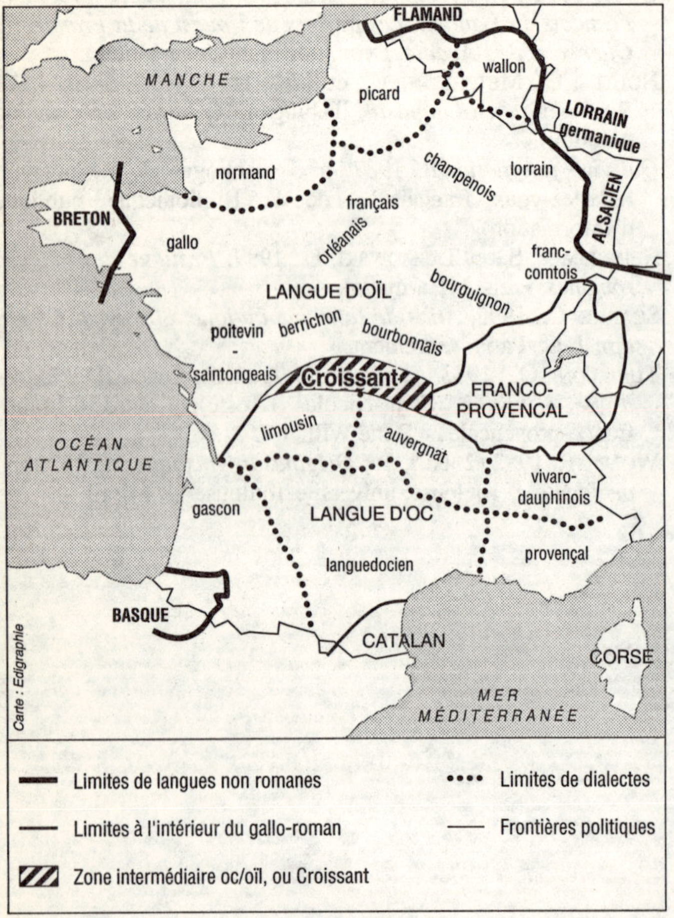

Les langues de France

Nous considérons que le rapport entre langue et dialecte est un rapport d'inclusion.

Langues non romanes. On distingue trois dialectes dans le *basque* de France, correspondant aux trois provinces : le Labourd, la Basse-Navarre, la Soule. On compte quatre dialectes *bretons* correspondant aux évêchés : le léonais, le trégorrois, le cornique et le vannetais. *Germanique* : l'Alsace appartient à l'allemand supérieur, la Lorraine à l'allemand moyen et, au nord, au bas-allemand. Les divisions dialectales sont orientées est-ouest et traversent le Rhin, qui n'est pas une frontière linguistique. Le flamand, lui aussi, traverse une frontière politique et s'étend en Belgique, à l'est de Dunkerque.

Langues romanes : à la *langue d'oïl* appartient le wallon de Belgique ; dans la zone centrale, on parle des variétés de français reliées à celui de l'Île-de-France, mais qui présentent toutes des écarts par rapport à la langue nationale (orléanais, berrichon, bourbonnais) ; la *langue d'oc* a des limites dialectales mieux marquées qu'en oïl, où seuls picard et normand se séparent nettement ; le *franco-provençal* s'étend sur la Suisse romande et le Val d'Aoste en Italie ; le *catalan* couvre une vaste bande côtière en Espagne jusqu'à Valence ; le *corse* est un dialecte italien toscan.

WAAAHH... T'AS VU CETTE SENTINELLE SUPERPACOOLOS ?... IL M'A CARRÉMENT FICHU DEHORS À LA PORTE, PAF!!
IL A PEUT-ÊTRE EU PEUR DE TES NÉOLOGISMES, ÉLISIONS, SYLLEPSES, ANACOLUTHES ET ONOMATOPÉES...

M

comme mots, mots, mots

par Loïc Depecker

« Il y en a des mots ! » C'est la première phrase d'un film québécois des années 1980, intitulé « J'ai pas dit mon dernier mot ». Le sujet du film : un « mot », le vrombissant *bromulateur*, cherche sa « notion », c'est-à-dire le sens qu'il pourrait bien avoir. De fait, *bromulateur* n'a pour le spectateur, a priori, aucune signification au point de devenir sujet de fiction sous la forme d'un personnage vide de sens, qui vient se poser sur l'épaule du lexicologue-terminologue. À savoir, de celui, de celle qui fixe le sens des mots afin de les inscrire dans les dictionnaires. C'est donc qu'il y aurait des disciplines, voire des professions, qui ont la charge de décrire le sens des mots…

L'agencement des mots entre eux

Lexicologue serait donc le spécialiste du lexique, c'est-à-dire de l'ensemble des mots d'une langue. « Mots » étant entendus au sens large comme les formes pleines et entières usuellement employées. Les mots peuvent être simples (*rêve*, *fleur*, *océan*) ou composés (*rêve-rie*, *fleur-iste*, *trans-océan-ique*). Et plusieurs mots peuvent former à leur tour un autre mot : *clair* et *lune* forment *clair de lune*,

lune et *miel* font *lune de miel*, *fil* et *plomb*, *fil à plomb*... Et s'il s'agit du mince outil employé pour couper le beurre, voici le grand, le célèbre *fil à couper le beurre*. Le mot se réduit ici à sa définition, ce qui n'est pas si rare. Mais juger que cet ensemble forme un seul et même mot n'est pas toujours facile. Imaginez la tête du faiseur de dictionnaire : mets-je *pomme de terre* à *pomme* ou à *terre* ? Ou aux deux ? Si *pomme de terre* forme un tout « lexicalisé » dirons-nous, unité à part entière du lexique, il a donc le droit de figurer tel quel au dictionnaire. Cela parait simple, mais peut ouvrir sur bien des perplexités : *pomme en l'air*, est-ce alors à mettre dans le dictionnaire ? Être ou ne pas être pour les mots, telle est souvent la question !

On n'en finira donc jamais, surtout quand les mots se combinent. Que faire d'ensembles comme *charrue pour labourer à plat à traction animale sans avant-train*, ou *câble à géophones à pression incorporés pour enregistrement continu* ? Est-ce mots composés ou définitions ? On sent bien ici que mots et définitions sont souvent interchangeables, les mots combinés formant discours et presque phrase. Et en sens inverse, les mots longs ne cessent d'aller vers leur réduction : *l'image qui est transmise par le satellite* se transforme en *image transmise par satellite*, *image de satellite*, *image-satellite*, *image satellitaire*, voire *satellitale* ! Où est alors le fin mot de l'histoire ? Débats à rendre perplexes grammairiens et puristes, assurément. De même, un *bateau qui marche à la vapeur* devient *bateau à la vapeur*, *bateau à vapeur*, et finalement un *vapeur* tout court. Issus du discours, les mots en viennent ainsi à se réduire à leur plus brève expression. Un bon coup d'accordéon, et le réseau *radioélectrique à ressources partagées* devient soudain *3RP*. Ah, quelle modernité les sigles !

Ainsi, noms, articles, adjectifs, verbes, prépositions, adverbes même, et les éléments qui les constituent, se composent et se décomposent dans la langue. D'où l'idée qu'il n'y a pas de mots sans discours, et réciproquement. Le dictionnaire n'est donc que le réceptacle immobile de ces jeux incessants. Immobile, certes ; mais on voit bien, à manier cédéroms et Internet, que les dictionnaires électroniques donnent une autre vie à la présumée immobilité des mots. La circulation entre eux devient quasiment sans fin, comme c'est le cas dans la langue.

La circulation des sens

Les mots sont contraints de circuler entre eux, car ils renvoient constamment les uns aux autres. Ainsi, que fait-on en définissant ou paraphrasant sinon décrire des mots par d'autres mots ? S'il s'agit du sens des mots, le lexicologue doit prêter attention à leur articulation : *craindre* s'emploie-t-il exactement pour *redouter*, *vélo* pour *bicyclette, voiture* pour *auto* ? Synonymes si l'on veut, quoique l'on ne croit plus aujourd'hui que deux mots puissent être véritablement synonymes : formés d'une matière sémiotique différente, ils sont irréductibles les uns aux autres. D'où ce paradoxe inconfortable : on ne cesse de définir les mots par d'autres mots, alors que les mots sont irréductibles les uns aux autres… Preuve a contrario, cependant, qu'il y a du sens dans tout cela ! Au point que parfois, des termes qui en bonne logique ne pourraient être légitimement synonymes, le sont dans l'usage ou tendent à l'être ; ainsi *essai de pompage*, *essai par pompage*, et *pompage d'essai* (!) (Commission ministérielle de terminologie de l'agriculture, 1989). Effet de ce qu'on ne vise pas alors seulement les mots, mais l'objet ou l'opération qu'ils désignent. Il n'en demeure pas moins que, c'est sûr, les mots s'attirent et se font échos. Le lexicologue doit ainsi prendre garde à la fusion des formes : qu'y a-t-il sous *voler* sinon l'action de s'envoler et celle de dérober ? et sous *bière*, sinon le bon breuvage fait d'eau et de houblon, et le cercueil qui y mène tout droit si on en boit exagérément : homonymes. Il doit veiller aussi à leurs échos, de formes et éventuellement de sens : *éminent* n'est point *imminent*, non plus que *conjecture*, *conjoncture* : paronymes. Il doit encore examiner les oppositions entre les mots, car c'est ainsi que l'on parle et que l'on pense ; *adorer/détester*, *gazeux/non-gazeux*, *légal/non-légal/illégal*, etc. : antonymes. Sans oublier les excellents énantionymes (homonymes de sens contraire), comme *louer* (« donner en location »)/*louer* (« prendre en location ») ; *hôte* (« personne qui reçoit »)/*hôte* (« personne qui est reçue »), etc. Quant à *mortel*, cela veut bien dire qu'on en meurt, d'ennui ou tout court ; mais peut se dire, à l'inverse, dans la jeunesse des écoles, d'un truc super…

Tant que la langue est regardée d'un peu loin, tout semble bien aller. Mais sitôt qu'on entre dans ce qui se dit vraiment, tout se complique. Certes on dit *électricité*, mais aussi *courant* et *jus* (« Envoie l'jus ! »), selon des niveaux ou registres de langue fort divers. Le supérieur hiérarchique est le *directeur*, le *patron*, le *boss*, le *vieux* ou, dans la marine, le *pacha* (qui lui donne irrespectueusement l'air de ne pas faire grand-chose…). Au féminin également : la patronne peut être la *contremaitresse*, la *chef*, la *boss*, la *miss*, etc. Jargon si l'on veut, mais qui implique bien des nuances. Derrière tout cela se profile le grand jeu des figures. Les mots changent de sens par métaphore : la table d'opération se transfigure soudain en *billard* ; l'image du risque retournée par la dérision tente d'atténuer l'angoisse. Le jeu de la métonymie est également incessant, bien des choses se résumant à leurs symboles (le goupillon devient symbole du pouvoir sacerdotal). Et comme les objets sont des touts formés de parties, les synecdoques abondent (la voile est dite pour le bateau). Et alors d'en observer la logique : du concret au concret, du concret à l'abstrait, de l'abstrait au concret…

Les composants des mots

Plus profondément, le lexicologue est amené à regarder comment s'agencent les composants des mots. L'agent de l'action se forme notamment sur *-ier*, *-eur*, *-iste*. On peut être ainsi *patissier glacier chocolatier confiseur*, désignation d'un brevet d'études supérieur d'alimentation. Mais un organisme fournisseur d'équipements est un *équipementier*, fournisseur de systèmes, un *systémier*, d'instruments, un *instrumentier*, etc. : oscillation entre nom et adjectif. On peut être *cuisiniste* (installateur de cuisines), ou *bainiste* (installateur de salles de bains), et ce au masculin ou au féminin. *-Eur* ou *-ateur* se disent d'un animé (un *organisateur*), mais aussi d'un inanimé : *organiseur*, *régulateur*, *bromulateur*... Un même suffixe pouvant alterner masculin et féminin : *perforateur/perforatrice*. Le féminin tendant, remarque-t-on, à désigner de plus frêles machines (Guilbert, 1971) : effet prolongé de l'emprise du mâle pouvoir sur les mots ?

Si l'on se tourne du côté des termes scientifiques, on aimera ces régularités : *-ase* marque une enzyme (*lactase*), *-ite* une affection aigüe (*arthrite*), *-ose* une affection chronique (*arthrose*), *-ome* une tumeur (*fibrome*), etc. Mais, même dans des domaines aussi précis, on peut échouer à dégager certaines constantes : *-ine* ne signifie plus grand-chose de précis tellement ce suffixe est utilisé (à moins de le réduire au sens générique de « substance »). Quelle nuance entre une plante *calciphile* (littéralement « qui aime la calcite ») et une plante *calcicole* (« qui se développe en milieu calcitique ») ? Quant à décrire la différence entre *désertisation* et *désertification*, c'est à désespérer, sauf ultime subtilité. Et si l'on remonte à l'ancienne alchimie, on trouvera que *beurre d'arsenic* n'est point beurre, non plus que les belles *fleurs de zinc*, de simples fleurs, même de rhétorique...

À batifoler dans ces formes, qu'elles soient de langue commune ou de langue savante, on appréciera au passage certaines souplesses. Ainsi des formes gréco-latines : *-graphe* est verbal dans *biographe* (« qui écrit une vie »), et nominal dans *orthographe* (littéralement « écriture correcte »). D'autres éléments semblent, même grecs, éminemment français, et n'apparaissent que dans un mot : ainsi d'*aristo-* de *aristocrate* (à moins que l'on ne pense aussi aux aristochats...). D'autres, comme *dia-*, restent cantonnés aux constructions savantes : *diamorphine*. Quant à leur place, on verra que certains éléments verbaux sont toujours à gauche : *miso-* ; d'autres toujours à droite : *-phobe* ; d'autres tantôt à droite tantôt à gauche (*-phile*, *-phone*, etc. : *philanthrope* et *cinéphile*, *téléphone* et *phonographe*). Là encore, le sens peut dérouter : *indifférent* n'est pas le contraire de *différent*, ni *impertinent* de *pertinent* : toujours l'oscillation entre concret et abstrait. Pas plus que *brutaliser* ne signifie « rendre brutal ». Et **colore* ne s'extrait pas d'*incolore*, non plus que **solite* d'*insolite*. Résultat de choix qui n'ont pas été faits ou qui s'incarneraient difficilement en langue. On sent derrière cela planer le génie de la langue, qui semble bien exister, comme le sens d'une étoffe, le fil de l'eau, la veine d'un bois, ou la résonance d'un instrument.

Langue et technicité

Le lexicologue passe ainsi en permanence de la langue commune à la langue spécialisée. Mais gare ! On ne se défie pas assez de ce qui est technique et de ce qui ne l'est pas. Des mots peuvent être techniques ou non. Ainsi de la nuit : c'est la période qui s'oppose au jour. Mais attention, le jour peut se dire aussi pour l'ensemble des vingt-quatre heures. En langue commune, jour a donc au moins deux sens. Mais une nuit à l'hôtel, qu'est-ce ? Une période de temps qui va de midi à midi, et cela dans tous les pays du monde. N'est-ce donc pas bizarre une nuit qui inclut le jour ? Seule une décision de nomothète, de celui qui dit la norme, de normalisateur, peut créer cette étrangeté. Alors que d'autres langues, comme l'espagnol, disent pour cette nuit d'hôtel, *día* : un « jour »... Mais il faut faire confiance à la logique de la langue, parfois curieuse. Si nuit d'hôtel semble bizarre, ce trouble peut s'anéantir en français : nuit devient *nuitée*, mot ancien de la langue, qui trouve dans le domaine du tourisme un emploi technique. C'est donc qu'il y aurait certaines formes ou dérivés spécialisés par domaine : un *lancer* de poid, mais un *lancement* de fusée ; un certain *raffinement* mais du *raffinage*, un bruit *perceptible* mais une somme *percevable*. *Blanchissage* n'étant, par ailleurs, point *blanchiment* d'argent...

Bien des mots sont ainsi pris entre leur sens usuel et leur sens technique. Jusqu'à faire paraitre les béances de la langue, qui n'a pas de mots pour certaines réalités. Ainsi de *bras*, qui comprend en langue commune l'ensemble du bras, et en médecine, la partie du bras qui précède l'avant-bras : le français commun n'a pas créé, pour cette partie du corps, de mot correspondant du type « après-bras ». Il en est de même pour la jambe, ensemble du membre inférieur mais aussi partie qui porte la cuisse. Quant à la partie de la jambe qui porte le mollet, elle n'a, en langue commune, pas de nom : il y aurait donc des mots qui manquent de choses et des choses qui manquent de mots, en fonction du découpage que font les langues du réel... Même si les vocabulaires spécialisés vont bien loin dans la description du réel, chez l'homme, il y a sans ambigüité, en anatomie médicale, deux membres supérieurs et deux membres inférieurs !

Ce détour ouvre aux dimensions du lexique réparti entre langue de tous les jours et langue spécialisée. Langue de tous les jours dite « langue commune », qui parait si banale à l'usage qu'on ne l'interroge même pas, et d'où dérive majoritairement la langue spécialisée, langue des techniciens, scientifiques, spécialistes de tous domaines. Nulle rupture stricte entre les deux, l'une alimentant l'autre et réciproquement : la partie avant de l'avion est le nez selon l'image fréquente, dans les techniques, du corps humain. Le nez se prête aussi à la marche d'escalier (extrémité en surplomb) et à la bordure d'un quai. Le doigt de gant est un tube fermé qui fait pénétrer dans le cœur d'un réacteur nucléaire ; une chaussette n'étant, dans ce domaine, qu'un doigt de gant un peu plus grand... Le pilote, quant à lui, sortira les godasses (le train d'atterrissage). L'objet devient même, parfois, non plus le substitut du corps humain mais son incarnation, comme le robot avec ses bras, ses mains, ses jambes, ses doigts, ou ses moustaches ! Matrices imaginatives qui sont, là comme ailleurs, plus puissantes qu'on ne croit.

Mot spécialisé n'est donc pas forcément mot savant. Et vice versa. Dirait-on aujourd'hui que, tout savants qu'ils soient dans leur forme, *cinématographe*, *magnétophone* ou *kinésithérapeute* sont des mots spécialisés ? L'assimilation de l'un à l'autre vient en partie de ce que le latin a légué certaines formes dites « savantes » : à savoir, des formes latines restituées de mots qui s'étaient érodés au fil du temps. Ainsi, *naviguer* et *nager* ont une même origine : le latin *navigare* (« naviguer »), le premier étant l'aboutissement phonétique de *navigare*, le second, la forme réempruntée au latin. Et superbement, le latin *auscultare* (« écouter ») a donné *écouter*, forme ordinaire, et *ausculter*, à la fois forme savante restituée et terme technique. Il faut parfois sortir son stéthoscope pour s'y retrouver !

Lexicologue-terminologue

Sitôt franchi le seuil de la langue spécialisée, le lexicologue se fait terminologue, c'est-à-dire spécialiste des termes techniques ou scientifiques. Quel beau métier ! Comment ne pas tomber à la renverse, « halluciner » dirait-on aujourd'hui, devant les séries aussi harmonieuses et réglées que celles de la chimie : *méthane* : composé d'un atome de carbone ; *pentane* : composé de cinq atomes de carbone ; *octane* : composé de huit atomes de carbone, et ainsi de suite. Enfin des mots concrets ! Et à la place des multiples sens du mot *amour* ou des 298 acceptions du verbe anglais *to go* (Rey, 1977), enfin des mots qui n'ont qu'un sens ! Et pourquoi pas un mot par chose et une chose par mot ? Voire. Ce serait trop beau. Mais ce n'est même pas le cas dans des sciences aussi poussées que la chimie, la régularité de cette dernière formant plutôt exception dans l'extraordinaire foisonnement des mots des différentes disciplines.

Ainsi, *arbre* est aussi bien un végétal particulier (botanique), qu'un axe sur lequel s'exerce une rotation (mécanique), un schéma (sciences de l'information), un graphe complexe (mathématiques), une coupe longitudinale (médecine), etc. Terme serait donc, par rapport à un mot ordinaire, une unité de sens technique ou scientifique d'un domaine particulier. Ce à quoi un terme renvoie n'étant pas une imagination mais un objet, ou une action relativement concrète ou, à défaut, bien situable. À noter l'étonnante logique qui lie les sens les uns aux autres. Comme pour *arbre*, *manteau* renvoie par sa forme et sa fonction aussi bien à la toison d'un animal, à la membrane d'un mollusque, à un manteau de neige, au manteau d'une planète, au vêtement tout court : toujours la belle continuité entre la langue commune et la langue spécialisée.

Mais ce jeu de balançoire entre langue commune et langue spécialisée n'est pas sans conséquences sur la forme des mots. « Mot trivial » est ainsi un mot dont la forme n'a rien de savant : *arbre*, *manteau*, etc., qui gardent leur forme ordinaire même dans leur acception technique. « Mot semi-trivial » (dit aussi « semi-systématique ») est un mot dont une partie est de forme savante : *aspirine*, à qui seule la terminaison *-ine* peut être assimilée à une forme savante (*aspir-* n'ayant ici pas de véritable sens). « Mot systématique » enfin, dont tous les constituants ont un sens scientifique : *octane*, composé de huit (*octo*) atomes de carbone (*-ane*).

À l'inverse des mots qui reçoivent plusieurs sens, tout objet recevra plusieurs noms : un logiciel d'apprentissage se dira aussi *logiciel pédagogique*, *logiciel d'enseignement*, *didacticiel*, etc. : exemple parmi d'autres du foisonnement des mots autour des choses… La règle serait donc, en sciences et techniques, non pas tant des formes spéciales (comme *octane*), qui ne sont pas si courantes, mais une multitude de sens spécialisés incarnés dans des formes communes (comme pour *arbre*, *manteau,* etc.).

Quant à un mot par chose et à une chose par mot, c'est à y renoncer. Car c'est là cas rarissimes. Ainsi des termes anglais pour désigner un gestionnaire de site Internet (le terminologue ayant souvent à traiter plusieurs langues à la fois pour en ajuster les équivalents) : *webmaster*, *webmeister*, *webadministrator*, *site administrator*, etc. Et en français : *webmestre*, *gestionnaire web*, *cyberthécaire*, *administrateur de site*, *administrateur de serveur*, *maitre de toile*, etc. (Realiter, 2000). Ce n'est donc pas le vide, l'absence de mots, qui est la règle ; c'est le plein, voire le trop-plein de mots. Et rien de facile à se retrouver dans les mots, dans leur sens et dans les réalités auxquelles ils renvoient, tâche du terminologue. Reste que se créent sans cesse, dans l'usage réel, des substituts aux termes étrangers : de quoi rassurer les farouches défenseurs de la langue française. Et on ne peut qu'être ému devant ce *beau maitre de toile* (pour *webmaster*) : on dirait un peintre sur sa toile…

Emprunter ou créer

Si les mots se transforment et se renouvèlent par images, glissements de sens ou créations de formes, ils évoluent aussi au contact d'autres langues : les nouveautés arrivent souvent sur les ailes de mots venus d'ailleurs. Ainsi l'anglais restitue au français des termes anciens dans des sens modernes, tels *maintenance* ou *fiable*, d'où *fiabilité* (on parlait naguère d'*études de « feasability »* !). Le français ayant, au Moyen Âge, latinisé l'anglais, la parenté joue largement aussi pour les termes construits sur bases latines comme, en génétique, *insertion*, *mutation*, *transposition*, etc., identiques dans les deux langues. Et *container* se mue facilement en *conteneur* grâce au verbe *contenir.* Mais l'emprunt n'a pas toujours cette évidence. *Tour-operator* marque son installation dans le français en s'écrivant et se prononçant progressivement *tour opérator*, puis *tour opérateur* alors que son équivalent *voyagiste* semble aller de soi.

Gare alors aux mots qui prennent en français des sens différents de ceux de leur langue d'origine. S'il y a de la poésie dans le *spleen* ou la *dolce vita*, que le français n'a pas trop déformé…, *starter* peut dérouter : c'est, en français, le dispositif d'aide au démarrage à froid d'un moteur à explosion : c'est-à-dire l'enrichisseur (de mélange). L'anglais dit pour ce dernier *choke*, et non *starter* qui désigne le simple démarreur… Chassés-croisés, dont les langues sont contumières, qui font le désespoir du traducteur et l'utilité du terminologue, expert à débusquer ces pièges. Quant à *localisation*, il n'y a rien à en faire : emprunté directement à l'anglais *localisation,* « adaptation d'un produit à un marché », il introduit un nouveau sens qui rend désormais ambigu le sens usuel de *localisation* en français (fait de situer dans l'espace ou dans le temps). Que proposer d'ailleurs à la place de ce terme qui semble si bien dire la mondialisation ? *Adaptation locale*, *terroirisation*, *tropicalisation* (comme en Afrique) – voire *acculturation,* terme venu de la sociologie (réunion de la Commission ministérielle de terminologie de l'informatique du 27 septembre 1995) ? Le lexicologue-terminologue ne peut que constater : en matière de langue, l'usage, ou plutôt les usages, sont bien plus forts que toute autre logique.

Et si l'on n'emprunte, il faut créer. Les mots peuvent se créer à l'intérieur d'une même langue comme *tiers-monde*, fait sur *tiers état* (Sauvy, 1952) ; ou *télématique* (fait sur téléphone et informatique). Mais ils doivent aussi leur apparition, dans les domaines techniques, à l'influence d'autres langues. Ainsi d'*ordinateur*, qui caractérise la machine non par le fait qu'elle compte (anglais *computer*), mais par le fait qu'elle met en ordre et organise. Le terme fut proposé par le professeur de Sorbonne Jacques Perret dans une lettre du 16 avril 1955 adressée à IBM France : attestation utile au lexicologue, qui a souvent à dater les formes qu'il décrit. Le mot même échappa à l'emprise du féminin, car il faillit être nommé *ordinatrice* (*Les Échos*, 1990). Mais toujours se méfier de l'étymologie ! Car indépendamment des formes attendues par l'évolution phonétique, il est rare de tenir, comme pour *ordinateur*, la première attestation d'un mot et de son étymologie véritable. On sait pour *logiciel*, que le mot fut formé sur *matériel* (traduction française de *hardware*) et sur *logique*, l'ordinateur effectuant des opérations logiques. Il y a d'innombrables batailles qui se jouent, mais après coup, sur la paternité des mots. Et bien des mythologies naissent ainsi !

Mots d'ici et mots d'ailleurs

Ici est-ce bien là ? La question ne se résout pas facilement, même lorsque le lexicologue a affaire aux mots de sa propre langue. Ainsi l'ailleurs peut être dans le français même, comme pour les mots des régions de France. *Cliche* ne se dit pas, en français central, pour la poignée de porte. Mais c'est un des mots du Nord pour la désigner. Isolé là-bas, *cliche* est pourtant pleinement d'ici, car il participe de *clenche* et de *clinche*, qui sont de la famille d'*enclencher* et *déclencher*. De même, l'objet si évident qu'est la serpillière se métamorphose étrangement au long des régions : *cinse* à l'Ouest, elle est *loque à reloqueter* ou *wassingue* dans le Nord, et parfois *panosse* dans une partie du Sud-Est. Quant à la *pelle à poussière* c'est, ici ou là, la *pelle à balayures*, la *pelle à ch'nit*, la *ramassette*, la *ramassoire,* voire le mâle *ramasse-poussière*… Outre qu'il n'est pas toujours facile de restituer les mots et les lieux, il pourrait arriver qu'on ne sache plus trop bien, parfois, quels sont les mots du français central…

L'ailleurs est d'ailleurs parfois proche. Faut-il distinguer français de France et français d'ailleurs ? Ne va-t-on pas *à l'ducasse* (« la fête foraine ») en Belgique comme dans le Nord de la France ? Ne mange-t-on des *rôties* (tartines de pain grillé) çà et là dans l'Ouest de la France et au Canada (où le mot sert d'équivalent à *toast*) ? Y a-t-il une langue française ou des langues françaises ? Quand une langue cesse-t-elle d'être elle-même pour se changer en une autre ? Grandes questions qui mèneraient loin ! Toujours est-il que le lexicologue ne peut éviter de s'interroger sur d'autres usages, comme *confiturer* (« tartiner de confiture »), *amourer* (« faire l'amour »), ou *camembérer* (« sentir des pieds »), usités dans plusieurs pays d'Afrique. Construction verbale qui n'est pas que ludique ; elle reflète la vitalité des verbes en *-er* qui est bien là mais n'éclate pas tant aux yeux en France.

Disons donc pour nous y retrouver qu'il y a des mots particuliers aux régions de France et des mots propres à certaines zones de la francophonie : il existe des régionalismes et des francophonismes. Particularismes vus comme tels, évidemment, à partir d'une vision d'un français dit « central » ! Chacun voyant souvent midi à sa porte, la périphérie pourrait d'ailleurs être nulle part, et le centre partout ! Qui hésiterait à proclamer français la *chichinette* de Marseille (« petite fille qui fait des chichis »), le *traversier* canadien (le *ferry-boat*), ou le *grimpion* suisse (selon une image plus montagnarde de l'arriviste) ? L'Académie française l'a d'ailleurs fait récemment pour *grimpion*, qu'elle a versé dans son dictionnaire. Tout dépend alors de ce que l'on entend par « français », par langue

« française », voire par Académie « française ». Gageons que ce mot a souvent plus une signification politique que linguistique.

Qu'est-ce qu'un mot français ?

Ordinateur, *logiciel*, *conteneur* sont français, sans conteste. *Nénuphar* aussi sans doute, quoique lointainement venu du persan : ce qui lui a récemment valu sa nouvelle orthographe *nénufar*, instituée par la magie rétrospective de l'étymologie. *Management* le serait-il ? Peut-être, mais avec nuances, car il est souvent prononcé « manadjment ». D'où la difficulté d'être de *manageur*, même écrit à la française. *Maintenance* a mieux réussi son retour dans le français car, outre son intégration orthographique et phonique, il prolonge aujourd'hui l'un de ses sens anciens (« maintenir en bon état, particulièrement une terre »). Mais prudence : une forme est sentie française par l'un, et non par l'autre. *Sponsor* ou *kitchenette* ne sont souvent des anglicismes que pour le lexicologue.

Il y a donc bien des nuances entre l'étrangeté et l'assimilation dans la langue – avec toujours des doutes. Tout un « néofrançais » nous fait ainsi nous interroger : *fuel* devient *fioul*, *bypass*, *bipasse*, et *spool*, *spoule*. Le *bug* de l'an 2000 s'est soudain fixé, au détour du siècle, en un *bogue*, par transfert d'un proche féminin (« une bogue de chataigne ») suggéré par sa proximité phonique. Et *monospace* ? féminin ou masculin ? Bien malin qui aurait pu le dire à la création du mot en 1989, fait sur *monocorps* (véhicule dit « d'un seul corps ») et *espace* (extrait de *Renault Espace*, modèle qui lança ce nouveau concept d'automobile). Cette construction aurait pu alerter sur l'étrangeté du mot : *-space* n'étant pas suffixe en français, il était bien difficile de lui donner un genre. Un mot à qui on ne peut attribuer de genre a priori, est-ce un mot français ? Depuis, le masculin s'est imposé (un *monospace*) ; mot et suffixe ont fait boule de neige : *Minispace*, *Multispace* (marques déposées), etc.

Pour le sens, attention aux surprises : aller sur le tarmac reconnaitre ses bagages avant de prendre l'avion sera ainsi la *reconciliation de bagages* (anglais *reconciliation*)… Et *billet ouvert* (*open ticket*) et *vol sec* (sans autre prestation) confèrent aux adjectifs un nouveau sens. Comme s'il n'était pas suffisant que le français de chez nous traite les anglicismes à sa façon, les langues françaises d'ailleurs viennent apporter leurs échos. Les mots anglais sont souvent du genre féminin au Canada : une *job*, une *chewing-gum*, une *sandwich* au poulet chaud… Et le français de Belgique a des anglicismes que nous n'avons guère.

Qu'est-ce donc qu'un mot français ? Tout mot de souche, certes. Mais on voit à certains mots que la souche a voyagé (comme *beigne*, vieux mot de régions de France employé en Amérique du Nord en équivalent de *beignet*). Serait donc français tout mot intégré dans la langue et senti comme tel. C'est là que le sentiment prend place, et détermine assimilation ou étrangeté. Le *ziboulateur* d'Afrique centrale (ou « ouvre-bière »), est-il un mot français ? Fait sur le lingala *zib-* (« fermer »), et *-ul* (son contraire), il reçoit du français le suffixe de nom d'agent *-ateur* qui l'intègre à la langue. Mais son radical fait étrange en français. Sans doute faut-il donc distinguer, dans « français », ce qui parait, à un certain moment, « central », de ce qui l'est moins. Et ce n'est pas parce que *ziboulateur* n'est pas construit sur du latin qu'il serait moins de langue française qu'un autre… Revoilà la grande question : existe-t-il une langue française ou des langues françaises ? C'est que le sens de « français » s'estompe sitôt que l'on cesse d'assimiler « français » à France : la *tabagie* canadienne (bureau de tabac), les *cuissettes* suisses (le short), le *ziboulateur* congolais sont du « français » sans doute, mais non de France. À moins qu'ils ne s'y introduisent… Alors vive les ziboulateurs et ouvre-bières de France et d'Afrique réunies !

Conclusion

Il se dégage ainsi toute une série de dégradés entre l'ici et l'ailleurs, qui vont de la création *ex nihilo* de mots dans la langue à l'emprunt direct (tel *maintenance*), au calque (*souris* pour *mouse*, le calque sous-entendant un processus de traduction), et à l'assimilation orale et écrite (*processeur* pour *processor*). Dégradés parce que le passage de l'un à l'autre est souvent indistinct et échappe aux sens, à la science, à la conscience, voire à la logique ordinaire…

Le lexicologue, maitre des mots, réfléchit donc sur la langue : il est « morphologue », « syntaxier », sémanticien, « langagier » comme on dit au Canada ! Mais toujours, comme l'on disait au XIXe siècle, « vocabuliste » : spécialiste du vocabulaire. Attentif à la création des mots, à leur formation, et à la mode (au sens presque vestimentaire) qui préside à leur évolution. Car mode est, comme en matière vestimentaire, ce qui ne dure pas. Qui oserait encore aujourd'hui inventer des mots comme *kinésithérapeute* ou *thanatopracteur* ? Aujourd'hui, en effet, la mode est plutôt à l'emprunt, aux sigles, aux préfixes (tout devient *euro-*, *éco-*, *hyper-*, *net-*, *e-* (prononcé « i »), au réemploi d'anciens mots (le *néo-*, le *rétro-*, voire le *néo-rétro…*, le *post-*, ou l'*hyper-*), au style bureaucratique *(télévision à accès conditionnel)*, ou à la métaphore (la *fracture sociale,* voire *numérique*).

Le mot, notion souvent rejetée par la linguistique contemporaine, reste donc bien utile pour réfléchir sur la langue. Même une forme qui n'a apparemment pas de sens, comme le bon *bromulateur* qui nous a servi de point de départ, est susceptible d'en recevoir un. C'est d'ailleurs tout le sujet du film. Comme nous attribuons une valeur aux choses, nous en donnons une aussi, collectivement, aux mots. Alors, bonne ziboulation !

BIBLIOGRAPHIE

COLLINOT, A., et MAZIÈRE, F., 1997, *Un prêt-à-parler : le dictionnaire*, Paris, PUF.

Commission ministérielle de terminologie de l'agriculture, 1989, *Glossaire des termes officiels de l'hydraulique du drainage agricole*, Paris, Cemagref-Délégation générale à la langue française.

DEPECKER, L., 1995, *Dictionnaire du français des métiers*, Paris, Le Seuil, « Point virgule ».

DEPECKER, L., 1999, *Guide des mots francophones, Le ziboulateur enchanté,* Paris, Le Seuil, « Point virgule ».

DEPECKER, L., « Le mot *ordinateur* a trente-cinq ans », *Les Échos de l'Économie*, lundi 23 avril 1990.

GUILBERT, L., 1971, « La néologie scientifique et technique », *La Banque des mots*, n° 1, Paris, Conseil international de la langue française.

LEHMANN, A., et MARTIN-BERTHET, F., 1998, *Introduction à la lexicologie. Sémantique et morphologie*, Paris, Dunod, « Lettres Sup. ».

PROVOST, Y. (réal.), MURRAY, M. (animatiste), BOULANGER, J.-C., DUBUC, R., et VALIQUETTE, M. (consultants en terminologie), *J'ai pas dit mon dernier mot*, Montréal, Office national du film du Canada, s.d.

REALITER (Réseau panlatin de terminologie), 2000 (à paraitre), *Lexique des termes panlatins de l'internet*, Hull, Union latine.

REY, A., 1977, *Le Lexique : images et modèles, du dictionnaire à la lexicologie*, Paris, Armand Colin.

REY, A. (dir.), 1992, *Dictionnaire historique de la langue française*, Paris, Le Robert, 2 vol.

SAUVY, A. « Trois mondes, une planète », *L'Observateur*, n° 118, 3e année, 14 août 1952.

ON M'A DIT QUE TU AVAIS CHANGÉ DE NOM ?...
OUI... ANDRÉE KROTT ÉTAIT LOURD À PORTER... TOUT LE MONDE SE MOQUAIT DE MOI ALORS J'AI REPRIS LE NOM DE JEUNE FILLE DE MA MÈRE QUI ÉTAIT : "SENFRAPÉ".
COMME ÇA, JE DEVRAIS ÊTRE TRANQUILLE.

N

comme les noms de lieux et de personnes la quête des origines

par Éva Buchi

Un nom propre, cela ne veut rien dire !

Les tentatives de définir le nom propre sont multiples. La première est d'ordre typographique : est appelé nom propre tout nom qui prend une majuscule. Si cette équivalence – il ne s'agit pas d'une définition : la règle orthographique présuppose une délimitation préalable – est *grosso modo* satisfaisante pour le français contemporain, elle pose des problèmes pour d'autres langues, même romanes (en portugais, les noms de mois s'écrivent avec majuscule), ainsi que pour des états anciens du français (dans les manuscrits du Moyen Âge, les noms communs pouvaient être écrits avec majuscule, et les noms propres avec minuscule). Mais il y a plus grave : inscrire la définition du nom propre dans l'écrit équivaut à circonscrire son apparition aux langues de culture écrite, ce qui est trop réducteur. Personne ne conteste que le kognagui, langue orale du Sénégal, possède des noms propres, ou que le français en a connu avant (et indépendamment de) son passage à l'écrit. D'autres critères allégués sont celui du caractère prétendument intraduisible des noms propres (que des doublets onomastiques comme fr. *Rennes*/bret. *Roazon*, fr. *Neu-*

châtel/all. *Neuenburg* ou fr. le roi *Baudouin*/néerl. Koning *Boudewijn* viennent infirmer), celui de son incompatibilité avec l'article (mais le français familier connait bien des emplois comme *l'Annie, le Bernard*, et que dire d'un énoncé comme « Le Racine des pièces bibliques ne vaut pas celui des tragédies » ?), ou encore celui de l'unicité du référent (qui s'applique sans doute pour *Lyon*, nom d'une seule ville, mais certainement pas pour *Marie*, nom de beaucoup de femmes). Le critère le plus satisfaisant est cependant d'ordre sémantique : les noms propres ne signifient pas, ou du moins ils ne signifient pas de la même manière que les noms communs. *Cycliste* peut se définir par « personne qui se déplace à bicyclette ou qui pratique le sport de la bicyclette », tandis que le nom de famille *Poulidor* ne renvoie pas à une classe de personnes qui ont des traits définitoires en commun. Pourtant, s'il est possible de dire d'un coureur cycliste : « C'est un Poulidor », c'est bien que *Poulidor* véhicule un certain sens (allusion aux exploits sportifs de Poupou et/ou à sa position d'éternel second). Pourtant, à la différence des noms communs, ce sens ne concerne pas les caractéristiques inhérentes du référent, mais seulement certains de ses attributs : un Poulidor n'est pas un clone de Raymond Poulidor, mais quelqu'un qui possède l'une ou l'autre des qualités que l'on reconnaissait au célèbre coureur. Bien évidemment, le sens connotatif (c'est ainsi qu'on appelle techniquement ce sens particulier) que les noms propres peuvent véhiculer n'a aucun rapport avec leur étymologie. En dernière analyse, la vraie nature du nom propre réside non pas dans le discours ou dans la langue, mais dans notre manière d'appréhender le monde, autrement dit dans la cognition. En associant un nom propre (de lieu ou de personne) à un particulier, on le désigne directement, sans l'intermédiaire d'un concept, d'un faisceau de propriétés qu'il partagerait avec d'éventuels autres membres de sa catégorie. Ainsi, les Marie n'ont en commun – à part le fait d'être des femmes, caractéristique qu'elles partagent avec les Valérie, les Doriane et autres Nadège – que de s'appeler *Marie* (ce qui n'est nullement innocent : de la part des parents, le choix de ce prénom peut traduire une référence à la simplicité, à la pureté, ou encore à la sainteté). De façon analogue, le commun dénominateur de tous les *La Ferté* est de désigner des localités mineures (FRA/ Ardennes, Cher, Indre, Jura, Nièvre, Somme) – caractéristique qu'ils partagent avec beaucoup de noms de lieux. Contrairement aux noms communs comme *cycliste* ou *village*, aucun concept ne les réunit tout en excluant toute autre entité. Il est donc inexact de dire que tel nom de lieu ou de personne signifie ceci ou cela : c'est l'étymon – le mot du lexique qui est, directement ou indirectement, à l'origine du nom propre – qui signifie, tandis que le nom propre ne fait que désigner.

Des « super-forteresses » et autres possessions : la stratification historique de la toponymie gallo-romane

Peu soumis au besoin d'expressivité du langage et influencés par des phénomènes de mode qu'une seule fois, lors de leur formation, les noms de lieux constituent la partie la moins mouvante, la plus conservatrice du langage. Ainsi, on relève dans le stock toponymique des pays francophones des vestiges, bien plus nombreux que dans le lexique, des différentes langues qui y furent parlées anciennement, et même de celles, comme le gaulois, qui sont éteintes depuis bien des siècles. Ainsi, en fonction de l'époque de leur formation et de la région concernée, les noms de lieux en question représentent la fixation d'un élément appartenant à telle ou telle langue d'origine. Le tableau suivant schématise l'ordre des langues parlées successivement sur le territoire de l'ancienne Gaule, en partant des langues préceltiques, dont la toponymie fournit souvent le seul témoignage, jusqu'au français, omniprésent à l'époque contemporaine.

<table>
<tr><td>domaines →
temps
↑</td><td colspan="3">domaines romans</td><td>domaines non romans</td></tr>
<tr><td></td><td>domaine français (France du Nord /Wallonie/ Jura suisse)</td><td>domaine franco-provençal (Forez, Dauphiné, Savoie/Suisse romande sauf Jura)</td><td>domaine occitan (midi de la France)</td><td>Alsace et Lorraine germanophones Flandres Bretagne</td></tr>
<tr><td>hégémonique au moins depuis la Révolution</td><td colspan="4">FRANÇAIS</td></tr>
<tr><td>depuis le VIIIe siècle au plus tard (de moins en moins au XXe siècle)</td><td>parlers d'oïl (français)</td><td>parlers franco-provençaux</td><td>parlers occitans</td><td rowspan="2">germanique : allemand (dont alsacien) flamand (néerlandais) celtique : breton</td></tr>
<tr><td rowspan="2">autour de 500 (langues parlées par des non-autochtones venus s'établir en Gaule)</td><td>ancien bas francique</td><td>burgonde (gothique ?)</td><td>gothique</td></tr>
<tr><td colspan="3">(langues germaniques, non adoptées par la population autochtone)</td><td>(langues adoptées par la population autochtone)</td></tr>
<tr><td>IIe (Sud)/Ier (Nord) siècle av. J.-C. -VIIIe siècle apr. J.-C. au plus tard</td><td colspan="4">LATIN ET PROTOROMAN(S)
(ancêtre(s) du français, du franco-provençal, de l'occitan, et – dans les Pyrénées-Orientales, du catalan)</td></tr>
<tr><td>env. 300 av. J.-C. -200 après J.-C. au minimum</td><td colspan="4">gaulois (langue celtique)</td></tr>
<tr><td>depuis une date indéterminée</td><td colspan="4">langues préceltiques
(dont l'une s'est maintenue au Pays Basque)</td></tr>
</table>

Tableau 1. *Les langues parlées sur le territoire de l'ancienne Gaule*

Bien peu de toponymes remontent de façon sûre à la couche préceltique. La comparaison avec l'espagnol (dans cette langue, *nava* veut dire « plaine entre montagnes ») permet de faire remonter une série de noms de lieux à un « préceltique indo-européen » **nava*, qui devait avoir le sens de « vallée » : *Naves* (FRA/Allier, Corrèze, Savoie, etc.), *Naives*-en-Blois (FRA/Meuse), *Naives*-Rosières (FRA/Meuse) ; en effet, les localités ainsi dénommées sont toutes situées dans une combe.

La couche celtique est notamment représentée par la série des noms de lieux formés sur le gaulois **dunum* « mont, enceinte fortifiée », par exemple le type *Verdun* (FRA/Ariège, Aude, Meuse, Saône-et-Loire, Tarn-et-Garonne) qui fait intervenir la particule intensive **ver* – le chanoine Nègre glose par « super-forteresse », formule qui ne manque pas de piquant quand on pense aux évènements de 1916.

La toponymie de l'ancienne Gaule de l'époque romaine (latine) est intimement liée à l'appropriation privée et à la confection du cadastre : bon nombre de toponymes créés pendant cette période sont d'anciens noms d'exploitations agricoles formés du nom du propriétaire affublé d'un suffixe, un élément *fundus* (« domaine, propriété ») ou *villa* (« ferme ») étant sous-entendu. Trois suffixes latins sont particulièrement fréquents : *-(i)acum* (dans l'ensemble du domaine), *-anum* (surtout en Occitanie) et *-anicum* (surtout dans le Massif central). Pour le premier, on relève par exemple, formés sur le nom de personne ALBINIUS, les noms de lieux *Aubigny* (FRA/Deux-Sèvres) et *Albignac* (FRA/Corrèze) ; formé sur LAURENTIUS, *Lorcé* (BEL/Liège) ; ou, formé sur MARTINIUS, le toponyme *Martigny* (SUI/Valais). Les suffixes *-anum* (*Draguignan*, FRA/Var, de DRACONIUS + *-anum*) et *-anicum* (*Jullianges*, FRA/Haute-Loire, de JULIUS + pluriel *-anicas)* ne se retrouvent quasiment que dans le domaine occitan, où la romanisation a été plus précoce et plus dense que dans le Nord.

La couche germanique, si elle atteste la présence sur notre sol de langues appartenant à un groupe nettement distinct des langues romanes, se rapproche de la couche gallo-latine par son caractère foncier : la majorité des noms de lieux formés à cette époque représentent des noms de domaines dans lesquels s'est fixé à jamais le nom du (premier ?) propriétaire. Ainsi *Posanges* (FRA/Côte-d'Or), nom d'une commune actuelle formé avec le suffixe d'origine germanique *-ing*, désignait à l'origine un domaine appartenant à un certain *Boso*, *Rabastens* (FRA/Tarn) celui d'un nommé *(H) ratgast*. On retrouve ce même suffixe *-ing*, sous des formes régionales variables, en Wallonie et en Suisse romande : *Gobertange* (BEL/Brabant wallon), domaine d'un personnage appelé *Godabert* ; *Berlens* (SUI/Fribourg), ancienne possession d'un nommé *Berilo*.

À partir de l'avènement des Capétiens, et durant tout le Moyen Âge, les nouvelles fondations prennent des noms empruntés aux langues parlées par la population : français au nord de la Loire, occitan au sud, franco-provençal à l'est du domaine (autour de Lyon et de Grenoble et dans la majeure partie de la Suisse romande). Les toponymes de cette couche contiennent souvent l'article, catégorie grammaticale inconnue du latin ; ainsi les *La Ferté* du nord de la France, qui remontent à l'ancien français *ferté* au sens de « forteresse », ou les *Labastide* du Midi, qui se rattachent à l'occitan *bastida* « métairie ; fortification ». D'autre part, le modèle de composition évolue, l'ordre repris aux langues germaniques (*Guyancourt* [FRA/Yvelines] < NP GUDINUS + latin tardif *cortis* « domaine » ; *cf.*, en domaine alsacien, *Rixheim* [FRA/Haut-Rhin] < NP RICHINI + germanique *heim* « ferme ») étant de plus en plus concurrencé par l'ordre roman. Ainsi *Mézidon*-Canon (FRA/Calvados) remonte à l'ancien français *mes*, au sens de « ferme », précisé par le nom de personne *Odo* (la première attestation du nom de lieu, du XIe siècle, porte la forme *Mesodon*). À un niveau abstrait, ce nouveau type de formation pourrait être rendu par « domaine-Odo » (déterminé + déterminant), alors que celui de l'époque germanique répondait au type « Gudinus-domaine » (déterminant + déterminé). Mais, même si l'ordre d'apparition des deux éléments est souvent inversé, le fait marquant reste l'importance des noms de domaines : le système de dénomination demeure ancré dans la propriété foncière.

La couche la plus récente de notre toponymie est constituée des noms de lieux issus d'une francisation de toponymes d'origine allophone. Ainsi *La Feuillée* représente la traduction du nom breton (*an Folled*) d'une commune du Finistère, *La Teste de Buch* (FRA/Gironde) celle du nom gascon *Cap de Buch* (à interpréter en « capitale du pays de Buch »).

Des Petit, Robert et Larousse : la catégorisation étymologique de l'anthroponymie gallo-romane

Si la toponymie des pays francophones d'Europe garde encore aujourd'hui des traces des différentes langues parlées successivement sur leur territoire, leur anthroponymie a moins de profondeur historique. Rien ne subsiste des noms de personnes préceltiques, pas plus que des *Dagodurnus*, *Nertomaros* et *Vercingétorix* des Gaulois. Quant au système complexe latin (prénom, éventuellement gentilice, et surnom : *Caius Julius Caesar*), il fut sacrifié sur l'autel du christianisme, qui exigeait des convertis qu'ils adoptent un nouveau nom, latin ou germanique, païen ou religieux, pourvu que fût effacé tout lien explicite avec la personne avant sa conversion. Ce système à nom unique, qui correspondait d'ailleurs aux habitudes des Germains, s'imposa dès le haut Moyen Âge ; il s'agit là des ancêtres de nos prénoms. Assez naturellement, l'anthroponymie latine, abandonnée dans sa structure, fut par la suite délaissée dans ses unités constituantes au profit des noms germaniques. En effet, si le prestige de la culture latine incita les Germains venus s'installer en Gaule à abandonner leurs langues maternelles respectives, c'est l'inverse qui se produisit pour l'anthroponymie : les noms d'origine germanique furent la grande mode du Moyen Âge (dès le VIe siècle pour certaines régions, au IXe siècle sur l'ensemble du territoire). En règle générale, ils étaient composés de deux éléments, que le locuteur moderne ne distingue plus dans leur représentant roman : *Bern-* « ours » + *-hard* « dur, fort » > *Bernard*, *Hrod-* « gloire » + *-berht* « brillant, illustre » > *Robert*, *Land-* « pays » + *-berht* « brillant, illustre » > *Lambert*, *Ric-* « puissant » + *-hard* « dur, fort » > *Richard*. Les noms germaniques finirent par évincer presque complètement le stock des noms latins, mais ces derniers vécurent une sorte de renaissance à partir du XIe siècle, quand on commença à avoir recours à des noms de saints comme noms de baptême (*Laurent* < *Laurentius*, *Martin* < *Martinus*, à côté de noms bibliques comme *Simon* et *Thomas*) – pratique rendue obligatoire en 1563 par le concile de Trente et qui perdura en grande partie jusqu'au XXe siècle.

Or le culte des saints engendra un tel appauvrissement du fonds des noms de baptême que les homonymies fâcheuses se firent trop nombreuses. Dans un souci de distinguer les différents porteurs d'un même nom, les actes ajoutèrent ainsi diverses précisions, à commencer par la filiation, au nom de baptême : *Stephanus Martini unicus filius* (littéralement, « Étienne, l'unique fils de Martin », attestation relevée au milieu du XIe siècle à Vendôme). Par élision de *filius*, on aboutit à des chaines onomastiques comme *Petrus Martini* (« Pierre de Martin », au XIIIe siècle à La Rochelle). À côté du nom du père, on fait mention du métier exercé, du lieu d'habitation ou d'origine, ou d'un élément de description de la personne. Ces surnoms, dont l'usage s'imposa à la fin du Moyen Âge, sont à considérer comme les ancêtres de nos noms de familles actuels. Mais dans un premier temps, ils n'étaient pas transmissibles : les fils portaient un second nom différent de celui de leur père. La fixation des surnoms – comme noms de famille héréditaires, encouragée par la tenue de registres paroissiaux dans le but d'établir la filiation – fut plus ou moins rapide selon la couche sociale (elle partit de la noblesse pour atteindre, après les bourgeois, les paysans), l'habitat (elle concerna les citadins avant les ruraux) et la région (l'Ouest avant l'Est). Ce n'est qu'après la Révolution que le nom de famille devint presque entièrement immuable.

Nos noms de famille actuels se subdivisent en quatre catégories nettement distinctes. La première comprend ceux qui se rattachent à un nom de personne, plus précisément à un nom de baptême (*Martin*, *Robert*, *Simon*) ; en règle générale, c'est celui du père du premier porteur, d'où le terme technique de patronyme, les noms de famille comme *Martine*, *Lamartine* étant appelés des matronymes. La deuxième catégorie réunit ceux qui remontent à un nom de lieu et qui représentent donc la fixation de chaines anthroponymiques mentionnant le lieu de résidence ou d'origine du premier porteur. Contrairement à ceux de la première catégorie, que l'on relève sur des aires assez vastes, ces derniers sont en général très fortement implantés dans une région donnée, tel le nom de famille *Maulévrier* (restreint presque exclusivement au Maine-et-Loire et aux Deux-Sèvres), qui se rattache au toponyme *Maulévrier* du Maine-et-Loire. La troisième catégorie est constituée par les noms de famille d'origine lexicale, qu'il s'agisse de noms de métiers (par exemple la série des noms se rattachant aux dénominations du forgeron : *Fabre*, *Fabret*, *Faivre*, *Faure*, *Faurel*, *Favre*, *Favrichon*, *Fèvre*, *Lefebvre*, *Lefeuvre*), de noms rappelant la situation de la maison du premier porteur (*Dubois*, *Dumont*, *Dupont*) ou de sobriquets plus ou moins moqueurs (*Petit*, *Dupetit*, *Petitot ; Roux*, *Leroux*, *Larousse*, *Rousseau*, *Rossinot* ; *Sot*, *Lesot*). Enfin, une dernière catégorie, très minoritaire, concerne les noms de famille qui s'expliquent par un fragment de discours, comme *Cheramy*, surnom attribué à l'origine à un individu qui s'adressait fréquemment à ses interlocuteurs par l'interpellation *cher ami* !

À la fin du XXe siècle, on recense plus de 800 000 noms de famille différents en France, et quelque 115 000 dans les provinces francophones de Belgique, dont bien sûr un certain nombre de noms d'origine étrangère. Parmi eux, les plus fréquents sont constitués, comme le montre le tableau suivant, de noms de baptême et de surnoms lexicaux originels.

Rang	France	Catégorie	Wallonie	Catégorie
1	*Martin*	nom de baptême	*Dubois*	surnom lexical
2	*Bernard*	nom de baptême	*Lambert*	nom de baptême
3	*Thomas*	nom de baptême	*Martin*	nom de baptême
4	*Petit*	surnom lexical	*Dumont*	surnom lexical
5	*Robert*	nom de baptême	*Dupont*	surnom lexical
6	*Richard*	nom de baptême	*Leclercq*	surnom lexical
7	*Durand*	nom de baptême	*Simon*	nom de baptême
8	*Dubois*	surnom lexical	*Laurent*	nom de baptême
9	*Moreau*	surnom lexical	*Renard*	nom de baptême
10	*Laurent*	nom de baptême	*Lejeune*	surnom lexical

Tableau 2. *Les noms de famille les plus fréquents de France et de Wallonie*

Les noms de famille moins diffusés portent souvent l'empreinte de la région où ils prirent naissance. Il en va ainsi pour le petit ensemble de noms s'expliquant par la désignation du grillon : aux *Grillon* du Centre de la France et du Jura suisse s'opposent les *Grelet* vendéens, les *Grillet* savoyards, les *Gril* languedociens et les *Grit* gascons, comme autant d'échos des noms respectifs de l'insecte dans les parlers de ces différentes régions. Mais la pression du français central fut marquante sur l'ensemble du domaine, de sorte que la quasi-totalité des noms de famille franco-provençaux et une partie non négligeable de ceux du domaine occitan ne survivent aujourd'hui que sous une forme plus ou moins francisée. En résumé, tant en toponymie qu'en anthroponymie, l'action du français s'est donc exercée à deux reprises, par des canaux bien distincts : au Moyen Âge, et notamment à travers ses dialectes, par la création de toutes pièces de noms de lieux et de personnes ; plus récemment, et en tout cas depuis le XVIe siècle, dans le cadre d'une vaste activité de renomination caractéristique de toute situation de dominance linguistique.

Bibliographie

DAUZAT, A., 1988 [1949], *Traité d'anthroponymie française. Les noms de famille de France*, Paris, Guénégaud.

FORDANT, L., 1999, *Atlas des noms de famille en France*, Paris, Archives et Culture.

GERMAIN, J., et PIERRET, J.-M., 1997, « Onomastique », *Le Français en Belgique*, Louvain-la-Neuve, Duculot, 207-22.

HERBILLON, J., 1986, *Les Noms des communes de Wallonie*, Bruxelles, Crédit Communal.

HERBILLON, J., GERMAIN, J., 1996, *Dictionnaire des noms de famille en Belgique romane et dans les régions limitrophes (Flandre, France du Nord, Luxembourg)*, 2 vol., Bruxelles, Crédit Communal.

JACCARD, H., 1978 [1906], *Essai de toponymie. Origine des noms de lieux habités et des lieux dits de la Suisse romande*, Genève, Slatkine.

JONASSON, K., 1994, *Le Nom propre. Constructions et interprétations*, Louvain-la-Neuve, Duculot.

KREMER, D., (coord.), 1997, *Dictionnaire historique de l'anthroponymie romane (PatRom). Présentation d'un projet*, Tübingen, Niemeyer.

MORLET, M.-T., 1997, *Dictionnaire étymologique des noms de famille*, Paris, Perrin.

MÜLLER, W., 1990, « Anthroponymie. Suisse », *in* HOLTUS, G. et *al.*, *Lexikon der Romanistischen Linguistik*, Tübingen, Niemeyer, 544-8.

NÈGRE, E., 1990/1991, *Toponymie générale de la France. Étymologie de 35 000 noms de lieux*, 3 vol., Genève, Droz.

MOI, JE NE FAIS AUCUNE FAUTE D'ORTHOGRAPHE QUAND JE PARLE ET AUCUNE FAUTE DE PRONONCIATION QUAND JE FAIS UNE DICTÉE.
ET AUCUNE FAUTE DE GOÛT QUAND TU NE T'HABILLES PAS.

O

comme l'orthographe, un monstre sacré ?

par Jean-Marie Klinkenberg

L'orthographe est une écriture

L'écriture est une de ces inventions qui ont révolutionné la vie de l'humanité. En une première approximation, on peut la définir comme un ensemble de techniques visant à compenser deux défauts de la parole orale : son caractère fugace, volatile, et son faible rayon d'action. L'écriture permet à la parole de se jouer de ces frontières : elle la rend transmissible dans le temps et dans l'espace ; elle permet de stocker et de transmettre les informations, sans plus tenir compte des contraintes de temps et d'espace, ni des limites et des faiblesses de la mémoire. Des techniques connexes nouvelles ont permis d'augmenter les performances de cette invention : l'imprimerie, qui permit la multiplication économique de l'écrit, puis les supports magnétiques divers, qui autorisèrent, outre sa multiplication, son traitement, son compactage et qui surtout, rendit sa transmission encore plus aisée. Aujourd'hui, contrairement aux prophéties de ceux qui avaient prédit sa disparition devant les techniques audiovisuelles, l'écrit est plus présent que jamais dans nos cultures.

Faisons comme si l'écriture n'était qu'un simple substitut visuel de la parole (ce qu'elle n'est pas). On pourrait alors dire que l'humanité avait, pour encoder celle-ci, le choix entre deux techniques : soit elle allait noter les signifiants linguistiques (en gros : les sons et certains faits comme le ton ou l'intonation), soit elle allait opter pour une notation des signifiés (en gros : les concepts). Elle a choisi tantôt l'une tantôt l'autre de ces solutions. On a ainsi d'un côté des écritures « phonographiques » – qui-écrivent-le-son –, et de l'autre des écritures « idéographiques » – qui-écrivent-l'idée. Si les caractères du chinois, les hiéroglyphes égyptiens – et même nos chiffres arabes – sont des représentants de la seconde technique, l'écriture cyrillique de certaines langues slaves, l'écriture arabe, l'écriture hébraïque, le hangul coréen, les écritures syllabiques du Moyen-Orient sont des techniques de la première famille. Malgré les avantages de l'idéographie – qui est sa relative universalité (le même système de signe peut servir à écrire deux langues très différentes, comme le chinois et le japonais ; et « 2 », par exemple, se lit, selon les cas, « deux », « dois », « twee », « i ») – l'humanité se tourne de plus en plus vers les systèmes phonographiques, sans doute à cause de leur relative économie : le nombre de sons d'une langue étant toujours relativement faible, le nombre de signes graphiques est modeste aussi. D'où la facilité d'emploi d'un système phonographique : mémorisation aisée, larges possibilités de transcription mécanique, etc. Son désavantage est que pour manipuler correctement une telle écriture, il faut connaitre la langue : je puis savoir lire tout haut un texte hongrois ou slovène sans y comprendre un traitre mot. Parmi ces écritures phonographiques, il en est une qui allait connaitre un destin prodigieux : l'écriture latine. Dérivée de l'écriture grecque, celle-ci allait servir à noter le latin et les langues qui en sont issues – l'espagnol, l'italien, le portugais, le français – mais bien d'autres langues encore, de l'anglais à l'indonésien, du polonais au vietnamien, et du breton au turc.

Ce serait cependant simplifier le problème de l'écriture que de la ramener à un simple rôle de codage de la parole, dans lequel on n'aurait le choix qu'entre deux techniques. Il faut d'abord noter que les deux modèles décrits n'apparaissent pas de manière pure : les écritures sont souvent composites (par exemple, dans les hiéroglyphes égyptiens, certains signes sont idéographiques et d'autres sont phonographiques). Mais surtout, l'écriture a, au long de l'histoire, conquis une certaine autonomie par rapport aux sons et aux concepts d'une langue. Prenons par exemple le *-s* du pluriel en français : ce signe ne vaut pour aucune unité phonétique (sauf lorsqu'il note un *-z* de liaison), mais il signale simplement une valeur particulière du mot qu'il accompagne : la valeur de nombre. On dira donc qu'il a une valeur morphologique. En s'éloignant plus encore de la parole, et en jouant de son statut visuel, l'écriture peut signifier bien d'autres choses encore : le jeu des graisses, des corps, des italiques peut distinguer l'importance relative ou le statut des passages d'un texte (citation, mots étrangers, etc.) comme la couleur des lettres dans un manuscrit (enluminures), un imprimé (missel) ou une inscription monumentale. La ponctuation est un de ces systèmes relativement autonomes par rapport à la parole : elle peut servir à indiquer les frontières d'une phrase, mais aussi la valeur particulière (ironique, par exemple) qu'il faut donner à un ensemble de mots.

Dans toutes les civilisations, l'écriture a été investie de valeurs sociales et religieuses considérables. On peut le comprendre, puisqu'elle a toujours été une technique assez sophistiquée, qui permet d'avoir la maitrise du présent (les comptes d'un groupe, les lois d'une collectivité) comme du passé (puisque l'histoire, c'est ce qui a été digne d'être écrit). Elle donne donc une puissance qui permet d'agir sur l'avenir. D'ailleurs, aujourd'hui, l'entrepreneur le plus riche du monde n'est-il pas quelqu'un qui vend essentiellement de l'écriture ?

L'orthographe, écriture du français

Le français n'est rien d'autre que la transformation du latin parlé en Gaule. On a commencé à ressentir, à partir du IXe siècle, le besoin d'écrire cette variété de langue, à côté de sa grande sœur latine. Pour transcrire ce qui n'avait pas encore de nom et qui allait devenir le français, on ne pouvait bien évidemment recourir à un autre système qu'à celui de l'écriture latine : aucune liberté n'était imaginable vis-à-vis d'un modèle historique aussi prestigieux et aussi présent dans la société de l'époque.

L'écriture phonographique du latin, qui ne comporte qu'une vingtaine de signes, était relativement bien adaptée à cet idiome. Mais il ne l'était guère pour la langue en gestation ! Et il le sera encore moins au fur et à mesure que celle-ci, en évoluant, va devenir le français. En effet, le français va peu à peu développer une structure phonématique originale : ne compte-t-il pas, à l'époque moderne, environ 36 phonèmes ?

Ceux qui ont voulu écrire le français ont donc été condamnés au bricolage. Phonographique dans son principe, l'écriture du français devra recourir, pour noter ses phonèmes nouveaux, à deux grands types de techniques.

D'un côté, on pourra inventer des signes, soit pour noter des sons nouveaux, soit pour éviter des confusions produites par l'évolution. C'est ainsi que l'on introduira le *-j*, pour distinguer *-i* de *-j*, que l'on différenciera *-u* et *-v*, que l'on créera *-k* et *-w* et que l'on concevra les accents *-é* et *-è*. Mais ces signes nouveaux seront l'exception.

Un second type de technique aura plus de succès : celle des combinaisons, où un signe donné n'a une valeur phonétique précise qu'en fonction de son environnement. Au long de l'évolution de la langue, chaque signe de l'écriture prend ainsi une série de valeurs, y compris une valeur phonétiquement nulle (c'est-à-dire que le signe ne se prononcera pas) : *-x*, par exemple, peut se lire « ks », « gz », « s » ou encore ne pas se prononcer. Pour connaitre la valeur exacte d'un signe, il faut tenir compte de deux facteurs : la position de ce signe par rapport à ses voisins, et sa position dans le mot. Exemple du premier facteur : un *-g* devant *-a*, *-o* ou *-u* se prononcera généralement « g » (comme dans *garçon*, *gout* ou *gugusse*) ; par contre, s'il est suivi de *-i*, *-e* (*-é* ou *-è*), il se prononcera comme un « j » (comme dans *giratoire*, *gens*, *gémir*, *gère*). Exemple du second facteur : nombre de consonnes ne se prononcent pas lorsqu'elles sont en finale du mot : le *-t* de *met*, le *-s* de *garçons*. Progressivement, un certain nombre de signes se sont ainsi vu attribuer, outre une ou plusieurs valeurs phonétiques propres, une valeur diacritique. C'est-à-dire que ces signes ont pour fonction de renseigner sur la prononciation des lettres voisines. Par exemple, en s'intercalant entre *-g* d'une part, et *-i*, *-e*, *-é* ou *-è* de l'autre, un *-u* permet de garder à *-g* sa fonction de base et de ne pas être prononcé « j » : c'est le cas dans *guitare*, *guerre*, *guérir* et *guère*.

Un tel système est vite d'une complexité effroyable : en effet, d'un côté, comme on l'a vu, un même signe peut avoir de nombreuses valeurs ; et la chose s'aggrave lorsque ces signes se groupent (e*st* se prononce « è » lorsqu'il est la troisième personne du singulier du verbe être – « il est » –, mais toutes ses lettres se prononcent lorsqu'il désigne un point cardinal : « le vent d'est »). De l'autre, pour une prononciation donnée, on peut recourir à de nombreuses combinaisons : le son « è » peut ainsi se transcrire par *-è*, mais aussi par des groupes comme *-est*, *-ais*, *-ait*, *-et* ou *-êt*. Cette complexité, liée à l'évolution de la langue, ouvrira l'espace où les fonctions des signes graphiques vont se multiplier, et fera partiellement perdre à l'écriture du français ses fonctions phonographiques : on verra naitre des fonctions morphologiques ou syntaxiques, et certains n'hésiteront pas à dire que le français, devant se lire par blocs de signes, ressemble de plus en plus à un système idéographique.

Cette disparité est due au fait que l'orthographe n'a jamais été fixée par des experts qui auraient jeté un regard d'ensemble sur le système. L'orthographe française offre ainsi plusieurs strates historiques d'innovations, et ne se soucie pas de cohérence (pourquoi, par exemple, des accents sur *-é* et *-è*, mais pas d'accents pour distinguer les deux *-o*, celui de *peau* et celui de *pot* ?).

Jetons un coup d'œil sur cette histoire.

De l'inventivité à la fixité : quatre étapes

Lors de l'étape primitive, qui va du Xe au XIIe siècle, l'écriture française est relativement phonologique – tout en ayant quelque peine à noter correctement les voyelles et surtout les diphtongues. Elle s'adapte tant bien que mal à l'évolution phonétique. Toutefois, elle est très fluctuante. Entre autres parce qu'elle doit s'adapter aux variations régionales d'une langue encore imparfaitement standardisée ; mais elle peut même varier à l'intérieur d'un seul et unique texte. Toutefois, on note déjà de nombreuses entorses au principe central d'une écriture phonographique (et qui serait : tout son s'écrit d'une seule manière et tout signe n'a qu'une valeur). En effet, *-u* peut noter « u » et « ou », *-i* peut renvoyer à « i », « y » (comme dans *yes*) ou *-j*, *-o* peut transcrire le « o » de *pot*, « ou », ou encore des diphtongues comme « o-ou ». À l'inverse, un même complexe sonore comme « ts » peut être noté *-c* devant voyelle, mais *-z* en finale.

La deuxième étape, qui va du XIIIe au XIVe siècle, est celle d'une complexification plus radicale encore. À cette époque, la structure de la langue connait des mutations telles que les techniques d'écriture précédemment mises au point se révèlent vite inadaptées et que l'orthographe s'éloigne du modèle phonographique. C'est de cette époque que date une bonne partie des difficultés de l'orthographe française. Les directions qu'elle prend alors sont influencées par ceux qui ont fait de l'écriture une véritable profession, une profession au service du pouvoir : les scribes. Or ceux-ci sont habités par une véritable rage étymologisante, qui les pousse à rapprocher la graphie française de l'origine latine du mot : on ajoute ainsi un *-g* et un *-t* à *doigt* en souvenir de *digitus*, un *-d* à *pied* pour rappeler *pedem*, etc. Les fonctionnaires sont aussi poussés par des préoccupations esthétiques (des préoccupations qui expliquent certains emplois du *-y*, qui descend joliment en dessous de la ligne) ainsi que par le souci de distinguer les mots homophones. C'est ainsi que l'on prend l'habitude d'écrire différemment *conter* et *compter*. Mais l'essentiel est que l'on met au point des techniques qui vont permettre de rendre compte des nouveautés phonétiques sans augmenter le nombre de signes. Les consonnes muettes sont donc, de plus en plus, appelées à jouer un rôle diacritique ou morphologique. Mais rien n'est systématique. L'étymologisme aboutit souvent à des disparités, et il arrive parfois que le savoir des scribes soit pris en défaut. Ils écrivent par exemple *sçavoir* à cause du latin *scire*, qui veut bien dire « savoir », mais le mot français provient en fait de *sapere* ! Nous écrivons encore *poids* parce que des ignorants ont cru que le mot venait de *pondus*, alors qu'il vient de *pensum*...

La troisième étape, qui va du XVIe au XVIIe siècle, est celle des affrontements. L'imprimerie modifie les données du problème, et certains imprimeurs courageux veulent rendre compte des originalités du français, par exemple en recourant à la technique des accents, de la cédille et de l'apostrophe. Mais ils le font parfois au prix d'innovations révolutionnaires – certains inventent de nombreux signes inédits – et d'application délicate. Opposés aux remuants imprimeurs et aux écrivains qui les côtoient, les conservateurs mettent en avant « l'usage », et prolongent donc la vie des techniques mises au point à l'époque précédente tout en les perfectionnant (comme Robert Estienne avec son *Dictionnaire françois latin*, 1549). Et c'est de ce côté que penchera la balance ! Au XVIIe siècle, l'Académie devient la gestionnaire de la langue et publie son dictionnaire (1694), inspiré par les techniques traditionnelles. La mise au point se poursuit donc de solutions où les lettres jouent un rôle diacritique (par exemple, un *-e* peut donner la valeur « s » à un *c*, comme dans *aperceut*).

Il faut cependant noter deux choses. La première est que règne ce que l'on peut nommer un véritable libéralisme orthographique : l'orthographe varie toujours selon les écrivains, les éditeurs et les fabricants de dictionnaires – comme par exemple Richelet (1680), inspiré par les idées progressistes des précieuses, ou Féraud (1761 et 1787) –, et les gens continuent à écrire à leur guise sans encourir d'opprobre. L'élaboration d'une norme n'avait donc pas nécessairement l'impact social qu'on imagine parfois. La deuxième chose est que l'Académie admettra certaines réformes que l'on a peine à imaginer aujourd'hui (par exemple, dans l'édition de 1740 de son dictionnaire, elle supprime le *y* en finale et de nombreuses consonnes muettes).

La quatrième étape est celle de la normalisation. L'orthographe française – qui suit moins l'évolution de la langue que celle de l'allemand ou du néerlandais, par exemple – tend à se fixer, et c'en est fini du libéralisme orthographique. Au XIXe siècle, les besoins de l'économie rendent indispensable la capacité à savoir lire (mais moins celle d'écrire...), et l'enseignement primaire devient obligatoire. À cette occasion, l'orthographe académique devient une norme, et s'érige en critère de sélection sociale. C'est alors que nait la notion de « faute » ; l'orthographe est d'ailleurs réputée en crise depuis cette époque ! (ce que ne démontre aucune étude sérieuse). En dépit de quelques modestes aménagements (décrets de tolérance de 1900 et de 1901), de timides et partielles tentatives de réforme et de la perte du monopole de fait de l'Académie sur l'orthographe, cette dernière ne variera plus guère. L'idée de réforme, revenant régulièrement, suscite chaque fois des levées de boucliers et des discours polémiques où les arguments, généralement irrationnels et fondés sur une information défectueuse, ne se sont pas renouvelés depuis cent cinquante ans.

Les rectifications de 1990

Les rectifications élaborées par le Conseil supérieur de la langue française en 1990 et publiées au *Journal officiel* français ont été approuvées par l'Académie française ainsi que par les organismes de gestion linguistique du Québec et de Belgique francophone. Elles commencent à être appliquées par certaines revues, et se sont progressivement introduites dans le dictionnaire de l'Académie française ainsi que dans certains autres. Ce projet qui a tant fait couler d'encre n'envisageait qu'un très léger émondage ; si léger que sa mise en œuvre systématique dans une série de revues belges ou dans quelques ouvrages marquants, comme la récente *Nouvelle histoire de la langue française* dirigée par Jacques Chaurand, passe inaperçue aux yeux de leurs lecteurs.

Ces rectifications visent à économiser une série de complications arbitraires et d'incohérences de l'orthographe, anomalies qui sont une des hypothèques pesant aujourd'hui sur la diffusion du français. Il s'agit aussi de soulager quelque peu un apprentissage extrêmement lourd (l'orthographe espagnole s'apprend en quelques heures ; mais de même que le lettré chinois orthographe ne maitrise jamais totalement ses caractères, le francophone n'en a jamais fini avec une orthographe).

Les rectifications de 1990 portent essentiellement sur :

1. la régularisation des accents (circonflexe notamment) et du tréma : ainsi, l'accent circonflexe ne se met plus sur les *-u* ni sur les *-i* (apparaitre, couter), sauf dans certains cas de possible confusion (mûr, sûr) ; le tréma joue dorénavant mieux son rôle diacritique en se plaçant sur *-u* dans aigüe, ambigüité, etc. ;

2. sur la soudure et le pluriel de certains mots composés. Ainsi, on solidarise les deux éléments du mot lorsque leur relation n'est plus sentie : froufrou, chaussetrappe. Le second élément des noms composés d'un verbe et d'un nom prend la marque du pluriel : des garde-chasses, des essuie-mains ;

3. sur la régularisation du *-è* : allègrement (et non plus allégrement) ;

4. sur une règle d'accord du participe passé : *laissé* suivi d'un infinitif reste invariable (les arbres qu'il a laissé pousser) ;

5. sur le pluriel des mots étrangers : ils font dorénavant leur pluriel « à la française » (des lieds et non des Lieder, des matchs et non des matches).

Ni les formes « anciennes », ni les nouvelles ne peuvent être tenues pour fautives, précise l'Académie. Cette incroyable liberté laissée à l'usager incitera-t-il celui-ci à penser qu'il est le propriétaire de sa langue, et non son locataire ? Nous mène-t-elle à une écriture servant à tous, qui ne soit plus un réservoir de curiosités destiné à des champions ?

Nul ne peut le prédire. Mais ce qui est sûr, c'est que l'orthographe – ce monstre sacré – n'a pas fini de déchainer les passions et que ses bizarreries elles-mêmes ont fini par susciter tout un pan de la créativité culturelle francophone. Depuis la fameuse dictée de Mérimée et les championnats d'orthographe belges, relayés par Bernard Pivot à l'échelle de toute la francophonie, jusqu'aux calembours et jeux de mots qu'elle rend possibles, en passant par l'inventivité graphique d'écrivains comme Raymond Queneau, dont le courageux « doukipudonktan ? » est resté célèbre.

BIBLIOGRAPHIE

CATACH, N., 1988, *L'Orthographe*, Paris, PUF, « Que sais-je ? ».

CATACH, N., 1991, *L'Orthographe en débat*, Paris, Nathan.

COHEN, M., 1958, *La Grande Invention de l'écriture et son évolution*, Paris, Imprimerie nationale.

KELLER, M., 1999, *La Réforme de l'orthographe. Un siècle de débats et de querelles,* Paris, Conseil international de la langue française.

T'IMAGINES QUE SI LE NOM "PARIS" NE VENAIT PAS D'UN GROUPE DE PÊCHEURS CELTES NOMMÉS LES PARISII QUI ÉTAIENT BASÉS ICI MAIS PLUTÔT D'UN GROUPE DE PÊCHEURS CHINOIS, LE NOM DE NOTRE CAPITALE SERAIT ÉCRIT EN IDÉOGRAMME.
ET TOI, T'IMAGINES SI CEUX QUI DISAIENT N'IMPORTE QUOI RECEVAIENT UN PIANO SUR LA TÊTE ?

P

comme Paris
la langue d'un État, et de sa capitale

par Bernard Cerquiglini

Installée superbement quai de Conti, par la grâce de Napoléon Ier, membre de l'Institut, l'Académie française traduit par ses pompes et ses ors, mais aussi par la protection de l'État dont elle jouit, la nature particulière de la langue française : un idiome puissamment lié à l'État qui le protège, à la capitale qui le norme et le diffuse.

« Il n'est bon bec que de Paris », disait François Villon : « Prince, aux dames parisiennes/Du beau parler donnez le pris. » La grâce naturelle des femmes en matière de langage vient renforcer le privilège de la naissance parisienne ; il y a des siècles, on le voit, qu'il est de bon ton de considérer, surtout si l'on est parisien comme François, que la belle parlure, l'élégance linguistique et le bon usage perlent aux lèvres délicates des jolies parisiennes. Les provinciaux hier et aujourd'hui, les francophones de nos jours en conviennent, avec un dépit envieux, ou s'en moquent ; le fait est là néanmoins : la géographie et l'histoire semblent s'être alliées pour donner comme épicentre à la langue française les rives de la Seine.

Une naissance politique

L'histoire, tout d'abord, a favorisé le lien entre le pouvoir et la langue. L'union de l'État et de son idiome est si ancienne qu'elle est devenue une évidence, voire une nécessité pour tout locuteur natif du français. Une comparaison des grandes langues internationales, à cet égard, donne au français une situation exceptionnelle, la palme de l'étatisation et de la centralisation.

De toutes les langues romanes, le français fut la première à accéder à l'écrit : on notera que c'est en France du Nord que le pouvoir carolingien fut le plus puissant. Et cet écrit n'est pas indifférent : la première inscription en italien fut une déclaration devant un tribunal, les premières lignes en castillan formèrent une prière. En français, il s'agit d'un texte, et non des moindres : un traité diplomatique, accord politique qui fonda la France et l'Allemagne, c'est-à-dire l'Europe. On ne peut rêver naissance du français écrit plus officielle, ni plus symbolique. Jusqu'en 842, tout écrit était en latin ; l'idée de coucher sur un parchemin, dans quelque but que ce fût, une langue vulgaire – et tout particulièrement ces langues « romanes » que l'on sentait bâtardes du latin – n'était simplement pas concevable. Pour que le français devînt, un instant, « monumental », il fallut une pression, et celle-ci fut directement politique. Deux des fils de Louis le Pieux, à la mort de ce dernier (en 840), refusèrent de reconnaitre à leur troisième frère ses droits à hériter seul de l'empire. Coalisés, et favorisés par les armes, Charles le Chauve et Louis le Germanique entreprirent de se partager l'empire de leur grand-père Charlemagne, qui aurait dû revenir entièrement à Lothaire. Idée de génie d'un de leurs collaborateurs (Nithard ? La langue française devrait alors beaucoup à ce dernier…), les langues non seulement furent le critère du partage (à Charles la partie francophone, à Louis la partie germanophone de l'empire), mais elles l'énoncèrent et l'illustrèrent. Au cours d'une rencontre à Strasbourg, en 842, les deux princes se jurèrent alliance en français et en allemand, reléguant (provisoirement) le latin comme langue unitaire du rêve impérial aboli, au profit de la variété et de l'égalité des royaumes, affichées par leurs langues. Le *Serment de Strasbourg*, premier texte rédigé en français, fait tenir ensemble la langue, l'écriture, l'autorité politique et ce qui semble un premier sentiment national. L'idiome vulgaire issu du latin avait accédé au statut de l'écrit officiel et diplomatique, et cela par la grâce du prince.

Le mythe du francien

La protection princière dont la langue française jouit dès ses débuts est bien illustrée par un mythe éclairant, celui de l'origine dialectale de la langue nationale. On peut s'étonner de l'emploi du terme « mythe » en l'occurrence, tant la chose est tenue pour vraie, partout énoncée et reprise : le français standard proviendrait du dialecte de l'Île-de-France, le *francien*, promu « langue du Roi », et diffusé dans le pays à mesure que la royauté étend son pouvoir. Cette idée parait vraisemblable, tant sont étroits les liens de la langue et du pouvoir en France ; cette interprétation est simple, mais fausse. Ou plutôt, elle est un récit fondateur, un discours des origines, une explication du monde ; c'est bien un mythe. Et ce mythe dit que le français de bon usage, homogène et pur, provient d'une source unique, également pure, située au cœur du royaume, dans sa capitale, appréciée et prodiguée par le Roi.

Bien des faits s'opposent à une telle vue. Parmi les plus décisifs, notons tout d'abord que l'on ne trouve pas trace au Moyen Âge d'un dialecte propre à Paris ni à l'Île-de-France. Ce parler n'est pas évoqué ; il n'a pas même de nom. Le terme *francien*, qui sent l'école, fut inventé par les grammairiens de la fin du XIXe siècle. En un sens, le francien est un mythe jacobin, centralisateur et étatique ; il donne un privilège d'État au dialecte de Paris. Un autre fait est troublant : au XIe et surtout au XIIe siècle, une littérature française est florissante (illustrée notamment par le romancier Chrétien de Troyes), rédigée en une langue très peu dialectale, et qui a tous les traits d'une langue littéraire commune. Cette langue est à l'origine du français national. Or, avant la fin du XIIe siècle, le roi n'habite pas Paris, où ne se trouve aucune cour aristocratique, aucun mécène, aucun écrivain. Pourquoi aurait-on, dès les premiers textes (IXe siècle), rédigé dans un dialecte qui n'avait, s'il existait, aucun prestige ?

La vérité est sans doute ailleurs, dans l'Ouest de la France, d'où semble provenir la littérature des XIe et XIIe siècles (*Chanson de Roland*, premiers romans), où de puissantes abbayes disposent de scriptoriums expérimentés, où une cour littéraire existe, attire des écrivains, est protégée par un prince. Mais ce prince est un Plantagenêt. Comment pouvait-on reconnaitre, après la perte de l'Alsace-Lorraine, que la langue écrite commune, future langue nationale, avait été élaborée non pas en domaine capétien, mais dans le royaume normand ? Le mythe du francien est venu sauver l'intégrité nationale…

À partir du XIIIe siècle, le roi de France, qui réside principalement à Paris, où il installe son administration (notaires royaux), diffuse une langue commune, à vocation officielle et nationale. Mais cette langue fut élaborée ailleurs, et à d'autres fins : dans l'espace littéraire, sous la protection anglo-normande. Se penchèrent sur son berceau deux figures tutélaires qui ne cessèrent depuis de lui prodiguer leurs soins : le poète et le prince.

La langue du Roi ?

Avec la Renaissance, nous quittons le mythe pour l'histoire, le voile pudique jeté sur les origines troubles de la langue pour les premiers signes d'émancipation réelle d'une langue nationale. Le français issu de la capitale du royaume, exalté par cette floraison des techniques (imprimerie), des arts et des lettres, entame alors son destin hégémonique ; il rencontre deux adversaires, de statut fort différent, et qu'il terrassera tour à tour, sur la longue durée : le latin, maitre de l'écrit médiéval non fictionnel, les autres langues et dialectes issus du roman, vecteurs de la parole quotidienne, des échanges et de la sociabilité.

Dès le XVIe siècle, la question de la norme régionale est posée, sinon résolue. La profonde dialectalisation de la langue, qu'ont produite le morcèlement féodal et le régime des provinces, est bien perçue par les grammairiens, qui proposent alors les premières analyses du français. Quelle langue décrire, quelle norme recommander ? La sienne, tout simplement, pour plus d'un grammairien provincial, tel Dubois (Sylvius), qui décrit en fait son picard. Mais Louis Meigret, lyonnais, premier réformateur de l'orthographe, est accusé, non sans raison, par Peletier (du Mans) d'avoir bâti une orthographe phonétique calquée sur la prononciation d'entre Rhône et Saône… À défaut d'une norme générale (à laquelle rêve Pasquier), on se range peu à peu à l'idée parisienne. Mais à quelle instance appendre l'usage correct ? Écouter le peuple (la Halle, ce qui serait la position de Ramus), suivre la Cour (Peletier, également réformateur orthographique : « an notre France, n'i à androet ou l'on parle pur Françoes, fors la ou ét la Court »), ou consulter le Parlement, c'est-à-dire les juristes (Estienne fustige le snobisme italianisant des courtisans) ? Le bon sens populaire, l'élégance aristocratique, ou le savoir des érudits ? L'histoire, ou plutôt le prince tranchera, au siècle suivant.

Dans les années 1500, c'est du latin que la royauté s'occupe et dont elle souhaite réduire les prérogatives. S'il est une « langue du roi », celle-ci ne se définit que par la négative : elle n'est plus le latin. Il convient donc de nuancer la lecture jacobine que l'on donne habituellement du fameux édit de Villers-Cotterêts (août 1539). Par ce texte, François Ier n'impose pas la langue française à son État, selon l'interprétation reçue, il bâtit seulement une justice royale. Le rédacteur de l'édit est sensible aux idées humanistes en matière juridique, qui font valoir que la sentence est nulle si elle n'est pas comprise. Un article, par suite (mais sur plus de cent) est consacré à la langue. Après avoir souhaité qu'il « n'y ait cause de doubter sur l'intelligence desdits arretz », et avoir exigé en conséquence une rédaction « sans aucune ambigüité ou incertitude », le roi, sachant que « de telles choses sont souventes fois advenures sur l'intelligence des motz latins esdits arretz », exige que les textes juridiques soient désormais rédigés et diffusés « en langaige maternel françois et non autrement » (art. 111). On peut gloser à l'infini sur le sens de l'expression « langaige maternel françois ». À s'en tenir aux mots, rien n'oblige à penser qu'elle désigne le seul français, à l'exclusion des autres parlers régionaux (dont l'occitan) ; elle interdit seulement la langue latine, qui n'est en rien maternelle. De fait, des Parlements méridionaux, jusque vers la fin du siècle, rendront encore leurs avis, arrêts et sentences en occitan. Ils cesseront, pour des raisons qui tiennent moins en fait à la coercition qu'au snobisme provincial, au prestige de la littérature, à la force tranquille de l'autorité royale et de sa langue.

La langue, une affaire de l'État

Au début des années 1630, quelques écrivains prirent l'habitude de se réunir chez l'abbé de Boisrobert ; sur le modèle des académies italiennes, ils échangeaient librement des propos, des libations et des vers. L'ayant appris, Richelieu convoqua Boisrobert et lui proposa, comme le rapporte Pellisson, académicien, auteur de la première *Histoire de l'Académie française*, de « faire un corps et de s'assembler régulièrement, sous une autorité publique ». La proposition, que l'on assortissait de quelques gratifications, une fois acceptée, Richelieu établit l'Académie désormais « française », et lui donna des statuts (1635). Leur lecture est instructive. S'il faut attendre l'article XXIV pour apprendre la fonction de l'académie (« donner des règles certaines à notre langue »), et l'article XXV pour connaitre sa mission (composer un dictionnaire, une grammaire, une rhétorique et une poétique), les vingt-trois premiers alinéas, en revanche, s'attachent à constituer un Corps de l'État : élection des membres, fonctionnement, moralité des académiciens, encadrement de leurs discussions (rien contre les lois de l'Église ni celles du royaume), etc. Partout l'autorité du prince, représenté par son Premier ministre : on savourera l'article I : « Personne ne sera reçu dans l'Académie qui ne soit agréable à Monseigneur le protecteur », lequel offrit à l'Académie un sceau sur lequel il figurait. Cette autorité ne s'est jamais démentie : Louis XIV, à la demande de Colbert, deviendra le protecteur direct, les rois et les présidents de la République après lui ; un temps suspendue par la Révolution, l'Académie sera rétablie par Bonaparte, qui habillera les académiciens comme ses généraux ; le secrétaire perpétuel, aujourd'hui, occupe un rang élevé dans le protocole républicain. On est académicien comme on est préfet, ou ambassadeur ; mais pour plus longtemps.

Le Parlement de Paris mit près de deux ans à ratifier ces statuts ; on le comprend : il reconnaissait sa défaite. Car Richelieu, ce faisant, avait tranché en matière de norme, déniant aux érudits (les juristes du Parlement, représentés par leur ami Ménage, l'historien de la langue) le droit de « donner des règles certaines à la langue ». Il avait confié ce droit aux écrivains et aux courtisans, aux écrivains-courtisans qui peuplent l'Académie. Car c'est à la Cour que s'énonce le bon usage, dans l'apparat des cérémonies où l'aristocratie donne le ton, dans les salons où les femmes prodiguent le charme de leur conversation. Le bon grammairien, tel Vaugelas, est celui qui fréquente les marquises et prend des notes. L'Académie, qui participe à la fois du pouvoir et de la meilleure littérature, alliant le prince et le poète, est gardienne d'un usage qui ne doit rien au savoir, mais tout à l'élégance et au talent. Ce système d'échos et de relais (la Cour, les salons, l'Académie), cet engendrement perpétuel de l'usage (le grand auteur, la grande dame parisienne) définissent le régime linguistique de la monarchie absolue. Il n'a guère été remis en cause depuis, alors que les marquises sont mortes, remplacées par le présentateur du journal de 20 heures. On peut se demander, dès lors, s'il convient de célébrer la victoire de Vaugelas sur Ménage.

La langue de la nation

Si le XVIIe siècle a définitivement attaché la langue française à l'autorité de l'État (la République, en ce domaine, chaussera les bottes de la Monarchie), il revint à la Révolution de faire surgir un troisième terme, et de former le triangle désormais constitutif : langue-État-nation. Par là même, la Révolution donna un coup d'arrêt à la bienveillance envers les parlers régionaux, en entamant le processus de leur destruction : le Paris révolutionnaire entendit imposer sa loi linguistique.

Il convient certes d'examiner les faits dans leur nuance. On essaya, tout d'abord, de traduire la *Déclaration des droits de l'homme et du citoyen*, ainsi que les lois, dans la plupart des dialectes connus (l'échec fut patent). Les intentions, ensuite, étaient bonnes (tout citoyen, selon l'abbé Grégoire, devait pouvoir comprendre les lois et critiquer le gouvernement) ; elles s'accompagnaient d'une politique d'alphabétisation (décret du 8 pluviôse an II créant des écoles primaires confiées à des « instituteurs de la langue française »). Enfin, pour odieuse qu'elle fût (« le fédéralisme et la superstition parlent bas-breton [...] ; le fanatisme parle basque », rapport Barère du 8 pluviôse an II), la lutte contre les « patois » tenait d'un temps où la guerre civile ravageait les provinces : la diffusion de la langue française devenait un impératif de salut public. On est frappé néanmoins par l'exacerbation révolutionnaire du sentiment linguistique d'État. Dans son rapport du 16 prairial an II, Grégoire proposa à la Convention d'« uniformer » la langue de la nation, alignant l'unicité langagière sur l'unité politique : « consacrer au plutôt, dans une République une et indivisible, l'usage unique et invariable de la langue de la liberté ». Et ceci, au nom de valeurs universelles (« une langue qui désormais sera par excellence celle du courage, des vertus et de la liberté », rapport du 3 pluviôse an II), qui curieusement coiffaient Rivarol d'un bonnet phrygien. L'école républicaine, à la fin du XIXe siècle, prit le relais. Jules Ferry, il est vrai, fut moins néfaste aux langues régionales que la guerre de 1914-1918, l'urbanisation et le téléviseur. Mais son école répandit l'idée qu'un citoyen ne pouvait être bilingue ; elle resserra le lien fusionnel de la nation, de l'État et de la langue (« La République a pour langue le français », amendement constitutionnel de juin 1992). Une langue dont la norme reste celle d'un État encore massivement parisien : il n'est bec républicain que de Paris.

Un tel dispositif a masqué ses faiblesses tant que le français était, sans partage, l'affaire de la France et de ses colonies. Dès lors que la régionalisation est un fait, que plus d'un francophone sur deux habite hors des frontières, que la France doit honorer loyalement ses appartenances (l'Europe, la Francophonie), l'adéquation d'une langue avec l'autorité d'un État et le parler des élites de sa capitale n'est plus de mise. Faudra-t-il créer une Académie francophone ? Accepter la diversité des parlures françaises, et relativiser la norme ? Sans doute. Mais ce sera mettre en cause une tradition constitutive et séculaire. Si la francophonie est un défi, c'est bien celui-là.

BIBLIOGRAPHIE

CERQUIGLINI, B., 1991 (rééd. 1993), *La Naissance du français*, Paris, PUF.

CHAURAND, J. (éd.), 1999, *Nouvelle histoire de la langue française*, Paris, Le Seuil.

PICHOCHE, J., et MARCHELLO-NIZIA, C., 1994, *Histoire de la langue française*, Paris, Nathan.

POUR SE PRÉSERVER DE L'INVASION AMÉRICAINE AU QUÉBEC, MÊME SUR LES PANNEAUX ROUTIERS LA MENTION "STOP" A ÉTÉ REMPLACÉE PAR "ARRÊT".
WÂH... IL DOIT Y AVOIR MOINS D'ACCIDENTS ALORS...

Q

comme Québec un français d'Amérique

par Claude Poirier

Paris, samedi, le 30 octobre 1999, 22h30. Chez L'Oncle Benz, près de la place d'Italie, le garçon a laissé temporairement la place à deux auteurs-compositeurs-interprètes. Entre deux chansons de Brassens, la chanteuse entonne *La Manic*, de Georges Dor. Plus tard, elle expliquera qu'elle adore cette chanson d'amour en raison du ton de vérité qu'elle y découvre, qu'elle a séjourné au Québec, qu'elle s'est fait des amis là-bas…

Une mutation récente

Les choses ont bien changé depuis que les Québécois ont commencé à voyager régulièrement en France, il y a quelque trente-cinq ans. Sauf Félix Leclerc, connu dans certains milieux, pas un nom québécois n'était familier à ceux qu'ils rencontraient. On les faisait répéter dans les grands magasins à Paris ; parfois, en province, on s'étonnait qu'ils parlent « assez bien » le français (le Canada n'était-il pas un pays de langue anglaise ?). De nos jours, le Québec est mieux connu ; son accent, qui a été véhiculé à travers les chansons de Charlebois et les personnages de Tremblay, semble moins insolite.

Pour le Québécois attablé dans un coin du restaurant, *La Manic* évoque, plutôt que la lettre d'amour, les grands chantiers hydroélectriques des années 1960, la période d'effervescence qui a marqué cette décennie, l'appropriation par ses compatriotes de leurs ressources naturelles et la prise de parole par divers groupes, notamment par ceux qu'on a nommés les *chansonniers* et dont Georges Dor faisait partie. Bien loin de donner dans le satirique, comme le suggérerait cette appellation en France, ceux-ci ont chanté le pays en pleine transformation. Au même moment, les écrivains, les journalistes et les animateurs, à la radio et à la télévision, se sont mis à puiser largement dans leur variété naturelle de français, contribuant à en faire la langue usuelle des productions culturelles et des médias.

La *Révolution tranquille*, nom qu'on a donné à cette métamorphose sociale telle qu'elle s'est manifestée de 1962 à 1966 sous le gouvernement du Premier ministre Jean Lesage, devait en effet permettre aux Québécois de reconquérir la parole. D'abord, il fallait s'assurer que le français, qui était la langue de plus de 80 % de la population du Québec, obtienne enfin la primauté qu'il méritait sur la place publique et remplace l'anglais comme langue du travail, de l'affichage et des affaires. Cet objectif a pu être atteint grâce à la pression de groupes organisés et de mouvements populaires qui ont forcé les gouvernements à adopter en rafales, à partir de 1969, trois lois linguistiques importantes ; c'est la Charte de la langue française, promulguée en 1977, qui a finalement donné au français un véritable statut de langue officielle. Mais la prise de parole signifiait aussi une reconnaissance de la variété de français qui s'était constituée depuis l'époque de la colonisation du pays par des immigrants, venus en majorité de la France régionale.

Ce français usuel n'avait de fait pas encore « gagné ses épaulettes », comme on dit encore couramment au Québec. Au cours du XIXe siècle, quelques auteurs avaient bien essayé d'intégrer ici et là dans leurs textes des canadianismes comme *capot* « manteau » ou *tuque* « bonnet de laine », mais la plupart semblent être des particularismes qui leur ont échappé, tel *vase* employé comme un simple synonyme de *boue* chez Pamphile LeMay (*Contes vrais*, 1899) :

« Il avait plu. [...] Olivier Bélanger partit au trot de sa jument grise, une bonne bête. Les sabots ferrés tombaient en mesure dans la vase et les flaques d'eau. La boue volait, l'eau ruisselait, mais rien n'était visible. »

La variété canadienne du français, dans sa dimension orale, percera d'abord à travers les journaux du dernier quart du XIXe siècle (chroniques humoristiques, contes) ; puis, au début du XXe, les écrivains du terroir mettront une certaine ferveur à intégrer des canadianismes dans leurs romans en les protégeant de la critique au moyen des guillemets ou de l'italique. Il faudra attendre les années 1940 – avec les romans urbains de Roger Lemelin (*Au pied de la pente douce*, 1944) et de Gabrielle Roy (*Bonheur d'occasion*, 1945) – pour que la langue usuelle au Québec commence à émerger dans la littérature, dans les dialogues et les récits. L'autonomie de cette littérature par rapport à la littérature française ne sera reconnue dans les faits que dans les années 1970.

De tout temps, la langue ayant cours dans les diverses classes de la société a été le français québécois – ou *canadien*, comme on disait autrefois. Jusque dans les années 1960, on s'efforçait cependant, dans certaines émissions de radio et de télévision et dans des cercles cultivés, de se rapprocher du français de Paris. On ne peut pas dire pour autant qu'il y ait eu, à quelque époque que ce soit, deux langues distinctes, l'une qui aurait été le français, l'autre un dialecte. Il n'y avait qu'une seule langue, le français, variable selon les individus, le statut social ou les occupations ; les plus instruits étant en mesure de pratiquer une langue soignée, ce qui ne signifie pas qu'ils cherchaient nécessairement à reproduire l'accent parisien.

Par ailleurs, même les personnes peu instruites ont toujours bien compris les Français qu'ils croisaient ou qu'ils avaient l'occasion d'entendre à la radio ou au cinéma, quel que soit leur accent, parisien ou régional. Quant à elle, l'élite n'a jamais rompu avec le fonds langagier populaire dont elle a volontiers exploité les ressources, le cas échéant. Louis Fréchette, épigone de Victor Hugo dans *La Légende d'un peuple* (1887) et l'un des ténors du purisme au XIXe siècle, prend manifestement plaisir à manier cette langue dans ses contes. Hector de Saint-Denys Garneau (1912-1943) fait figure de Français dans ses écrits poétiques. Pourtant, dans sa correspondance, dont le style est loin d'être négligé, il ne refuse pas des mots comme *fournaise* « appareil de chauffage », *barrer (la porte)* « (la) fermer à clef », *couverte* « couverture », *jaspiner* « bavarder », et même le vulgaire *fourrer* « baiser ». L'œuvre de sa cousine Anne Hébert, qui commença à paraitre dans les années 1940, témoigne de l'introduction progressive et naturelle des traits du français québécois dans la littérature.

La remontée de ce français dans l'estime doit évidemment être mise en rapport avec l'affirmation politique dont il a été question plus haut. La situation a donc bien changé depuis les années 1950. Ainsi, le français du Québec a connu une évolution rapide qui l'a rapproché du français de France en même temps que se sont confirmés dans l'usage des traits remontant à l'époque du Régime français ou acquis depuis. Cette mutation a eu pour effet de faire disparaitre complètement la nécessité d'imiter l'accent de France, même dans les émissions d'information et les magazines culturels. Pour en arriver à cette maturité, les Québécois ont dû passer par une période de revendications tous azimuts, marquée par des manifestations vigoureuses contre le régime politique et social imposé par la majorité anglaise du Canada et par des pieds de nez à l'impérialisme culturel français à travers la littérature joualisante des années 1960 et 1970.

Les efforts déployés par les puristes et les sociétés de bon langage avaient eu très peu d'effets jusque-là puisque le contexte social ne favorisait pas la standardisation de la langue. Les enfants, par exemple, ne voyaient aucun intérêt à se singulariser en corrigeant des prononciations comme *toé* (toi) et *pardu* (perdu) qu'ils entendaient partout en sortant de la classe. Il aura fallu le branle-bas des années 1960 pour que se modifie cette attitude. Une petite visite guidée de l'histoire linguistique du Québec permettra de comprendre pourquoi les Québécois sont demeurés attachés à leurs caractéristiques langagières tout en acceptant de modifier certains aspects de leur prononciation et de renouveler des pans entiers de leur vocabulaire.

Les péripéties du français en Amérique du Nord

En 1607, un an avant que Champlain n'accoste à Québec avec un premier groupe de colons, les Anglais avaient déjà pris pied en Virginie. Quelques années plus tard, guidés par ceux qu'on a appelés les *Pilgrim Fathers*, une centaine d'émigrants anglais fondent Plymouth ; par la suite, d'autres groupes vont s'implanter dans des régions voisines, l'ensemble de ces colonies correspondant de nos jours aux États américains de la Nouvelle-Angleterre. À cette époque, les Portugais étaient déjà bien installés au Brésil, les Espagnols au Mexique, au Pérou et au Chili. Au milieu du XVIIe siècle, le portugais, l'espagnol, l'anglais et le français avaient donc pris racine en Amérique. La fortune qu'a connue chacune de ces langues dans le Nouveau Monde est à mettre en rapport avec l'ancienneté des voyages d'exploration, les succès militaires et la volonté des pays colonisateurs d'occuper le sol. Ces facteurs expliquent que le français ait été beaucoup moins avantagé que ses concurrents en Amérique et y soit de nos jours parlé quotidiennement par moins de 8 millions de locuteurs, ce qui est peu comparativement, par exemple, à l'anglais qui est la langue de près de 300 millions de personnes.

Le sort du français en Amérique du Nord a été scellé à la suite d'une série de défaites militaires et de tractations politiques qui commencent en 1713 avec l'abandon par la France de la plus grande partie de l'Acadie au profit de l'Angleterre (traité d'Utrecht), suivi par la chute de Québec en 1759 et la cession de la Louisiane à l'Espagne quelques mois avant que ne soit signé le traité de Paris (1763) par lequel la France renonce définitivement à ses ambitions sur le continent nord-américain. Les trois colonies françaises avaient commencé à donner naissance à une diaspora, surtout dans la région des Grands Lacs et dans l'ouest du Canada ; l'ancien empire français, qui s'étendait de la baie d'Hudson au golfe du Mexique, sera peu à peu réduit à des îlots francophones dont la survie ne sera possible qu'au prix de luttes incessantes et de compromis humiliants. Au Canada, des droits linguistiques reconnus en 1867 dans l'acte créant la Confédération canadienne ne donneront en fait qu'une protection théorique aux francophones avant l'adoption par le Parlement d'Ottawa de la loi sur les langues officielles, en 1969, qui ne régit du reste que les organismes et institutions relevant de la juridiction fédérale.

Ces évènements ont eu pour effet de placer le français dans une position d'infériorité par rapport à l'anglais et ont donc contribué à faire naitre une perception négative de leur langue chez les Louisianais, les Acadiens et les Québécois. En Louisiane, par exemple, le français a été interdit à l'école dans les années 1920, non seulement en classe mais même dans la cour de récréation, de sorte qu'il devenait presque illégitime de parler cette langue. Dans les provinces maritimes canadiennes, où vivent les Acadiens, ce n'est qu'au Nouveau-Brunswick que le français a pu obtenir un statut officiel, dans les années 1970 ; malgré tout, les Acadiens, qui y forment près de 35 % de la population, doivent encore accepter de travailler en anglais. Au

Québec, en dépit du revirement spectaculaire en faveur du français dont il a été question plus haut, des clauses fondamentales de la Charte de la langue française ont été invalidées par la Cour suprême du Canada par suite de la bataille juridique qu'a livrée la minorité anglophone de Montréal.

Les français québécois, acadien et louisianais présentent entre eux des différences sensibles. Les rapports qu'ils ont avec l'anglais, dont la pression est plus forte en Acadie qu'au Québec et encore davantage en Louisiane, y sont pour quelque chose. Mais l'anglais n'explique pas tout. Chacune de ces variétés de français possédait au départ des caractéristiques attribuables à l'origine des immigrants qui ont participé au peuplement de l'Acadie, du Québec et de la Louisiane. On sait que le français, au XVIIe siècle, n'était pas parlé de façon usuelle ni uniforme en dehors de l'agglomération parisienne. Or, les ancêtres des Québécois sont issus, dans des proportions presque égales, des régions du Nord-Ouest (Normandie, Perche), de l'Ouest (Poitou, Saintonge) et du Centre de la France (Paris, Touraine, Berry), alors que la population acadienne s'est développée, dans une proportion qui dépasse les cinquante pour cent, à partir d'un noyau de familles qui vivaient dans les provinces du Poitou et de la Saintonge.

Quant à la Louisiane, elle a été colonisée plus tard, à partir du début du XVIIIe siècle, par des immigrants venus en partie de la région parisienne, et elle a été pendant longtemps un lieu de mélanges ethniques ; elle a notamment reçu un fort contingent d'Acadiens déportés de leur pays par les Anglais entre 1755 et 1762 et, à diverses époques, des groupes d'esclaves noirs venus d'Afrique ou des Antilles. Le français qu'on y entend est, pour ces raisons, fort variable, rappelant chez tel témoin l'accent des Acadiens, chez tel autre le parler créole. De nos jours, un francophone européen comprendra sans grande difficulté un Québécois ou un Acadien, mais la conversation avec un Louisianais pourra s'avérer difficile si la langue de son interlocuteur est dominée par des traits créoles.

Cela dit, on peut affirmer que la plupart des traits caractéristiques du français québécois par rapport au français parisien se retrouvent aussi dans les variétés acadiennes et louisianaises sauf pour ce qui est de la prosodie et, dans une certaine mesure, de la phonétique. L'inverse n'est pas vrai : les Acadiens utilisent couramment de nombreux mots que les Québécois ne connaissent pas, issus de l'Ouest de la France, comme *bâsir* « disparaitre », *cagouette* « nuque », *faire zire* « causer de la répugnance », ou empruntés à l'anglais, comme *berry* « airelle » et *frolic* « grande fête collective ». Les Louisianais ont un bon nombre de ces traits en commun avec les Acadiens, mais ils en possèdent aussi qui leur sont propres, comme *boscoyo* « personne bossue », *charrer* « causer, converser », *corcobier* « gambader, ou danser », *grègue* « cafetière », sans parler des noms de leurs plats typiques, *couche-couche*, *gombo* et *jambalaya*.

Cette brève rétrospective aura permis de constater que, s'il existe bel et bien un français nord-américain, les trois variétés principales sous lesquelles il s'incarne ont connu des évolutions parallèles et possèdent des traits particuliers qu'on peut percevoir dès les premiers mots. Celui qui permet de distinguer le plus aisément les Québécois des Acadiens est la prononciation avec un léger sifflement des *t* et *d* devant les voyelles *i* et *u*, comme dans *lundi* (lund^{z}i) et *tulipe* (t^{s}ulipe), que pratiquent les premiers mais que ne connaissent pas les seconds, sauf dans les régions limitrophes du Québec. Mais la morphologie peut également servir de repère ; ainsi, en louisianais, il arrive qu'on conjugue les verbes en simplifiant les désinences, ce qui peut donner, pour le verbe *parler* : *je parle, tu parles, il parle, nous autres parlent, vous autres parlent, eux autres parlent* (ou *parlont*).

Une langue nourrie par ses racines régionales

Dès le moment où le Canada passe sous le contrôle de l'Angleterre, le français commence à subir les assauts de l'anglais qui s'infiltre par la langue du commerce avant de gagner le vocabulaire de l'administration et du parlementarisme, puis celui du travail. On estime généralement que cette influence de l'anglais est la principale cause de l'écart qui s'est creusé entre le français du Québec et celui de France. On ne peut nier l'importance de ce phénomène, mais, par ailleurs, on doit admettre que cette influence s'est exercée également de façon très forte pendant la même période sur le français de France. Bien sûr, les effets ont été fort différents puisque, dans le cas du Québec, l'anglicisme a été et demeure perçu comme une agression, alors que les Français ont plutôt été séduits et ont librement fait le choix d'emprunter à l'anglais.

Si l'anglicisation est la conséquence la plus évidente de la conquête sur le français du Canada, en revanche ce n'est peut-être pas celle qui permet le mieux d'expliquer son évolution ultérieure et de décoder le comportement linguistique actuel des Québécois. En effet, quand de nos jours un Européen entend parler un Québécois, ce ne sont pas d'abord des anglicismes qui attirent son attention puisque les emprunts les plus évidents sont devenus relativement rares dans l'usage courant. Ce qu'il remarquera, c'est plutôt une façon originale de s'exprimer par rapport à la sienne, qui tient au choix des mots, à leur prononciation, à la mélodie et au rythme de la phrase. Il pourra en outre être intrigué par le fait que le Québécois passe facilement au registre familier dans des situations où lui, Européen, resterait sur la réserve. Ces divers traits, et surtout le dernier, paraissent liés à l'importance de l'héritage régional français que la rupture des relations avec la France a indirectement contribué à fixer. C'est du moins à cette conclusion que conduit l'examen des documents et des imprimés produits dans les décennies qui ont suivi la cession du Canada aux Anglais.

Au-delà des évènements dont ils rendent compte, ces textes renseignent en effet sur la façon dont le français était parlé ; on constate que la langue du peuple affleure à l'écrit plus spontanément qu'auparavant. Ainsi, on relève régulièrement des mots qui ne sont pas attestés sous le Régime français mais qui proviennent manifestement des régions de France. On avait déjà remarqué des mots comme *épinette* « épicéa », *suisse* « écureuil rayé » et *godendart* « grosse scie », mais, peu de temps après la capitulation française, cette catégorie de mots d'origine provinciale est beaucoup mieux représentée dans les documents et dans les journaux ; on y trouve *brunante* « crépuscule », *varveau* pour *verveux* « filet de pêche », *marinades* « légumes confits dans le vinaigre », etc. Il se produit donc un renouvelèment du vocabulaire à l'écrit, au point où des mots du français parisien, bien attestés auparavant, disparaissent ou reculent nettement au profit de façons de parler qui correspondent à celles des régions de France, comme *coquemar* qui cède sa place à *bombe* et à *canard* en parlant d'une bouilloire. Le traitement des anglicismes confirme la place plus grande qu'occupe la langue du peuple au sein de la société : ces emprunts sont intégrés dans une phonologie française, souvent déformés par suite d'un rapprochement avec un mot connu et orthographié en conséquence : *teapot* devient *thépot*, *saucepan* est réinterprété en *saucepanne*, etc.

Ces faits montrent à l'évidence qu'il s'est produit un changement dans la perception de ce qu'est le français neutre : ceux qui écrivent ne suivent plus de façon stricte la norme lexicale qu'on observe avant l'arrivée des Anglais. Si les historiens ne l'avaient pas déjà démontré, l'étude linguistique des textes suffirait à prouver qu'une bonne partie de l'élite française était retournée en France. Elle montre en outre que des fonctions, autrefois dévolues à des personnes pratiquant la variété parisienne, du moins à l'écrit, avaient été reprises par d'autres, moins instruites. On peut enfin déduire de ces observations que, sous le régime précédent, c'était bien le français qui était la langue usuelle, mais un français imprégné de traits phonétiques et lexicaux des parlers populaires de France. Cette langue pleine de ressources demeurera vigoureuse, mais elle subira un appauvrissement lexical dont les effets se font encore sentir.

L'évolution subséquente de la société québécoise et de sa langue a été marquée par la dynamique sociale nouvelle qu'a engendrée la conquête. Les qualités, comme les défauts, qu'on reconnait aujourd'hui aux Québécois et à leur façon de s'exprimer ressemblent à ceux qu'on attribue aux communautés régionales, soit la simplicité et une empathie naturelle, mais aussi la familiarité parfois désinvolte. En tant que Nord-Américains, ils ont appris à être pragmatiques et il leur arrive de ne pas faire trop de cas du protocole. La population québécoise est relativement homogène comparativement à celle de France, ce qui constitue un facteur de maintien de ces traits, mais l'ouverture sur l'extérieur depuis la Révolution tranquille, répondant à un besoin profond de savoir, a fait naitre l'ambition de rivaliser avec les autres et entrainé le raffinement du gout dans divers domaines, par exemple dans l'alimentation. L'entreprise de standardisation de la langue dans laquelle les Québécois sont maintenant engagés s'en trouve favorisée.

La cessation de rapports suivis avec la France est par ailleurs à l'origine d'une crise d'identité dont les premières manifestations, sur le plan de la langue, sont perceptibles à partir du début du XIXe siècle. Constatant – à travers les relevés des dictionnaires et les contacts qu'il était possible d'avoir avec les Européens – que le français du Canada comportait de nombreuses différences par rapport à celui de France, les Canadiens français se sont laissé envahir par un sentiment d'insécurité et dominer par une vague de purisme. Des mots, d'abord jugés d'une belle venue, se sont vus peu à peu déclassés par les chevaliers du bon langage pour qui les relevés des dictionnaires de France avaient force de loi.

C'est le cas du mot *char* qui a été perçu jusque dans les années 1920 comme aussi légitime que *wagon* et *tramway*, adoptés par les Français, mais qui a fini par être déconseillé ; même le mot *poudrerie* « neige fine que le vent fait tourbillonner », pourtant qualifié de « chef-d'œuvre de *notre* langue » par Oscar Dunn en 1880 (*Glossaire franco-canadien*), a été le point de mire de puristes. Dans le même ordre d'idées, on délogera plus tard l'appellation *truite mouchetée*, s'appliquant à un poisson indigène de l'Amérique du Nord, pour la remplacer par *omble de fontaine*, créé en France. Les Français avaient en effet découvert que le poisson, nommé *truite* depuis l'époque de Jacques Cartier, était plutôt un omble et ils l'avaient élevé dans des bassins, ou fontaines, d'où le nom qu'ils lui avaient donné. *Omble de fontaine* a été entériné officiellement au Québec malgré le fait que le poisson soit bel et bien moucheté et vive à l'état sauvage dans l'immensité des lacs de l'Amérique du Nord… *Fin de semaine* et *planche à neige* ont mieux résisté à *week-end* et à *surf des neiges*, mais l'avenir du premier parait compromis à moyen terme dans l'usage public. L'important ici n'est pas tellement que tel ou tel québécisme se maintienne, mais que les changements en faveur de l'usage de France n'alimentent plus le sentiment d'infériorité linguistique dont les Québécois sont en passe de se libérer.

Une distinction qui s'affirme

Le français du Québec est dans une phase de transition rapide. En l'espace de quelques années, des prononciations ancrées dans les habitudes, comme *frére* ou *miroèr*, ont cédé la place à *frère* et *miroir* dans l'usage courant. Grâce à l'action d'organismes comme l'Office de la langue française, les terminologies ont subi une cure de francisation dans les milieux de travail, ce qui a pour conséquence que les enfants entendent dorénavant autour d'eux *pare-brise* et *essuie-glace* plutôt que *windshield* et *wiper*. La reprise de relations suivies avec la France se vérifie partout ; *plateau* alterne maintenant avec *cabaret*, *boisson gazeuse* avec *liqueur*.

Cela ne signifie tout de même pas que le caractère proprement québécois de ce français est en voie de disparition. Au contraire, il demeure imprégné de mots, de sens et de connotations dont les locuteurs ne sont même pas conscients. Qu'il s'agisse de *botte de ski*, de *soulier de tennis* ou de *crayon de plomb*, peu de Québécois peuvent donner sans hésitation le terme usuel en France. Si l'on porte attention à l'emploi qui est fait au Québec des mots *fricassée*, *gibelotte*, *hachis* et *ragout*, on se rendra compte de différences notables qui subsistent avec le français de France dans le vocabulaire le plus usuel.

Ces quatre derniers exemples sont des cas de survivance d'emplois qui se sont perdus en France. Mais le français des Québécois témoigne aussi de leur enracinement en Amérique du Nord. Ainsi, ce n'est pas au moyen des adjectifs *droite* et *gauche* qu'ils distinguent les rives du Saint-Laurent, mais bien par *sud* et *nord*, selon la façon de voir des anglophones qui les entourent. S'ils ont laissé tomber des expressions comme *payer une visite à quelqu'un* (d'après l'anglais *to pay somebody a visit*), qui a fini par leur paraitre bizarre, ils continuent de trouver un charme à l'image qu'évoque *parler à travers son chapeau* « parler à tort et à travers » (d'après *to talk through one's hat*). Enfin, on peut rappeler que la lutte pour l'amélioration de la condition féminine au Québec, qui a eu des répercussions sur la langue et sur la thématique littéraire, prend sa source aux États-Unis.

Phénomène nouveau, qui est de bon augure : les Québécois peuvent de nos jours exercer une certaine influence sur les communautés francophones européennes. Le cas de la féminisation des titres en est un bon exemple, de même que la francisation du vocabulaire de l'informatique et la lutte contre l'invasion de l'anglais dans l'affichage qui a inspiré la politique linguistique en France. Sans abandonner leur *scooter des neiges*, les Français n'ignorent plus *motoneige* ; même le typique *niaiseux* québécois s'est faufilé jusque dans les colonnes du journal *Le Monde*. Ce sont des manifestations somme toute limitées de l'action québécoise sur le français d'Europe, mais il faut voir qu'elles ont une valeur hautement symbolique pour les premiers intéressés : l'époque où le linguiste Antoine Meillet pouvait écrire que les Canadiens français « ne contribuent pas à la culture française parce qu'ils ont rompu le contact avec elle » (*Les langues dans l'Europe nouvelle*, 1918) est révolue.

En rentrant à son hôtel après la soirée passée chez L'Oncle Benz, le Québécois entend la voix d'Isabelle Boulay que la radio diffuse dans un bar de la place d'Italie et aperçoit dans le métro une grande publicité invitant les Français à venir faire de la *motoneige* au Québec. Le Québec est redevenu pour les Parisiens un pays où l'on parle français…

BIBLIOGRAPHIE

Le Français au Québec : 400 ans d'histoire et de vie, sous la direction du Conseil de la langue française du Québec, à paraitre à l'automne 2000.

BOUCHARD, C., 1998, *La Langue et le nombril. Histoire d'une obsession québécoise*, Montréal, Fides.

PELLERIN, G., 1997, *Récits d'une passion. Florilège du français au Québec*, Québec, L'instant même.

POIRIER, C. (dir.), 1998, *Dictionnaire historique du français québécois*, Sainte-Foy, Les Presses de l'université Laval.

LA RUE DES VACHES, S'IL VOUS PLAIT.
AH... CRÉVINGT... POURRR ÇA, T'VAS T'EN PRRENDRRRE LA CH'TITE RRROUTE QU'EST JUSTE D'VANT L'LAVOIRRR. C'EST-Y CLAIRR?
EUH... SANS VOUS VEXER, JE PRÉFÉRERAIS DEMANDER CONFIRMATION À UN FRANÇAIS DU COIN.

R

comme les régions de France

par Pierre Rézeau

Les régionalismes du français n'ont guère la réputation de mots qui « flashent ». Si quelques-uns, toujours les mêmes, sont cités pour leur pittoresque et leur diversité (par exemple, les mots correspondant au français standard de France *serpillière* : *bâche, cinse, emballage, loque, panosse, patte, peille, pièce, toile (d'emballage/de pavé), torchon de plancher, vadrouille, wassingue/wasseringue* ou au standard *fête annuelle* du village ou du quartier : *assemblée, ducasse, festin, fête patronale, fête votive, frairie, kilbe, messti, reinage, vogue, vote*), la plupart de ces mots ne font pas très « tendance » et sont volontiers rangés dans le même tiroir que les chromos de l'*Angélus* de Millet. On oscille à leur égard – quand on les remarque – entre la condescendance et l'attendrissement. La variation géographique fait pourtant partie de la langue au même titre que les variations sociolinguistique, historique ou stylistique, avec lesquelles d'ailleurs elle se conjugue.

Quels accents ?

Le mot *accent*, employé absolument ou dans l'expression *avec l'accent* (parfois écrit *avé l'assent* pour indiquer la prononciation), renvoie globalement aux façons de parler le français dans le midi de la France ; on le voit attesté depuis 1898 : « [...] vous ferez ce que vous voudrez, dit (avec l'accent) le président du cercle de la chasse [de Dax] » (M. Barrès, *Mes cahiers*, FRANTEXT). Les exemples ne manquent pas, comme celui-ci, pris au hasard : « [*Michel Sardou*] Sa maman Jackie est née, dit la légende, dans une loge du théâtre Mayol. Son papa Fernand jouait la comédie, chantait l'opérette et avé l'assent, *Aujourd'hui peut-être* » (*Télérama*, 18 janvier 1989, p. 40). En dehors de ce fait de conscience « macro-régional », on l'a cent fois observé ; ce sont toujours « les autres » qui ont un accent : « Les gens qu'il entendait parler en passant [à Nevers] avaient un accent singulier : ils roulaient les *r* à la façon des Italiens ou des Russes. Ça lui donnait l'impression de se trouver à l'étranger, comme lorsqu'il faisait son service à Colmar. Mais, à la réflexion, il corrigea cette pensée. "Au fond, se dit-il, tous les Français ont un accent, les Parisiens, les Alsaciens, les Marseillais, les Nivernais, les Lyonnais. Y a vraiment que les Auvergnats qui en ont point. Et encore... en cherchant bien ! Les Thiernois, les Sanflorains, on les distingue des autres" » (J. Anglade, *Un temps pour lancer des pierres*, 1974, p. 93).

On pense spontanément aux accents de terroir bien typés comme ceux que la publicité emploie pour vanter les fromages : « Je suis du Gers (Gerce) » (J. Gracq, *Carnets du grand chemin*, 1992, p. 41) ; « [...] le Gerrrsss, comme disent les gens de là-bas » (Ph. Cousin, *Brutales*, 1993, p. 12) ou encore « [...] un fort accent de la Lozère qui roule les "r" comme des galets de torrent » (A. Vialatte, *Les Champignons du détroit de Behring*, 1988 [1967], p. 130) et aussi « Nous étions là [une bande de garnements], dispersés dans les fourrés, et sur un signal anodin [...] les grenades marrons volaient. Le bourgeois en prenait plein "ch'tête" à l'aller, et plein "ch'cul" au retour » (P. Richard, *Le Petit Blond dans un grand parc*, 1990 [1989], p. 13).

Paris n'y échappe pas, en raison de la riche palette de ses variétés sociolinguistiques traditionnelles (surtout ouvrières et populaires) : « Il [un "étranger du dehors"] arrivait on ne savait d'où, mais certainement du Nord, car il avait cet accent ridicule qui supprime les "e" muets, comme dans les chansons de Paris » (M. Pagnol, *Jean de Florette*, dans *Œuvres complètes*, Paris, éd. de Fallois, 1995, t. 3, p. 678) ; « Rue d'Aligre, des natifs – avec cet accent qui est le seul accent qui pour moi n'est pas un accent – crient que leurs choux sont beaux et pas chers et qu'elles sont fraiches leurs salades » (R. Forlani, *Quand les petites filles s'appelaient Sarah*, 1989 [1987], p. 46) ; « Le *a* bien rond du terroir parisien, ample et gras, tourné en bouche, glycériné comme un vieux bordeaux, est un phonème perdu. On dit *lacet* [lase] et non plus *laaaçait* [lɑsɛ], comme le bon gout le commanderait » (A. Schifres, *Les Parisiens*, 1990, p. 65).

Qu'on aime ou non ces accents (les Français ne sont pas toujours des modèles de tolérance sur ce point), ils font partie du paysage linguistique dont ils sont un élément culturel (« Il me semblait choquant que mes cousines parisiennes critiquent mon accent ardennais, comme si ce n'était pas là l'unique façon de parler connue et le chant primordial de la pensée », A. Dhôtel, *Lointaines Ardennes*, 1979, p. 25). Ce paysage est aujourd'hui de plus en plus métissé d'autres intonations : « Au temps pas si lointain où des provinciaux tous les jours s'installaient chez nous, il y avait un grand mélange d'accents dans les transports en commun. Nous en avons perdu l'habitude : les intonations, du terroir sonnent désormais d'une façon bizarre à nos oreilles et les parlers étrangers nous sont plus familiers » (A. Schifres, *op. cit.*, p. 76).

Quelle grammaire ?

On épinglera ici quelques tours, parmi plusieurs centaines d'exemples, à propos des verbes. Bien sûr, on conjugue et on emploie l'imparfait de la même façon partout, mais ce n'est pas le cas du fameux passé surcomposé, aussi vivant au sud d'une ligne de La Rochelle à Belfort qu'ignoré des grammairiens (« C'est sûr, l'usine… j'y *ai eu été* moi, à l'usine, c'est pour ça qu'j'en ai une sainte horreur… », L. Semonin, *La Madeleine Proust*, 1990, p. 157) et pas davantage de cet emploi observable dans la partie méridionale de la France : « La Tante corrigeait leurs fautes, leurs tournures vicieuses, avec gentillesse mais fermeté. Elle dirigeait une rubrique permanente : "Ne dites pas… mais dites." On ne dit pas : "Je *suis été* chercher à boire", mais : "Je suis allé chercher à boire" […] » (Cl. Duneton, *Le Diable sans porte*, 1981, p. 95).

Bien des faits de micro-syntaxe manifestent une certaine liberté par rapport au standard. Ainsi cette construction, bien vivante en Alsace et dans certaines régions de la Lorraine et de la Franche-Comté voisines : « Les vacances se sont bien passées ? – Oh, maintenant, j'*attends sur* l'année prochaine » (un boucher du Bas-Rhin, 40 ans, 5 septembre 1998). Dans plusieurs régions (notamment Est, Centre, Sud-Ouest et jusqu'au Québec) *échapper* est utilisé en emploi transitif au sens de « laisser tomber » : « Mon père au contraire était tout à fait hilare. Il se tapait sur la cuisse […], il hoquetait ! Il en *échappait* son dentier à moitié […] » (Cl. Duneton, *op. cit.*, 1981, p. 247) et « Malheureusement Hills *échappe* le ballon » (B. Laporte, commentaire d'un match de rugby sur TF 1, 23 octobre 1999, 16 h 35). Arrêtons-nous avec cette évocation du sommeil du juste dans un village des Bouches-du-Rhône où *promener* n'a rien d'une coquille pour *se promener*, mais appartient au français de tous les jours : « Aureille restait un endroit de rêve : à la belle saison, on pouvait y entendre, la nuit, en *promenant* dans les rues, les gens ronfler » (L. Merlo, J.-N. Pelen, *Jours de Provence*, 1995, p. 13).

Quels mots ?

Si l'« accent » est ce qui frappe en premier lieu et si la grammaire réserve bien des surprises, le lexique est cependant le domaine qui offre le champ d'observation le plus vaste. On ne cesse, et depuis une ou deux décennies l'enjeu semble devenu un jeu, d'engranger dans des dictionnaires de régionalismes des milliers et des milliers de mots. Avec une certaine fébrilité, comme si ces mots devaient disparaitre avec le XXe siècle, certains entassent pêle-mêle tout ce qui parait suspect de n'être pas standard.

– Tout frais du jour

Les régionalismes pourtant, qui sont aussi bien des villes que des campagnes, sont des faits de langue ni plus ni moins labiles que les autres. Il est tout de même étonnant qu'après des siècles de dénonciation et d'acharnement puristes, certains d'entre eux restent toujours jeunes… Voilà par exemple plus de deux cents ans que le Parisien Desgrouais remarquait à Toulouse, pour les stigmatiser aussitôt, certains emplois de *porter* pour *apporter*. (Réjouissons-nous, en passant, de tels greffiers qui, tenant registre des « locutions vicieuses », nous ont ainsi transmis les façons de parler de leurs contemporains.) Pourtant, tel ministre de l'Éducation nationale et de la Recherche affirme tout uniment sur un plateau de télévision : « – Je vous *ai porté* un livre de classe terminale […] » (TF 1, émission *Public*, 21 février 1999, 20 h 45) ; comment dire autrement, de façon spontanée, même avec une mère institutrice, quand on est d'ascendance héraultaise ? Le premier des Français lui-même ne dédaigne pas telle ou telle expression régionalement marquée : « [...] Jacques Chirac nourrit une certaine sympathie pour ce patron mouton noir, qui n'est pas énarque, ni inspecteur des finances, et refuse les mondanités. Il lui sauve la mise en 1996. Lors d'une étape du tour de France, Jean Peyrelevade [directeur du Crédit Lyonnais] aura l'occasion de remercier le chef de l'État de vive voix. "*Vous vous êtes sauvé vous-même. Vous êtes* têtu comme un âne rouge", lui répond celui-ci » (*Le Monde*, 16 juin 1999, p. 19) ; attestée dans le français de Clermont depuis 1861, l'expression a fait largement tache d'huile dans les régions alentour... jusqu'en Corrèze.

C'est par exemple sur les stades ou à l'écoute des troisièmes mi-temps, dans les agoras des villes plus que dans les cours de ferme (d'avant la mécanisation), qu'on saisira au vol ces mots empruntés à l'occitan par le français du Sud-Ouest et qui sont d'ailleurs plus ou moins en cours de dérégionalisation :

– *bouffe* équivalent du standard *gifle* : « – Parle doucement, il va t'entendre et il te foutra une bouffe. – Quoi, à moi, une bouffe ? Je voudrais bien voir ça » (H. Soum, *Chronique des bords de Garonne. La Pigassa*, 1992, p. 261-262). « La mêlée est l'essence du rugby [...]. Ne jamais perdre de vue que la moitié de l'équipe, l'arrière, les trois-quarts, les demis, ceux qui "jouent du piano" pendant que les "déménageurs" [les avants] se mettent des *bouffes*, ne savent pas, ne sauront jamais ce qui se passe sous la mêlée » (Fr. Marmande, *Le Monde*, 9 octobre 1999, Supplément « La coupe du monde de rugby », p. 1).

– *gnac* masc. ou *gnaque* fém. équivalent du standard *mordant, envie de vaincre :* « Je n'ai jamais connu un mec qui *avait* autant *la gnacque* [*sic*], c'était un partenaire en or » (P. Dessaint, *Du bruit sous le silence*, 1999, p. 191).

– *plié (c'est –).* La locution est passée, voilà deux décennies, dans le langage des compétitions et des chroniqueurs sportifs pour indiquer l'issue attendue d'un match et on l'entend ou l'écrit ailleurs que dans le Sud-Ouest : « Le Danemark face au Nigeria ? Deux buts en onze minutes, affaire *pliée* » (P. Georges, *Le Monde*, 30 juin 1998, Supplément, p. 1). Toujours en usage dans sa région d'origine, l'expression est utilisée aussi en français « branché », dans les contextes les plus divers, pour indiquer qu'une action est accomplie de façon expéditive : « [...] une césarienne de convenance est aussi le fait du médecin. "Parce que, admet crûment l'un d'eux, *c'est plié* en une demi-heure. On n'y passe pas la nuit" » (*L'Express*, 27 novembre 1997, 27, dans *Golf* 106, n° 2019) ; « Les anguilles, il leur coupe la tête et la queue, paf, paf ! fini, *plié* » (C. Nicolas, *Dehors et pas d'histoires*, 1998, p. 105) ; « Le premier ministre aime en effet donner le sentiment que ses arbitrages sont le résultat de discussions collégiales, où tous les ministres doivent pouvoir donner leur avis. Jusqu'alors, la règle avait été respectée. Rien de tel, cette fois-ci. *Tout était déjà plié*, reconnait un directeur de cabinet » (*Le Monde*, 16 septembre 1999, p. 6) ; « [...] en trois jours, *c'était plié*, et, hop [...] salut, bye-bye [...] » (J.-B. Pouy, *Larchmütz 5632*, 1999, p. 188).

Antoine Blondin croquait ces supporters de rugby qui « n'arrêtaient de rouler les *r* que pour dire *putain* ou *couillon* » (*Monsieur Jadis ou l'école du soir*, 1972 [1970], p. 191). La fréquence de leur usage et leur sémantisme relativement anodin dans le français du midi de la France confèrent de toute évidence à ces deux mots un statut particulier dans une vaste aire méridionale. C'est aussi à ce type de vocabulaire qu'on prêtera attention, plutôt qu'aux multiples dénominations de l'oviducte des volailles, du capitule de la bardane ou de l'age de la charrue dont certains esthètes refusent de nous faire grâce.

– En coup de vent

Et qui dira ces vents qui ne soufflent pas dans les bulletins « météo » de la télévision (où l'on n'entend guère parler que d'*autan*, de *mistral* et de *tramontane*) mais que selon les régions on nomme *cers, cisampe, grec, joran, labech, lombarde, marin, matinière, montagnière, pontias, traverse, verne* ; et la *burle* et l'*écir*, cauchemars des hauts plateaux de l'Ardèche et des monts d'Auvergne ; et celui qu'on nomme tout simplement *vent*, là surtout où il s'oppose à la bise. *Bise*, un mot qui pour la moitié des Français n'évoque guère (s'agissant de phénomène atmosphérique) que le vers de La Fontaine « quand la bise fut venue [...] », alors que pour l'autre moitié d'entre eux, essentiellement à l'intérieur d'un triangle dont les pointes seraient la Vienne, le Territoire de Belfort et les Hautes-Alpes, il s'agit du vent du nord... Pour le plaisir, voici deux exemples de la région lyonnaise, l'un d'aujourd'hui, où *bise* est parfaitement synonyme de vent du nord (« MÉTÉO. Samedi. Temps froid avec de la *bise* et du mistral en vallée du Rhône. Averses de neige possibles sur le relief venté. Dimanche. Du soleil mais toujours froid avec persistance du vent du nord et du mistral », *Le Progrès*, éd. de Lyon, 18 novembre 1999, p. 32) ; l'autre d'hier, particulièrement savoureux (« Mon jardin se pâme sous la sécheresse, mes carottes sont cuites par le soleil. L'évêque a ordonné des prières pour la pluie. Alors, le curé dauphinois est monté en chaire et a dit : "Mes frères, obéissons à Monseigneur. Prions Dieu de toutes nos âmes. Mais, tant que la *bise* soufflera, il ne faut rien espérer" », Lettre du Président É. Herriot, 16 juillet 1942, dans M.-E. Grancher, *Au temps des pruneaux*, 1946, encart entre les pages 108 et 109).

– Sur le pouce

Mais l'un des principaux diffuseurs des régionalismes du français est... le commerce, surtout dans le domaine de la cuisine – on n'ose dire de la gastronomie. La restauration inscrit parfois dans ses *Menus du terroir* des « spécialités » souvent disparues de la table des autochtones, et la grande distribution, qui brasse les régions et les spécialités, offre à travers tout l'Hexagone le touron et les rosquilles catalans, les tourteaux fromagers poitevins, la tapenade et l'anchoïade provençales, sans parler des plateaux de fromages qui banalisent les cabécous, caillades, chabichous, picodons et autres pélardons. On sait comment livres de recettes et revues *ad hoc* assurent le relais, avec un succès qui ne semble pas se démentir. En voici un bref assortiment.

En 1998, lors de la Coupe du monde de football, *cébette* « jeune oignon encore vert » a fait une timide entrée dans le vocabulaire de la gastronomie hexagonale : « Sur les dix sites du Mondial 98, les spectateurs consommeront exactement les mêmes boissons et les mêmes aliments. Une gamme unique a été préparée [...]. Les détenteurs de places "prestige" auront droit à des repas chauds, compris dans le prix du billet, préparés par la société Lenôtre. Menu type : marinade de jeunes légumes à la coriandre et au safran, pièce de veau rôtie aux navets fondants et jus de *cébettes*, fromages affinés [...] » (*Le Monde*, 23 avril 1998, p. 20). En dehors de cet emprunt un peu snob, le mot est usuel dans le français du sud de la France, principalement en Provence (il est attesté à Marseille depuis 1931) et dans le Languedoc.

Tout récemment, un reportage sur le Périgord chantait les louanges de « [...] la *mique*, ce plat inconnu des touristes [...]. La base de cet antique mets paysan est le pain rassis dont on forme une boule avec de la graisse d'oie et d'œuf, préparation qu'on enveloppe de farine et qu'on cuit lentement dans une eau où nagent les légumes du jardin, sans oublier des morceaux de cochon salé, si la fortune du pot le permet. Plus la *mique* est légère, à la fois moelleuse et ferme, assez compacte en tout cas pour être débitée en tranches, plus le plat est réussi. Souvent, le vrai régal c'est le bouillon dans lequel la *mique* a cuit. Une fois celui-ci avalé, le Périgourdin de souche ou d'adhésion *fait chabrol* en versant dans son assiette un peu de vin qu'il boit aussitôt *loin du regard écœuré des Parisiens et autres Bataves* [...] » (J. Péroncel-Hugoz, *Le Monde*, 25 nov. 1999, p. 28-29). Cette préparation appartient à un type bien connu auquel se rattachent, par exemple, les *fars* breton (notamment le *kig-ha-fars*) et les *farcidures* limousines. En ce sens, *mique*, autrefois employé dans une aire plus large du Sud-Ouest, est un terme aujourd'hui usité surtout en Périgord. On peut suivre son histoire depuis quatre siècles, puisqu'il est attesté en 1606, en un sens très proche : « La seconde sorte du pain fait de millet s'appelle en Gascogne miques : qui sont de petites boules rondes, & grosses comme des boules de palemaille [sorte de jeu de croquet], faictes de ladite paste, boüillies & cuittes dans l'eau : c'est le des-ieuner des petits enfants : qui n'est que de la valeur d'un denier » (J. du Chesne, *Le Povtraict de la santé*, 1606, p. 205).

Précisons que *faire chabrol* (avec sa variante *chabrot*) n'est pas qu'un rite de carte postale avec *papé* aux gauloises fournies, veste de velours côtelé et béret. Cette pratique roborative a toujours cours, même si elle vieillit. Sous ce nom, elle est typique d'un quadrilatère qui s'étend, avec une densité variable, au sud d'une ligne de la Charente-Maritime à la Saône-et-Loire et à l'ouest d'une ligne de l'Ain à l'Ariège – à l'exception des Pyrénées-Atlantiques qui connaissent le synonyme *goudale*. Quant à son origine, le *Dictionnaire des régionalismes de France* en cours de rédaction, qui atteste *faire chabrol* depuis le début du XIXe siècle (dans le français de Terrasson, en Dordogne) établira, preuves en main, qu'elle est tout simplement onomatopéique, ce qui est moins cocasse mais plus sérieux que l'étrange filiation (« boire dans son assiette, à la manière des chèvres ») qu'on lui prête habituellement depuis Mistral.

Origine et destin des régionalismes

Ces faits de langue sont notamment :

– des régionalismes de toujours : *bibet* « moustique » (Normandie), *darne* « pris de vertiges » (Champagne et

Ardennes), *finage* « territoire d'une commune » (Bourgogne et Franche-Comté) ;

– des archaïsmes du français qui se maintiennent ici ou là, depuis l'ancien ou le moyen français, comme des buttes témoins d'un standard disparu : *à c't heure* « maintenant », *échapper* « laisser tomber », *éclairer* « faire des éclairs ; allumer », *rester* « habiter », *village* « hameau » ;

– des emprunts à d'autres langues que le français : à l'alsacien ou à l'allemand (*bibeleskaese* « fromage blanc », *bredele* « petit four de Noël », *foehn* « sèche-cheveux », *mamama* « mémé », *winstub* « débit de vins ») ; au basque (*chipiron* « encornet », *ttoro* « plat de poisson ») ; au breton (*chouchen* « hydromel », *cotriade* « plat de poisson », *kouign-amann* « gâteau très riche en beurre », *penn-ti* « petite maison traditionnelle ») ; au flamand (*wassingue* « serpillière », *waterzoï* « plat à base de poisson ou de poulet ») ; à l'occitan (*banaste* « grand panier ; imbécile », *bougnette* « tache », *caraque* « gitan », *cèbe* « oignon », *draille* « chemin de transhumance », *esquicher* « comprimer, écraser », *fenestron* « lucarne », *mamé* « mémé », *papé* « grand-père », *poutou* « bisou ») ;

– des innovations : *biniou* « ballon pour mesurer le taux d'alcoolémie », *bras de Vénus* « biscuit roulé au citron », *cervelle de canut* « fromage blanc », *dialectophone* « locuteur alsacien », *guenilles* « beignets », *tartiflette* « dés de pommes de terre, avec lardons et oignons, que l'on fait dorer et sur lesquels on laisse fondre du reblochon ».

Comme tous les autres faits de langue, leur vie connaît des fortunes diverses : quand certains perdurent depuis plusieurs siècles (*clairer, finage, mique*), on en voit d'autres qui doucement sombrent dans l'oubli (*dail* masc. ou *daille* fém. « faux », *drapeau* « lange ») ou qui pénètrent aujourd'hui le français standard de toute la France (*chichi frégi, coucouner, fougassette, laguiole* « couteau ; fromage », *pan bagnat*). Pas d'inquiétude, la relève est assurée, pourvu qu'on la cherche là où elle est.

BIBLIOGRAPHIE

FRANTEXT : Base de données textuelles FRANTEXT, Nancy, Institut national de la Langue française (CNRS).

Matériaux pour l'étude des régionalismes du français, Nancy, publié par l'INaLF (CNRS), 14 vol. depuis 1983.

HÖFLER, M., et RÉZEAU, P., 1997, *Variétés géographiques du français. L'Art culinaire*, Paris, Klincksieck.

RÉZEAU, P. (dir.), 1999, *Variétés géographiques du français de France aujourd'hui. Approche lexicographique*, Paris-Bruxelles, Duculot.

EN SUISSE, ON APPELLE ÇA UN "NATEL".
EN BELGIQUE, UN CELLULAIRE... EN FRANCE, C'EST UN PORTABLE ET MICHEL SERRES VOUDRAIT QU'ON APPELLE ÇA UN PORTATIF... TOI, TU EN PENSES QUOI ?
MOI, JE M'EN FICHE. J'AI UNE CARTE POUR CABINE TÉLÉPHONIQUE.

S

comme Suisse

sans autre, schwentser, septante, séré, soccolis, sonderfall, souper, stamm, syndic...

par Marie-José Béguelin et Jean-François De Pietro

Ces quelques expressions, toutes empruntées au récent *Dictionnaire suisse romand*, nous rappellent que derrière l'apparente unicité de la langue française se profilent des usages qui illustrent de façon immédiate et vivante sa diversité. Les quelques exemples choisis ici – que l'on peut gloser respectivement par *sans problème* ou *bien sûr*, *manquer l'école*, *soixante-dix*, *fromage blanc*, *sorte de sabot*, *cas particulier* (fréquemment appliqué à la situation politique particulière de la Suisse), *diner*, *local de réunion*, *maire* – expriment certes parfois des influences « extérieures » (germanique pour *schwentser*, *sonderfall*..., italienne pour *soccolis*, dialectale pour *séré*, etc.), mais ils font bel et bien partie du français, tel qu'il est parlé dans ce pays quadrilingue qu'est la Suisse.

Un pays, plusieurs langues

Car en Suisse, on ne parle pas le suisse, mais l'allemand (64 % de la population), le français (19 %), l'italien (8 %) et le romanche (1 %), qui tous ont le statut de langues nationales. À la différence d'autres pays européens, aucune langue n'y est donc ici directement liée à l'identité nationale. Toutefois, cela ne signifie pas que tous les Suisses soient plurilingues, loin de là ! En effet, l'usage des langues est régi par deux principes, celui de la *territorialité* des langues et celui de la *liberté* des langues, qui sont déduits de la Constitution sans y être explicitement inscrits : le premier délimite, à l'intérieur du pays, des zones officiellement unilingues ; le second garantit à tout individu le libre usage de sa langue. Le tableau qui en résulte est celui d'une mosaïque de régions séparées par des frontières linguistiques plus ou moins nettes, sources parfois de quelques tensions.

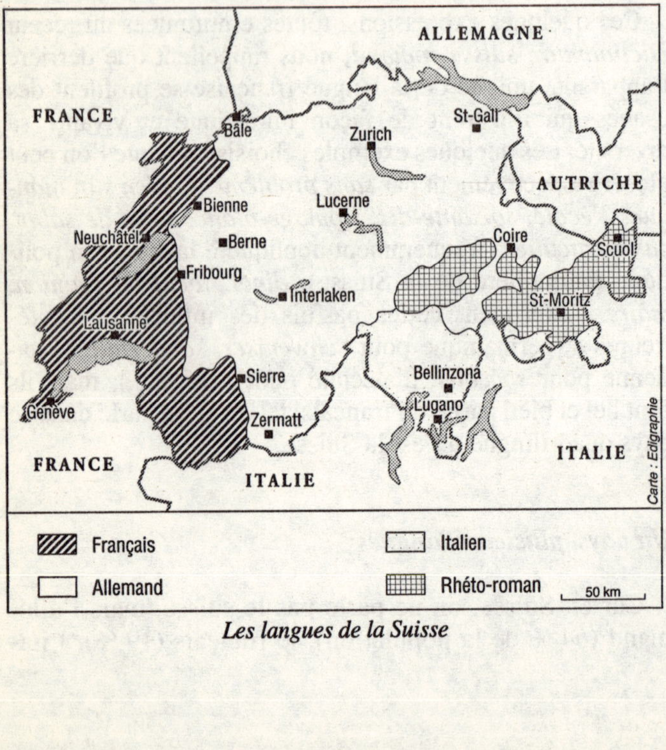

Les langues de la Suisse

Le plurilinguisme apparait donc avant tout comme un attribut juridique de l'État, favorisant, d'une certaine manière, l'unilinguisme des habitants. Une telle affirmation doit cependant être nuancée :

• tous les élèves apprennent, dès la scolarité primaire, une deuxième langue nationale au moins, dans laquelle ils sont censés se débrouiller en fin d'apprentissage ;

• les imbrications entre régions linguistiques sont fréquentes (cela est en particulier le cas pour les locuteurs du rhéto-roman : comme leur idiome ne leur permet pas de communiquer avec les autres confédérés, plus aucun d'entre eux n'est aujourd'hui unilingue !) ;

• de nombreux Suisses vivent ailleurs que dans leur région d'origine, tout en continuant d'entretenir des relations étroites avec celle-ci (Genève compte ainsi 6 % de ressortissants germanophones et 5 % d'italophones ; Berne 5 % de francophones, etc.) ;

• chaque aire linguistique connait elle-même des variations internes ; ce phénomène est particulièrement marqué en Suisse alémanique où les dialectes locaux sont très vivants et où prévaut une situation de diglossie entre ces dialectes (qu'on regroupe sous le terme générique de *schwyzertütsch*) et l'allemand standard, appris à l'école et seul couramment écrit ;

• chaque région compte aussi une importante population dont la langue d'origine n'est pas une des quatre langues nationales (près de 20 % à Genève, dont 5 % de lusophones, 5 % d'hispanophones, 3 % d'anglophones…).

Dans l'idéal au moins, chaque habitant de l'une ou l'autre région linguistique devrait ainsi, au bout du compte, être capable de communiquer avec les autres confédérés, en recourant lui-même à sa propre langue et en y mêlant quelques éléments de la langue de l'autre. C'est là ce que d'aucuns ont appelé le « modèle suisse » de la communication. Ce modèle ne se réalise cependant qu'à demi, et se heurte à divers obstacles : ainsi, bien qu'ils apprennent l'allemand standard comme première langue seconde, les ressortissants des régions latines ne peuvent pour autant communiquer familièrement dans cette langue avec leurs voisins alémaniques, qui parlent dialecte dans les contacts informels ; d'autre part, à l'intérieur même de la Suisse, l'anglais concurrence les langues nationales, jusque dans l'affichage, la publicité et l'entreprise.

« *Un écart plus ou moins grand entre* [le] *français d'école et le français de plein air* […] » (Ch.-F. Ramuz).

En Suisse, le français est donc parlé par un peu moins de 20 % de la population, principalement dans les cantons de Genève, Vaud, Neuchâtel et Jura, ainsi que dans les parties francophones des cantons bilingues de Fribourg, Valais et Berne. Mais il est aussi parlé dans les autres régions, en famille chez les ressortissants francophones, dans les contacts intercommunautaires, en partie dans l'administration et les régies fédérales ; il est parlé par des locuteurs dont il constitue la première langue, par des migrants qui en ont fait leur langue d'usage, par d'autres encore qui l'ont uniquement étudié à l'école… En Suisse comme ailleurs, le français est constitué d'une telle diversité.

L'existence de variétés à l'intérieur de la langue française – qu'il s'agisse de vocabulaire, de manières de dire ou d'orthographier – n'est d'ailleurs pas sans poser quelques problèmes : d'abord aux puristes, qui n'aiment pas beaucoup ces zones soustraites à leur contrôle, mais aussi aux « simples usagers », en particulier les provinciaux, qui ont souvent tendance à douter de leur parole et à se sentir confusément en faute.

Les ressortissants de Suisse romande, aussi prestigieux soient-ils, n'échappent pas à la règle. En 1743 déjà, le grand Rousseau, citoyen genevois, réagissait en ces termes à un compte rendu de sa *Dissertation sur la musique*, assorti de critiques d'ordre linguistique :

« À l'égard des incorrections de mon langage, j'en tombe d'accord aisément. Un Suisse n'aurait pas, je crois, trop bonne grâce à faire le puriste [...] » (Lettre à Monthénaut d'Égly, février 1743).

L'écrivain, cependant, ne pouvait en rester là : c'est par la ruse qu'il réaffirma tout à la fois sa conception philosophique du langage et son identité régionale. Comme le montre Meizoz (1998), Rousseau se retranche derrière un statut d'« éditeur » pour se disculper des « fautes » qu'il met en scène dans les lettres des « provinciaux », des « étrangers » de *La Nouvelle Héloïse* (1761) ; mais surtout, les usages déviants se chargent à ses yeux d'une valeur morale, contrastant avec la futilité des modes parisiennes :

« On me dira que c'est le devoir d'un éditeur de corriger les fautes de langue. Oui bien pour les éditeurs qui font cas de cette correction ; oui bien pour les livres dont on peut corriger le style sans le refondre et le gâter ; oui bien quand on est assez sûr de sa plume pour ne pas substituer ses fautes à celles de l'auteur. Et, avec tout cela, qu'aurait-on à gagner à faire parler un Suisse comme un académicien ? » (*La Nouvelle Héloïse*, première partie, lettre XIX, Classiques Garnier, Paris, 1952, p. 44, note 1)

C'est toute l'ambigüité des régions francophones périphériques qui se trouve exprimée dans ces propos, faite à la fois de soumission à la loi et de revendication identitaire, de sentiment d'infériorité linguistique et de valorisation du parler régional, de loyauté conservatrice et d'innovation à travers les contacts avec l'extérieur.

Si J.-M. Klinkenberg propose, ici même, l'image du banlieusard pour caractériser le locuteur belge (*cf.* p. 347), c'est peut-être celle du douanier que nous risquerions dans le cas du Suisse romand : d'abord parce que cela amusera certains lecteurs, ensuite parce que l'identité linguistique de la Suisse francophone est indissociable de l'idée de frontière. Mais notre douanier, à l'heure de l'Europe, ne sait plus très bien ni ce qu'il doit défendre, ni où il doit le défendre : faut-il – sur le pont de la *Sarine* (rivière qui, sur une partie du territoire, sépare les régions francophone et germanophone du pays), ou encore sur cette barrière mentale que l'on nomme *barrière des röstis* (du nom d'un plat bernois, fait de pommes de terre râpées en fines lanières et rôties) – lutter contre la « germanisation rampante » de la langue dénoncée par certains ? Ou, « menace » plus récente, contre sa *mcdonaldisation* ? Doit-il conserver précieusement, ou au contraire gommer à tout prix, les particularismes de son langage afin soit de se différencier, soit de se rapprocher du français de ses voisins ? Bref, le douanier romand, avec son accent *à couper au couteau* et qui fait bien rire les Français, ne sait plus toujours où donner de la grammaire…

« *La grande famille des dialectes français* [...] » (Ch.-F. Ramuz).

L'histoire linguistique connue de la Suisse romande commence à l'époque des Celtes. Ceux-ci passèrent sous domination romaine au cours du Ier siècle avant J.-C. et adoptèrent le latin, d'abord à l'écrit puis à l'oral. Les populations germaniques qui arrivèrent par la suite (Burgondes, Alamans) n'ont guère laissé de traces linguistiques, excepté dans la toponymie. Toutefois, la fragmentation dialectale qui a suivi la chute de l'Empire romain a également touché la Suisse. Sept des huit cantons qui la composent ont alors développé des dialectes qui appartiennent au groupe franco-provençal (langue gallo-romane indépendante qui s'est développée entre le VIe et le VIIe siècle dans les zones de transit alpin entre Lyon et Aoste), alors que le Jura relève des dialectes d'oïl. Pour la communication orale, tous ces dialectes ont été très largement utilisés jusqu'au XVIIIe siècle, époque à laquelle s'amorce un déclin inexorable, d'abord dans les cantons protestants et précocement industrialisés (Genève, Vaud et Neuchâtel), un peu plus tardivement dans les cantons catholiques (Fribourg, Jura, Valais).

Aujourd'hui, seules quelques personnes âgées, dans quelques villages, connaissent encore le patois de leur région, et les dialectes d'origine gallo-romane ne vivent plus qu'à l'intérieur d'associations qui s'efforcent d'en conserver la mémoire. Certes, le français qui les a remplacés contient des régionalismes, dont certains remontent au patois, et que les locuteurs eux-mêmes confondent parfois avec le patois. Le public tend toutefois à en surévaluer le nombre qui, à l'heure de l'homogénéisation et de la mondialisation, semble plutôt en diminution (Knecht, 1985, p. 161).

« Le français, une espèce de français [...] » (Ch.-F. Ramuz).

Pour l'observateur extérieur, le français de Suisse se repère non seulement à des traits lexicaux (*cf.* titre du chapitre), mais surtout à l'intonation. Sous l'influence probable des anciens patois, certains Romands tendent en effet à accentuer l'avant-dernière syllabe des groupes syntaxiques, alors que le français standard en accentue la dernière ; d'où une montée perceptible de la courbe mélodique sur l'antépénultième – bien perçue et reproduite par ceux qui parodient « l'accent suisse » : la *mai*son, la *to*mate, etc. En revanche, et bien que ce trait soit souvent associé au français de Suisse, les études existantes ne permettent pas d'affirmer que l'élocution soit plus lente chez les Romands que chez les autres francophones (Singy, 1996, p. 57).

Quelques particularismes phonologiques sont également bien répandus : maintien de l'opposition e/ɛ (j'aurai/j'aurais, rusé/rusait) et du couple o/ɔ pour opposer *peau*/*pot*, *seau/sot*, etc., excepté à Genève ; conservation de la distinction œ̃/ ɛ̃ (*brun* vs *brin*), du moins chez les plus âgés, etc.

Les particularismes morphologiques et syntaxiques, plus rares, reviennent souvent à exploiter des potentialités ignorées ou perdues du système de la langue française. Ainsi en est-il de l'emploi du verbe vouloir comme auxiliaire de futur : *il veut pleuvoir* (d'ailleurs également attesté en Franche-Comté, en Wallonie, etc.), ou du placement particulier de certains pronoms, observable surtout dans le canton de Vaud : *j'ai personne vu.* Citons encore l'emploi bien vivant, dans des propositions indépendantes, d'un passé surcomposé exprimant l'idée de révolu et d'éloignement temporel : *il a eu fait plus chaud.* On peut aussi relever la productivité de certains suffixes, *-ée* en particulier, avec une valeur exprimant la quantité (*golée, pellée, éreintée*, etc.), et le fait que, dans certaines régions, c'est l'allongement de la dernière voyelle et/ou l'ajout d'une légère mouillure (le yod, noté *-j*) qui, à l'oral, marquent morphologiquement le féminin (*mon ami/mon amie* ; *cf.* Klinkenberg, p. 345).

Ce panorama sommaire est surtout destiné à donner au lecteur l'envie d'aller y voir par lui-même… Certes, il resterait beaucoup d'observations à faire, et notamment à explorer le domaine de la phraséologie et des usages pragmatiques : ainsi lorsqu'un Romand – par souci de politesse ? par prudence ? par simple habitude ? – demande *s'il peut payer* là où le Français va directement au but (*L'addition, s'il vous plait* !). Ces domaines-là sont encore bien mal connus, de même que les autres traits conversationnels qui contribuent à caractériser une parlure régionale.

Les quelques particularismes présentés ci-dessus sont plus ou moins largement partagés par la population. Mais il ne faut pas s'y tromper : il n'existe pas, à proprement parler, de « français suisse » (Knecht, 1985, p. 158) ! Comme l'a montré un récent sondage effectué par un quotidien populaire (*Le Matin*, 7-11-99), les Romands s'estiment tout à fait capables de distinguer le parler d'un Vaudois de celui d'un Valaisan, d'un Jurassien, d'un Neuchâtelois ou d'un Genevois. En effet, la plupart des traits régionaux sont limités à une partie du territoire, à moins qu'ils ne s'étendent au contraire au-delà des frontières helvétiques. Les seuls termes véritablement « suisses », et pour cause, sont ceux que les spécialistes nomment des *statalismes*, autrement dit des termes qui, en raison de l'autonomie politique du pays, désignent des institutions qui lui sont propres dans des domaines comme l'administration publique (*syndic*, *conseiller d'État*...), l'école (*gymnase*, *maturité*...), l'armée (*cours de répétition*...), etc.

« *Sans doute y a-t-il à l'origine une certaine défiance envers le langage* [...] » (J. Starobinski).

Le Romand n'est pas un banlieusard, disions-nous. Il ne cherche généralement pas à singer Paris, dont il se méfierait plutôt. Il manifeste, à l'égard de son propre parler, une attitude ambivalente, faite à la fois de gêne et de dévalorisation, d'une attention marquée à la norme qui n'est pas incompatible avec un attachement affectif aux expressions du terroir. Ainsi, d'après certaines enquêtes conduites dans le canton de Vaud, plus de 75 % des sujets interrogés se déclarent fiers de leur parler. Cependant, un tiers d'entre les sondés reconnaissent aussi qu'ils ont déjà tenté volontairement d'effacer leur accent devant un locuteur de nationalité française, et trois quarts d'entre eux se montrent plutôt hostiles à un enseignement des formes régionales à l'école (Singy, 1996). D'autre part, le prestige de la profession attribuée à un locuteur, son intelligence, sa facilité d'élocution, sont perçus d'autant plus favorablement que l'accent vaudois de ce locuteur est moins marqué ; à l'inverse, on le jugera d'autant plus sympathique que son accent est prononcé.

Cette propension à mêler dévalorisation et survalorisation, complexe et fierté, rejet et loyauté, reflète typiquement une situation d'insécurité linguistique. L'un des personnages mis en scène par Étienne Barilier, dans une nouvelle intitulée *L'Interrogatoire*, l'exprime à sa façon :

> « [...] les Français parlent français ; nous parlons en français. Sans aller jusqu'à dire que cette langue serait, dans notre bouche, et dans les deux acceptions du terme, empruntée, j'affirme que cette langue, nous devrons la regarder, l'arracher un peu de nous pour la maitriser. Et si nous ne la regardons pas... bref, elle est notre outil, elle n'est pas notre ambiance » (« Romandie », *NZZ-Folio*, n° 8, août 1993, p. 41).

***« Cette région où l'allemand et le français jouent à saute-mouton par-dessus la limite des langues* [...] »**
(*J.-B. Vuillème, *L'amour en bateau).

Le Romand ne serait donc pas un banlieusard, mais plutôt un douanier... Toutefois, si Français et Québécois veillent à limiter l'importation des anglicismes, c'est davantage à une « germanisation rampante » – *cf. Le Canard enchaîné*, dossier consacré à la Suisse, 1990 – que les Romands tentent vaillamment de s'opposer. Charpillod & Grimm-Gobat écrivent à ce propos :

> « Une analyse structuraliste ferait apparaitre que si l'anglais menace le français de France, les Suisses français sont les victimes du "frallemand" » (1982, 61).

Bon nombre de grammairiens, d'enseignants, de chroniqueurs linguistiques, mais aussi de politiciens et de journalistes traquent ainsi inlassablement l'influence germanique menaçant le français de leurs ancêtres...

De telles préoccupations s'inscrivent dans le contexte social propre à la Suisse, où la partie francophone est linguistiquement mais aussi politiquement et économiquement minoritaire, ce qui ne va pas sans susciter inquiétude et, parfois, amertume. En ce qui concerne la langue cependant, les craintes exprimées sont excessives et parfois fantasmatiques. Les Romands ont ainsi tendance à déceler une influence germanique dans toute construction syntaxique qui s'écarte du standard (*il lui aide*, *venir avec*, *attendre sur*, etc.), alors que, vérification faite, ces constructions se retrouvent dans d'autres régions francophones, peu suspectes d'influence allemande. En réalité, l'influence germanique se limite essentiellement au vocabulaire, et reste relativement restreinte (d'aucuns en concluront que la vigilance porte ses fruits !).

Puisqu'il n'y a guère de menace « objective », c'est donc une autre peur que les Romands expriment par leur crainte des germanismes. Au-delà du débat linguistique, c'est en effet leur identité culturelle qui est en jeu. Et l'identité, qu'elle soit collective ou individuelle, n'est jamais définitivement acquise : les acteurs sont voués à la construire et à la réaffirmer sans cesse, en la projetant dans des signes visibles. On peut dire que la relation des Romands avec le français exprime leur besoin d'identité, projeté sur leur langue. De ce point de vue, leur attitude manifeste un certain désarroi, signe des difficultés identitaires de la Suisse dans son ensemble. N'attribue-t-on pas à un ancien conseiller fédéral la boutade selon laquelle « en Suisse on s'entend bien parce qu'on ne se comprend pas » ? Il n'est qu'à penser, en l'occurrence, aux relations complexes que ce pays entretient avec l'Europe, relations qui font, pour l'heure, partie du contentieux entre confédérés, la partie francophone étant majoritairement pro-européenne, au contraire de la partie germanophone.

***« Il faut que, notre rhétorique, nous nous la soyons faite sur place, et jusqu'à notre grammaire, et jusqu'à notre syntaxe* [...] » (Ch.-F. Ramuz).**

Dans son ensemble, la Suisse est souvent présentée comme une sorte de laboratoire pour l'observation des relations entre communautés linguistiques. Les défis que ce pays a dû et qu'il devra encore résoudre en la matière sont multiples et délicats. En 1973, le système fédéraliste a montré sa vitalité en permettant, après des décennies de controverses, la création d'un nouveau canton francophone, le Jura. Mais la protection des minorités donne des résultats plus décevants dans le cas du romanche, en constant recul en dépit des mesures prises pour en relancer l'usage. Autre problème épineux : le puissant canton de Zurich a récemment, et de façon unilatérale, décidé d'introduire l'enseignement précoce de l'anglais dans les petites classes du canton. Se pose ainsi, brutalement, la question de la place de l'anglais dans l'économie des langues nationales. Les autorités ont réagi en chargeant un groupe d'experts d'élaborer, pour les années à venir, un « concept général pour l'enseignement des langues » en Suisse ; les propositions qui ont été formulées et mises en discussion publique tentent peut-être de concilier l'inconciliable : elles vont dans le sens d'une priorité accordée aux langues nationales, d'un développement des formes d'enseignement bilingue, d'une reconnaissance accrue de l'ensemble des langues présentes sur le territoire, mais aussi d'une prise en compte plus marquée de l'anglais comme langue de grande communication.

Comme au Québec et en Communauté française de Belgique, la langue est, en Suisse romande, objet d'attention et de sollicitude constante. Le patrimoine linguistique a récemment été mis en valeur grâce au *Dictionnaire suisse romand*, réalisé sous l'égide du centre de dialectologie de l'université de Neuchâtel, ouvrage de grande qualité scientifique et véritable succès de librairie ; des moyens humains et financiers importants sont, en permanence, consacrés à la réflexion sur la didactique du français et à l'élaboration de moyens d'enseignement de qualité ; enfin a été créée, il y a quelques années, une *Délégation à la langue française*, avec pour mission de représenter la Suisse romande dans les débats internationaux concernant l'aménagement et l'avenir du français.

Le Suisse francophone peut apparaitre aujourd'hui comme un douanier, avons-nous dit plus haut. On peut souhaiter qu'il donne plutôt à l'avenir l'image d'un *passeur*, d'un *médiateur*, puisque, francophone sans aucun doute, il se trouve à la rencontre de trois grandes cultures européennes. C'est ainsi qu'il pourra jouer pleinement son rôle, et faire entendre une voix originale au sein de la vaste communauté francophone. Depuis longtemps déjà, des écrivains (Ramuz, Corinna Bille, Monique Läderach, etc.), des penseurs (Rougemont), des linguistes (Saussure, Bally) ont ouvert la voie, développant des forces créatives et médiatrices, renforcées par leur situation « à l'extrême périphérie du domaine linguistique français » (J. Starobinski). La distance d'avec le centre provoque le doute, la réflexion. La proximité avec l'autre invite à l'ouverture. Le douanier devient passeur.

BIBLIOGRAPHIE

Babylonia (1999). *Français.ch – langue, littérature et culture en Suisse.* Revue éditée par la fondation Langues et cultures.

Dictionnaire suisse romand. Particularités lexicales du français contemporain (1997). Conçu et rédigé par THIBAULT, A., sous la direction de KNECHT, P., Genève, éditions Zoé (version CD-Rom PC/Mac, 1999, éditions Zoé).

CHARPILLOD, A. et GRIMM-GOBAT G., 1982, *La Romandie dominée,* Lausanne, éditions Pierre-Marcel Favre.

FRANCILLON, R. (dir.), 1996-1999, *Histoire de la littérature en Suisse romande* (4 vol.), Lausanne, éditions Payot.

KNECHT, P., 1985 (traduit de l'allemand en 1982), « La Suisse romande » *in* SCHLÄPFER, R. (éd.), *La Suisse aux quatre langues*, Genève, éditions Zoé.

LÜDI, G., et WERLEN, I. (dir.), 1997, *Le Paysage linguistique de la Suisse. Recensement fédéral de la population 1990*, Berne, Office fédéral de la statistique.

LÜDI, G., PY, B. *et al.*, 1995 (traduction de l'allemand, 1994), *Changement de langage et langage du changement. Aspects linguistiques de la migration interne en Suisse*, Lausanne, L'Âge d'Homme.

MANNO, G., 1994, *Le Français non conventionnel en Suisse romande. Étude sociolinguistique menée à Neuchâtel et à Genève*, Berne, Peter Lang.

MEIZOZ, J., 1998, *Le Droit de « mal écrire ». Quand les auteurs romands déjouent le « français de Paris »*, Genève, éditions Zoé.

SINGY, P., 1996, *L'Image du français en Suisse romande. Enquête sociolinguistique en pays de Vaud*, Paris, L'Harmattan.

THREE HUNDRED FORTY TWO PLUS EIGHT THOUSAND NINETY NINE ?
LA VACHE... HEUREUSEMENT QUE J'AI CHOISI UNE FORMATION ACCÉLÉRÉE MATH ET ANGLAIS ET PAS CYBERNÉTIQUE ET HONGROIS.

T

comme techniques et sciences

Entretien avec Michel Serres et Jean-Paul Poirier

B. Peeters : *Michel Serres, vous avez écrit un* Éloge de la philosophie en langue française. *C'est presque autant un éloge de la science en langue française. Peut-on dire qu'il existe une tradition scientifique française ou francophone et, si oui, comment pourrait-on la caractériser ?*

M. Serres : Il y a eu longtemps une tradition liée à la langue française, jusqu'à la fin du XIXe siècle ou au début du XXe siècle. Des ouvrages comme *Les Atomes* de Jean Perrin ont fait autorité comme des œuvres de sciences réelles, puisque l'hypothèse atomique a été établie de façon presque définitive à partir de Jean Perrin, mais aussi comme des monuments de langue. C'était l'époque où les scientifiques écrivaient dans une langue presque aussi raffinée que leurs collègues romanciers ou philosophes. Il n'y a pas une grosse différence entre la prose de Jean Perrin et celle de Bergson par exemple. Et donc, il y avait une alliance extraordinairement profonde de la part de ces scientifiques avec un mode d'expression littéraire. Ce qui a changé à un certain moment, c'est qu'il est devenu impossible d'écrire certaines sciences en langue vernaculaire : le fonds de l'expression scientifique est devenu mathématique. On voit très bien comment on passe par exemple de

Laplace à Poincaré, puisque Laplace écrit au tournant du XVIIIe et du XIXe siècle et Poincaré au tournant du XIXe et du XXe. Ils écrivent sur les mêmes sujets : la mécanique céleste. Or, Laplace dit la mécanique céleste et Poincaré l'exprime en langue mathématique. À partir d'un certain moment, la langue vernaculaire a de moins en moins d'importance et les langues deviennent de plus en plus technicisées. C'est le moment du changement.

B. Peeters : *Vous avez écrit dans un rapport, il y a quelques années : « L'angle d'attaque d'un chercheur sur un problème déterminé dépend de sa langue maternelle.* [...] *Lorsqu'on fait un peu d'histoire des sciences, on s'aperçoit très vite que les solutions à un problème donné, même aussi universel qu'en mathématique ou en physique théorique, dépendent souvent d'un angle infinitésimal d'attaque, selon que vous parlez français, italien, espagnol, israélien ou américain. » Pouvez-vous préciser en quoi ce lien à la langue vous apparait déterminant ? Et vous, monsieur Poirier, en tant que scientifique, pouvez-vous nous dire si vous partagez cette analyse ?*

J.-P. Poirier : Honnêtement, je ne suis pas sûr d'être d'accord : c'est la vieille théorie linguistique de Whorf qui disait que la vue que l'on avait du monde dépendait de sa langue. C'est peut-être vrai, mais mon expérience personnelle ne me permet pas de répondre à cette question. Quand j'aborde un problème scientifique, il est bien clair que pour éviter de refaire des choses qui ont déjà été faites, je regarde la bibliographie. Dans beaucoup de cas, celle-ci est en anglais, ce qui induit déjà une certaine imprégnation. Ensuite, il m'est très difficile de dire si j'apporte quelque chose par la langue ou si je pense en gros scientifiquement dans une langue ou dans une autre.

M. Serres : J'ai été amené à dire cela à cause de l'histoire des sciences. Il y a eu, jusque dans les années dont j'ai parlé, un véritable profil d'un savant allemand ou d'un savant français sur telle ou telle discipline ou d'un savant de langue anglaise. Peut-être tout cela change-t-il à partir de la Deuxième Guerre mondiale ou un peu avant. Il y a par exemple une école topologique italienne incomparable. Et il arrivait parfois que nous ayons du mal à comprendre même le point de vue qu'avaient les Italiens sur les mathématiques, c'était probablement induit par les langues. La remarque de Jean-Paul Poirier vient du fait que certaines sciences, surtout récentes, ont une bibliographie globale dans une seule langue qui est la langue de communication ; cette langue entraine alors une sorte de communauté et même de communauté de point de vue. Mais, en même temps, je viens de lire plusieurs textes de biochimie et je vois une certaine originalité dans l'attaque japonaise ; ils n'ont pas tout à fait la même manière de prendre les choses que les Américains ou les Français.

B. Cerquiglini : *Pensez-vous que l'on fait de la science d'abord dans sa langue maternelle, dans les catégories de sa langue maternelle ? La langue de communication serait une langue seconde d'expression, venant en quelque sorte après le calcul ?*

M. Serres : Je n'ai sur ce point qu'une expérience, mais qui m'apparait presque comme une démonstration. Vous choisissez quelqu'un qui ne parle plus sa langue maternelle depuis 2, 5, 10, 20 ans et vous lui demandez rapidement de vous donner la somme de deux chiffres. Il la donne toujours dans sa langue maternelle, s'il a besoin de la dire rapidement. Comme si la langue pouvait changer, mais que les nombres restaient inscrits, plus profondément, dans la conscience que la langue elle-même. Moi-même, quand je suis en Amérique, baigné dans la langue anglaise, j'ai du mal à additionner 326 et 452 autrement qu'en français. Il y aurait donc deux couches : la couche chiffres ou nombres et la couche langue. Si cette hypothèse se tient, il y aurait dans la quantification quelque chose d'assez profond qui serait attaché à l'apprentissage primaire de sa langue.

B. Peeters : *Avec des savants innombrables et éminents – Jacob, Changeux, Prigogine, Charpak, Pierre-Gilles de Gennes et beaucoup d'autres –, la science de langue française est loin d'être en reste aujourd'hui. Pourtant le domaine scientifique et technique semble être l'un de ceux, sinon peut-être même celui, où le recul de la langue française parait le plus manifeste, le plus flagrant depuis un demi-siècle. Comment expliquer ce décalage entre l'effervescence de la créativité scientifique dans les pays de langue française et le sentiment que le français, globalement, n'est plus la langue de la science ?*

M. Serres : C'est assez facile à expliquer, au moins historiquement. Du point de vue scientifique, je laisserai la parole à Jean-Paul. Une chose est tout à fait claire aux yeux de l'historien des sciences : il y a toujours eu, depuis au moins le Ve siècle avant J.-C., une langue de communication scientifique. Cette langue a d'abord été le grec : même les gens qui ne parlaient pas grec faisaient de la géométrie en grec, ou de l'astronomie en grec ; puis cette langue a été le latin, assez peu de temps, au moment de la prééminence de la Rome impériale. Puis l'arabe est devenu la langue de communication, et nous avons des textes d'al-Khwarismi, l'inventeur du fameux algorithme qui était un Iranien, parlant donc une langue indo-européenne, et qui a écrit en arabe. À partir d'un certain moment, c'est redevenu le latin. Curieusement, la langue de communication scientifique est redevenue le latin bien après l'effondrement de l'Empire romain, et cette langue est restée le latin jusqu'à très tard puisque Gauss, tout à la fin du XVIIIe siècle, publie encore ses recherches arithmétiques en latin. Il existe même des mémoires de Riemann en latin. À un certain moment, le latin aurait donc pu s'imposer durablement comme la langue de communication scientifique. Il semble même, mais je ne parle là que par ouï-dire, que ce soit le purisme des latinistes qui ait tué cette possibilité, car il y avait un accord profond entre les Allemands, les Anglais et l'Europe du Sud pour parler latin. La langue de communication a été le français ensuite, aux XVIIe et XVIIIe siècles : toutes les académies d'Europe parlaient français, y compris celle de Berlin. Et c'est l'anglais maintenant, depuis cinquante ou soixante ans, pas plus. Il y a donc une histoire des langues de communication scientifique. Ce n'est pas une nouveauté. Et c'est pourquoi nous avons tant de restes de mots grecs dans la science, puis de mots latins, puis de mots arabes. Regardez dans le ciel par exemple : les noms des étoiles sont ou latins ou grecs ou arabes. On n'échappe pas à la nécessité d'une langue de communication : tout simplement parce que les Japonais veulent parler aux Néo-Zélandais ou aux Italiens d'une discipline déterminée. Mais cette langue de communication n'est pas très dangereuse à mon avis, parce qu'elle porte sur des concepts qui se disent à peu près de la même manière dans toutes les langues : que vous disiez *mathematics*, *mathématiques* ou *matematica*, il n'y a guère de différence. C'est comme l'ADN et l'ARN, en italien, en français ou en anglais, ce sont presque les mêmes mots qu'on emploie. La langue de communication me parait à la fois nécessaire pour le travail scientifique et pas très dangereuse pour la langue vernaculaire.

J.-P. Poirier : Je suis tout à fait d'accord. Il y a une langue de communication, et puis il y a la langue que les scientifiques d'un pays donné parlent entre eux. Et celle-là en général, c'est leur langue maternelle avec des mots empruntés à la langue de communication, mais pas toujours. Par exemple, quand il y a un champ disciplinaire où la France a été présente dès le début, à ce moment-là les mots ont été ou bien inventés par les Français ou bien traduits immédiatement et ce sont ceux qui sont utilisés. En revanche, quand il s'agit de choses qui ont été inventées en

Amérique ou au Japon, on utilise les mots anglais. Dans un domaine, qui est un peu le mien, les défauts dans les cristaux, Friedel a écrit très tôt des choses décisives sur les dislocations, et tout le vocabulaire des dislocations est français. L'origine des concepts est donc essentielle à cet égard. Mais il est clair qu'il faut faire une différence entre la science d'un pays et la langue de communication. La majorité des scientifiques, à l'heure actuelle, sans vouloir du tout attaquer le français, pensent qu'il est indispensable qu'il y ait une langue de communication, et que leur devoir est de faire connaitre à l'extérieur la science qu'ils pratiquent, en utilisant la langue de communication.

M. Serres : Je voudrais apporter deux petites restrictions à ce que nous venons de dire, puisque nous sommes en plein accord.

D'abord, il me semble qu'il y a un danger, aujourd'hui assez réduit, mais qui pourrait devenir important si l'évolution se poursuit. Faudra-t-il apprendre une langue étrangère pour apprendre une discipline ? Si à un certain moment tous les savants d'un pays donné ne connaissent les concepts que dans une langue étrangère, ils vont finalement enseigner aux enfants cette science dans cette langue. Il y a un risque disons pédagogique.

Le deuxième est peut-être plus sérieux. Si on fait le compte des mots nouveaux qui apparaissent dans une langue, autrefois c'étaient des mots émanant de toutes sortes de domaines, aussi bien l'agriculture que l'industrie ; aujourd'hui, le volume des mots nouveaux est essentiellement issu de la science (médicale, physique, biologique…). Le renouvèlement d'une langue vernaculaire vient donc en grande partie du vocable scientifique. La dictée de Mérimée ne présente plus pour nous beaucoup de difficultés, puisqu'il y a énormément de mots médicaux qui sont passés dans la langue courante. Évidemment, si ce sont tous des mots étrangers, et tous issus de la même langue, alors cela pose problème.

B. Cerquiglini : *Je me permettrai une autre restriction, si vous en êtes d'accord. À partir de la Renaissance et jusqu'au* XIXe *siècle, le latin n'était la langue maternelle de personne, à part de Montaigne, dit-on.*

M. Serres : On l'appelait la langue paternelle…

B. Cerquiglini : *Langue paternelle, et donc d'aucun pays bien sûr. Or l'anglais a le double caractère d'être la langue de communication, mais aussi la langue d'un pays et d'une communauté scientifique très importante.*

M. Serres : C'était aussi le cas du grec, et c'était le cas de l'arabe, et le cas du français aux XVIIe et XVIIIe siècles. Et en effet beaucoup de scientifiques, et en particulier des mathématiciens allemands et des physiciens anglais, étaient très favorables au latin pour la raison que vous venez d'évoquer ; c'était une langue internationale qui ne posait pas de problème de patriotisme ou de particularisme. D'où l'intérêt suscité dans certains milieux par l'espéranto.

J.-P. Poirier : Je dois revenir sur ce que tu disais à propos du « petit anglais », qu'on enseigne ou qu'on risque d'enseigner. C'est une des raisons pour laquelle il faut faire une grande différence entre ce que les scientifiques se racontent entre eux, qui est leur jargon, et ce qu'ils doivent enseigner dans leur pays, donc ce qu'ils doivent faire passer aux professeurs. Il est très important que ce soit en français, c'est un devoir.

M. Serres : C'est pourquoi je m'étais tellement révolté il y a quelques années lorsqu'on distribuait dans les facultés de sciences un petit livret intitulé *How to write mathematics ?* Comment écrire les mathématiques en anglais ? Cela, c'était vraiment nous ramener au statut d'un pays colonisé où il faut apprendre l'anglais avant d'apprendre les théorèmes !

B. Peeters : *Dans le prolongement de cette question du caractère double de l'anglo-américain, à la fois langue de quelques pays et langue de communication, comment voyez-vous la question des revues scientifiques, la quasi-obligation de publier en anglais pour faire date, et la question des congrès scientifiques qui, parfois même dans les pays européens, se tiennent essentiellement en anglais ? S'agit-il d'une fatalité, liée aux besoins de communication que vous évoquiez ? N'y a-t-il pas là une forme de délégation de pouvoir, par exemple à des comités de revue qui doivent décider de la pertinence d'une publication et qui risquent de se montrer plus sensibles à des publications émanant de leur pays d'origine ?*

M. Serres : Il est vrai que les États-Unis font 17 à 18 % de la recherche mondiale et en publient 98 %. Ça donne à peu près le rapport de puissance que peut avoir un pays sur la publication. Mais je crois que Jean-Paul parlera mieux des revues scientifiques que moi.

J.-P. Poirier : Je crois qu'il y a deux problèmes qui ne sont pas identiques : celui des revues et celui des congrès. En ce qui concerne les congrès, il est absolument impensable d'avoir des traductions simultanées, parce qu'il faudrait des traductions simultanées en énormément de langues : dans un congrès important, il y a des anglophones bien sûr, mais il y a aussi des Arabes, des Russes, des Chinois… Donc c'est impossible et ce n'est même pas souhaitable, car il faut une communication directe ; il faut pouvoir poser une question et y répondre et là, c'est vraiment le rôle de la langue véhiculaire.

En revanche, pour les revues c'est un petit peu différent en ce sens que, si ce que l'on publie est remarquable et n'est fait nulle part ailleurs, ce sera lu même si c'est publié en français. Ce ne sera peut-être pas lu aussi vite, mais ça finira par être lu. Les revues publiées en français émanaient soit de sociétés savantes, soit d'éditeurs spécialisés ; dans les deux cas, c'était financièrement un désastre. Elles ont donc été presque toutes obligées de s'associer pour former des revues européennes, et à partir de ce moment-là c'est la langue véhiculaire qui a pris le dessus, avec parfois la possibilité de publier en français. Mais qui le ferait vraiment ou qui le voudrait vraiment ? Il y a des solutions intermédiaires, celles par exemple adoptées pour les comptes rendus de l'Académie des sciences qui permettent d'écrire en français avec un long résumé en anglais, mais qui permet aussi d'écrire en anglais à condition qu'il y ait un long résumé en français. C'est un moyen terme, mais il est évident que si l'on souhaite avoir immédiatement un impact, être cité très vite et très souvent, il vaut mieux publier dans une revue totalement internationale.

M. Serres : Ce que Jean-Paul a dit tout à l'heure me parait très important : une langue a d'autant plus d'importance que les inventeurs sont présents au départ. Il a paru récemment un livre d'un auteur brésilien, *Les Mots sans frontières* de Sergio Corrêa da Costa, qui a fait un travail énorme sur une soixantaine de langues pour voir quels sont les mots les plus communs qui sont passés dans l'usage internationalement. Eh bien, le français arrive encore en tête, parce qu'il a été la langue de diffusion à un moment précis de la science où beaucoup de choses s'inventaient. Et donc le problème est là : il faut être l'inventeur. J'ai lu récemment un très beau livre sur l'*homéobox*, « l'homéoboîte », qui est un concept assez récent inventé en biochimie. Il y a quelques mots japonais parce qu'il y a eu des chercheurs japonais sur cette boîte-là. Là où il y a l'invention, il y a le mot.

B. Cerquiglini : *Je voudrais rebondir sur l'idée de l'invention. À l'époque de Bourbaki, tous les mathémati-*

ciens du monde lisaient le français bien sûr… Par ailleurs, vous venez de parler des revues imprimées, ces grandes revues en papier qui doivent se maintenir parce qu'elles sont la mémoire. Mais ne pensez-vous pas qu'il est surtout essentiel aujourd'hui d'agir par rapport aux revues électroniques ? Ce serait une bonne politique en faveur du français de favoriser des publications en français en mettant en ligne des dictionnaires, des aides à la compréhension, pour s'appuyer d'une part sur cette connaissance du français que beaucoup d'intellectuels ont dans le monde, et d'autre part sur leur motivation. S'ils veulent lire en français, nous pouvons les y aider, grâce à l'électronique interactive.

M. Serres : Oui, en effet. Nous parlons beaucoup du livre, nous parlons de la revue, mais peut-être la revue a-t-elle son avenir derrière elle. Il est bien possible qu'aujourd'hui avec la masse de publications, avec l'accélération extraordinaire des inventions, la revue ne puisse plus être un véhicule suffisant pour publier ce qui est publiable. Tout va passer de plus en plus du côté des réseaux électroniques et là, sans doute, c'est une nouvelle chance. Mais j'ai tout de même envie de redire qu'il n'y a pas beaucoup de différence entre un texte anglais parlant de biochimie et un texte français ou italien sur le même sujet. Autant, il est très difficile de traduire dans une langue étrangère la quatrième *Rêverie du promeneur solitaire* de Rousseau ou un volume d'*À la recherche du temps perdu*, autant il est extrêmement facile de traduire dans n'importe quelle langue du monde un théorème de mathématiques ou une découverte de biochimie.

J.-P. Poirier : Tu parlais tout à l'heure du style de ces auteurs dont la langue scientifique était une langue littéraire : après tout, Buffon était à la fois un grand scientifique et un grand styliste. Mais désormais l'anglais parlé n'est l'anglais de personne et pas même des Anglais, et il est absolument détestable. Ce n'est pas une langue littéraire du tout.

M. Serres : Ce n'est même plus une langue en effet. Il faudrait avoir un autre mot. C'est une sorte de style télégraphique qui permet de communiquer, un outil de communication.

B. Peeters : *Je voudrais revenir un instant sur une question qui, elle, concerne directement la langue : celle de l'importation d'anglicismes dans le langage courant. La langue française n'est en rien incapable de forger des mots, d'inventer des néologismes pour les nouveaux pans de réalité découverts par les chercheurs.* Ordinateur *vaut largement* computer *et* logiciel *est plus précis que* software.

M. Serres : « Ordinateur » est même meilleur, parce que *computer*, c'est simplement « compteur », ce que n'est pas un ordinateur. Connaissez-vous l'origine du mot ordinateur ? Deux ingénieurs déjeunaient avec un littéraire de leur promotion à l'École normale supérieure, un jeune spécialiste de théologie du Moyen Âge. Les deux ingénieurs cherchaient un mot pour traduire *computer*, on ne pouvait pas dire compteur puisque le mot était déjà pris pour les compteurs à gaz, et au cours de la conversation le littéraire essayait de comprendre ce que racontaient ses deux amis. Et tout d'un coup, il a eu un éclair et il a dit : « Tout ce que vous dites de cet objet, je le connais déjà. Tout cela évoque un des attributs de Dieu dans la théologie du Moyen Âge : *deus ordinator.* » Le mot était né et *ordinateur* est bien supérieur en effet à *computer* parce qu'il révèle quelque chose du fonctionnement même de cet outil.

B. Cerquiglini : *De la même façon, « logiciel » est meilleur que software.* Hardware *et* software *renvoient au dur et au mou, et le mou n'est même plus d'actualité concernant les disquettes. Le mot français évoque quant à lui le* logos.

M. Serres : Je me demande pourtant s'il n'y a pas une sorte de frilosité française – est-elle française de France ou française de toute la francophonie ? – par rapport à la question des néologismes et de la rapidité de réaction. Il n'y a pas d'handicap constitutif, et pourtant on voit par exemple que *e-mail* dont on parlait tout à l'heure a bien du mal à trouver un équivalent alors qu'après tout les équivalents tombent tout seuls. *Courriel* est parfait pour désigner le message, *adèle* serait parfait pour l'adresse électronique ; encore faut-il qu'on les utilise vraiment au quotidien, comme le font les Québecois. Mais cette question dépasse largement les domaines scientifique et technique. Il est quand même très frappant que dans les rues de Paris désormais les publicitaires ne traduisent plus les titres des films, que la plupart des boutiques soient devenues des *shops*. Il y a là quelque chose qui dépasse de beaucoup les décisions scientifiques et qui relève plutôt de la sphère médiatique.

J.-P. Poirier : Il est vrai que beaucoup de boutiques deviennent des *shops* à Paris, mais à Londres ou à New York on voit aussi apparaitre des *boutiques* ! Et je me souviens d'un Américain qui m'a raconté une histoire vraie : il prenait le ferry depuis l'Angleterre jusqu'en France et vers midi, il voit que l'on place un écriteau qui disait « The buffet is open » et en français « Le snack est ouvert ». Les snobismes finissent parfois par s'équilibrer.

M. Serres : Il ne faut jamais oublier que la moitié du vocabulaire anglais est d'origine française. Toutefois, aujourd'hui, le bilan n'est pas tout à fait équilibré entre *buffet* et *snack*. Il n'était pas non plus équilibré dans l'autre sens au XVIIIe siècle, évidemment. Maintenant il est déséquilibré en faveur de l'anglais, mais à certains égards c'est une volonté réelle des publicitaires, des industriels et des commerçants. J'avais même proposé à un moment, cela a failli se faire, que les gens qui mettent *shop* ou des mots anglais dans leur publicité soient passibles d'un impôt concernant l'importation. J'avais suggéré au ministre des Finances d'établir un impôt symbolique, juste un franc ou deux, parce que je suis sûr que l'idée de l'impôt les aurait arrêtés immédiatement. Et je crois que c'est peut-être la seule solution.

B. Cerquiglini : *Ce qui est étrange, c'est la façon dont les francophones acceptent ces mots anglais et ont du mal à accepter des mots français de bon aloi pour remplacer ces équivalents. Vous l'avez dit, le savant se doit d'abord à la science ; donc il a le droit de faire la science dans la langue de communication. Mais il se doit aussi à la république, et à cet égard il faut que les étudiants, le grand public apprennent la science dans leur langue. Il faut donc que le français dispose d'un vocabulaire cohérent. Or il y a des commissions de terminologie, en liaison avec l'Académie française et l'Académie des sciences. Mais souvent ces termes nouveaux sont reçus, pour le moins, avec un sourire.*

M. Serres : Il est vrai que souvent ils ne sont pas très adaptés. Par exemple, quand l'Académie française a accepté *mèl* avec un accent grave, pour traduire *e-mail*, elle a non seulement dicté une catastrophe terminologique, mais une impossibilité, puisque les accents ne passent pas sur le Réseau.

B. Cerquiglini : *Pire, c'était* mél, *avec un accent aigu, ce qui en faisait un mot à peu près imprononçable en français.*

M. Serres : Alors que *courriel* et *adèle* sont superbes, je le redis. Donc les mots ne sont pas toujours très adaptés dans les décisions des commissions. Quand on propose un mot de quatre syllabes pour traduire un mot anglais d'une syllabe, il n'a aucune chance de passer.

B. Peeters : *Ne pensez-vous pas là qu'il y a un synchronisme nécessaire entre l'apparition de la chose dans le grand public et le mot qui la désigne ? Une fois que l'on a commencé à dire massivement* e-mail*, il devient très difficile de revenir en arrière.*

M. Serres : Nous sommes dans le cas de l'invention, c'est inévitable. Ce que Jean-Paul a dit sur l'invention scientifique est également vrai dans l'invention des mots vernaculaires. Une fois que c'est lancé, le mot doit prendre en même temps que la chose. Quand la chose arrive, elle est baptisée aussitôt.

B. Peeters : Baladeur *est remarquable, mais il a eu du mal à s'imposer parce qu'il est venu un peu tard.*

M. Serres : Et un mot comme *portable* est ignoble, parce que nos outils à nous sont *portatifs*, toujours. Portable est un américanisme, il n'a aucune légitimité linguistique. Les Québecois se conduisent mieux ; ils disent téléphone *cellulaire* plutôt que *portable*. Souvent, les francophones extérieurs à la France se conduisent mieux que les Français sur ces questions de terminologie. Il y a des mots français qu'on a tués, alors qu'ils étaient parfaits. *Réclame* était parfait. Personne ne l'utilise plus, on préfère parler de *promotion*. On ne dit presque plus *ordonnance*, mais *prescription*. Évidemment, prescription est un mot français, mais il a un sens juridique qui n'est pas du tout celui d'ordonnance médicale. Et ainsi de suite. *Générer* est encore pire, mais l'épouvante absolue en ce domaine, à mon avis, c'est « le franc s'apprécie ». Quand on sait ce que veut dire le verbe apprécier, c'est une pure aberration ; il faut dire tout simplement *estimer*. Mais s'il y a un effort à faire, c'est d'abord aux médias qu'il faut le demander, car ce sont les médias qui font la langue aujourd'hui beaucoup plus que les écrivains et *a fortiori* que les scientifiques...

B. Peeters : *Avez-vous l'impression qu'Internet va pousser vers une accélération de cette langue de communication, cet anglais véhiculaire qui n'est plus vraiment de l'anglais, ou qu'il offre des possibilités, y compris dans la communication scientifique, pour un retour à la multiplicité des langues ?*

M. Serres : Sur ce plan-là, j'aurais tendance à être optimiste. Le réseau électronique est aujourd'hui plus intéressant que beaucoup d'autres choses, parce que c'est un lieu de non-droit. Il y a peu de lieux de non-droit, et quand dans l'histoire un tel espace apparait, il faut y faire très attention, car c'est un lieu porteur d'avenir. Il me semble que le réseau Internet est plutôt créateur de différence que d'homogénéité : on peut créer le site qu'on veut dans la langue qu'on veut, on peut y mettre ce qu'on veut. À propos de la Toile, j'aurais donc tendance à penser qu'elle est plutôt une chance à saisir pour toutes les langues.

B. Cerquiglini : *D'ailleurs les chiffres sont là. Le français et l'espagnol sont assez présents sur la Toile. L'anglais n'est pas hégémonique, seulement majoritaire.*

B. Peeters : *Terminons sur ces considérations presque optimistes.*

T'AS VU C'TE MEUF ?!.. ELLE ME FAIT KIFFER MORTEL... CE SERAIT DE LA BALLE DE POUVOIR LA BRANCHER.
J'AI BEAU OUVRIR MES ESGOURDES, JE NE PIGES PAS QUAND TU JACTES.

U

comme
us et pratiques de la langue
quelques aspects, ici et maintenant

par Nicole Cholewka

Réfléchir sur la langue contemporaine, dans son aspect écrit ou oral, c'est parcourir un vaste monde de paysages divers ; on peut s'y promener à l'infini, s'y perdre aussi. C'est pourquoi je me limiterai dans ce texte à insister sur ce qui relève des langages parlés en marge d'un français soutenu (encore qu'on ne sache plus très bien à quoi), et cela à partir de quelques points précis.

Heureusement, les mots appartiennent à tout le monde, n'en déplaise à d'aucuns qui souhaiteraient enfermer dans une ceinture de chasteté – dont il va de soi qu'ils en forgeraient les clés – des façons de parler « pures ». C'est pourquoi, les locuteurs étant divers, les façons de parler le sont aussi. Et pourtant, quelle que soit la « catégorie de parole » à laquelle on appartient, chacun est soumis – peu ou prou – à l'air du temps auquel il ne peut échapper, sans même s'en rendre compte.

C'est, en plus de quelques exemples personnels, grâce à la base *Frantext*, et aux diverses sources provenant de l'équipe *Marge* (Institut national de la langue française, Nancy), que seront choisies les illustrations des phénomènes langagiers que j'évoquerai.

A… b… réviations

Lorsque j'en ai ma claque 2 taper sur mes pads/ j'attrape d'un coup comme ça : clac l'envie d'un trip en Cad/le seul prob c'est qu'la Cad appartient à mon dad/& à chaque fois que j'lui ask mon dad n'est pas trop d'ac (chanson de P. Kitsch, 1991).

Je le revois s'adressant au médecin […], employant au passage des abréviations familières que je n'avais pas comprises : « Alors, on va me faire ma pneumo et ma cata veineuse ? » (M. Houellebecq, *Extension du domaine de la lutte*, 1994).

C'est d'une banalité presque affligeante qu'affirmer : « À notre époque, tout va vite, et on court tout le temps » ; faut-il dès lors s'étonner que les mots, à l'instar de ceux qui les emploient, aillent au plus court, eux aussi ? Donnant à la parole une dimension « de groupe » (abréviations de clans ou/et de métiers), familière ou ludique – notion fondamentale à mon sens sur laquelle je reviendrai – parler abrégé et vite, de surcroit, procure la sensation de contrôler le temps en s'amusant.

À tel point que bon nombre de jeunes locuteurs – l'ignorance grandissante de l'étymologie et de l'histoire de la langue « aidant » –, ne perçoivent plus certains mots comme des abréviations, ou n'imaginent pas qu'ils aient raccourci au fil des décennies *([auto]car, ciné[matographe], métro[politain]).*

Paradoxalement, c'est dans le domaine de l'abrégé que mon propos sera le plus étendu. En effet, c'est sans doute dans le lexique de mots tronqués que le vocabulaire est le plus utilisé. La façon de couper les mots utilisés tous les jours, sans pour autant que ce soit systématique, semble suivre certains schémas.

Les troncations peuvent être des apocopes (mots dont on ne prononce que le début) ou des aphérèses (mots dont on ne prononce que la fin). Je citerai quelques exemples (il y en a fort peu) pour illustrer ce second cas : *blème* (problème), *gol* (mongol, péjoratif), *scope* (dont le sens est ambigu, puisqu'il varie en fonction des technologies et du contexte ; en médecine, ce peut être, en particulier, un stéthoscope, mais cela peut vouloir dire aussi magnétoscope, voire camescope), *tiags* (santiags) ou *zique* (musique). Dans ces cas, la suppression de syllabes semble volontaire. Différent me semble le processus consistant à « manger » un morceau de mot, par exemple en disant *jour* pour *bonjour* ou *(m)man/(p)pa* pour *maman/papa*. Parfois on relève l'utilisation d'un langage enfantin : *tites* (noreilles) pour *petites* (oreilles).

Assieds-toi. Papa ne va pas te manger... (Il adopte tout à trac le ton copain, paternaliste. Il offre un chewing-gum à son fils)... *Tu veux un ch'wing ?... À la chloro... ?* (tiré d'un sketch de J.-L. Dabadie, publié en 1993).

Les apocopes, multiples, fonctionnent de différentes façons. Le plus souvent, les mots comprenant une syllabe terminée par *-o* se prononcent jusqu'à cette syllabe : *abdo(s), accro, ado, chimio, chipo, choco, claustro, conso* (une émission de télévision s'intitule : *Conso-mag*), *écolo, expo, hebdo, hélico, héro, hétéro, homo, impro, labo, maso, mélanco, nympho, pédago (gue), perso, pro, rando, schizo, spermato, thalasso, traumato, vibro.*

Certaines abréviations sont polysémiques et se comprennent en fonction du contexte : *biblio (-graphie ou -thèque), coke (coca, mais aussi cocaïne), gastro (-entérite, -entérologue ou... -nomie), magnéto (-phone, puis plus souvent -scope), mégalo (-mane ou -manie), parano (-ïa ou -ïaque).*

D'autres termes, abrégés, sont resuffixés en *-o*, ne comportant pas cette voyelle dans leur forme originelle : *apéritif* donne *apéro* ; *fasciste, facho* ; *prolétaire, prolo* ; *pro-*

priétaire, proprio... Il semble que ces abréviations soient très familières, et quelquefois péjoratives.

Les mots dont aucune syllabe ne se termine en *-o* sont abrégés sans habitude précise, si ce n'est que leur transcription graphique, quand elle rend compte d'une terminaison en consonne, soit se fait telle quelle, soit est adjointe d'une apostrophe, soit encore enrichie d'un *-e* (bien que muet à l'oral). Les exemples suivants rendent compte des graphies rencontrées, qui sont potentiellement ouvertes aux variantes susdites, et qui en présentent d'autres : *agreg, alloc(s), appart(/'/e), assoc, bab, beaujo(l), bib, bif, champ(/'/e), clim, compil(e), consulte, converse, diam, dèj, disserte, doc(-teur, -umentation,* voire *Martens...), from', fac, god(e), instit('), intox, kiné (si), loub(e), mat(/'), médics* (pour médicaments, mais aussi *médocs*), *muscul(e), occase, op(')/opé, perquise, prod(uc), provoc/provoque, quadra, réa, récup, régul(ier), réu, scénar, somnos* (pour somnifères), *spé, variet'...*

Une abréviation peut remplacer plusieurs mots : *deuche, flag, séropo,* faire partie d'une lexie complète : *bon ap'(pétit ou -près-midi), clito-clito (*variante ludique féminisée de l'expression : « *dare-dare* », entendue chez deux personnes différentes sur les ondes en 1998), *comme d'hab, sans déc,* voire les deux : *infogénés.*

Mademoiselle,

J'ai beaucoup hésité avant de vous répondre. Les mots de votre « petite annonce » de Libération *me trottent depuis quelques jours dans la tête :* [...].

Vous noterez que j'écris Libération *et pas* Libé *; je déteste la démagogie branchée. (*M. Dorra, *La qualité du silence*, 1997).

Enfin, les noms propres n'échappent pas à cette façon de dire, que ce soit par familiarité *(Prisu, Troca, L'Huma, Libé),* ou parce qu'ils sont passés dans le langage commun ; ils sont d'ailleurs considérés comme noms communs (*une Kro, un McDo, un Nes*). Ne va-t-on pas jusqu'à qualifier de *muscle Kro (*variante : *abdos Kro*) la rotondité ventrale qu'arborent certains buveurs de bière ?

Ces listes peuvent sembler fastidieuses. Mais elles sont le simple florilège d'un immense ensemble d'expressions, qui méritent que l'on examine leurs formes, leurs constructions, et les multiples domaines qu'elles recouvrent.

Anglicismes

Lorsque j'en ai ma claque 2 taper sur mes pads [...].

Je ne m'attarderai pas sur cet aspect du « français » (voir à ce sujet le chapitre « XXL : la place des anglicismes dans la langue »). Qu'il me soit permis, toutefois, de glisser quelques remarques optimistes en ce qui concerne les mots anglo-saxons qui vivent dans notre vocabulaire quotidien.

On ne relève plus jamais un défi, on est face à un *challenge*. Ce n'est plus dur (difficile) de vivre telle ou telle situation, mais *hard* (voire hardos, ce qui est une façon, soit dit entre nous, de « récupérer » le mot), et triste ou joyeux, l'homosexuel est *gay*. Ne nous y trompons pas, il y a des modes de mots anglais comme il y a des modes de mots français ; et les termes qui s'ancrent plus que les autres sont peut-être liés à une réalité qui n'est pas vécue tout à fait de la même façon chez nous, et qu'on voudrait s'approprier (*gay ?*). *Ordinateur* a allègrement écrasé *computer*, en moins de temps qu'il n'en faut pour l'enregistrer, et on se *balade* plus souvent avec son *baladeur* qu'avec son *walkman* pour écouter des ballades.

Si les jeunes utilisent beaucoup les anglicismes, voire les mots anglais, c'est parce qu'ils les entendent dans la musique, et qu'il est agréable d'utiliser ce qu'on fait sien en le maitrisant, en en jouant aussi. Cela dit, lorsqu'on écoute parler des ados, la proportion d'emploi de : *il est trop grave !* ou : *c'est mortel !* est au moins aussi élevée que celle de : *elle est trop cool !* ou : *i'm'a destroyé ma cassette !*

Il peut *paraitre* « branché » d'utiliser systématiquement certaines expressions anglophones à la place d'expressions françaises, mais si cela ne se fait pas avec un certain recul, n'est-ce pas, un peu, *« has been »* ?

Enfin, un calque amusant de l'anglais me semble se manifester dans certaines phrases. On entend de plus en plus, en français – avec un petit sourire –, *n'est-il pas* ? (isn't it ?). Le phénomène semble durer ; dans certaines œuvres se lisaient déjà, à la fin des années 70, des tournures elliptiques ou décalées de la même veine :

– […] en face de la boulangerie où vous avez acheté vos croissants, il y a une 604 Peugeot vert olive.

Il y avait. (A.D.G., 1981).

Vous stressez pas vous, en ce moment ? Moi, je. (Ph. Adler, 1984).

– C'est la poule ? […]

– C'est ! dis-je. (A. Demouzon, 1978).

Barbarismes, solécismes et autres brebis galeuses gauloises

« Veux-tu toute ta vie offenser la grammaire ? », demande Bélise, en 1672, dans *Les Femmes savantes.* Sans s'en tenir au thème particulier de cette pièce (antiféministe), n'oublions pas que, quand une institution inutilement autoritaire ne s'en mêle pas, l'usage – entériné par les dictionnaires, du moins ceux qui observent « les langues » et non pas « une » langue corsetée jusqu'à en perdre sa respiration et sa vitalité – évolue à travers l'homme/la femme de la rue. Ce n'est pas être laxiste que de vouloir manœuvrer dans le sens du vent, si on ne se laisse pas emporter par lui sans le contrôler, et si l'on ne veut pas que le mât casse – et que le bât blesse… Vouloir s'en tenir à des formes qui, jadis, ont été créées arbitrairement, c'est perpétrer cet arbitraire, et faire fi du respect que mérite le langage de l'autre, dans sa diversité, mais aussi dans sa richesse. Pour fixer les limites, il existe – normalement – une institution républicaine qui s'appelle l'école.

Faut-il critiquer la façon « relâchée » dont parlent les gens, les jeunes en particulier ? Ne faudrait-il pas, en amont, puisqu'il est question de l'école, leur donner les clés pour comprendre d'autres langages, et rétablir des savoirs plus « humanistes » ? Donner le gout du savoir, de la découverte, de la lecture, c'est ainsi que tout patrimoine culturel se transmet ; pour cela, il ne suffit pas de critiquer un état de fait et de prôner l'élitisme.

À l'école communale, le maitre nous tapait sur les doigts quand on se rappelait *de* quelque chose. Devenue adulte, et forte de mon savoir, je n'ai cessé de harceler les ignorants jusqu'à ce qu'ils se rendissent et obtempérassent à ce que je considère maintenant presque comme une manie ; cela, jusqu'à ce que j'observe combien l'arbre masquait une forêt autrement dense sur la compréhension actuelle de certaines tournures grammaticales. Un jour que je disais, ingénument : « Je m'en rappelle les moindres détails », un adolescent de ma connaissance, radieux de me prendre en faute sur mon propre terrain, sans doute, se mit à hurler : « Tu vois, toi aussi t'as dit je m'en rappelle. » Compte tenu du point où on en était, ce n'était peut-être plus la peine de se battre pour des tournures qui seront désuètes dans quelques années « dictionnairiques ».

Comment en vouloir à des élèves – et donc ensuite des adultes – qui disent *voire même*, quand de toute façon pour eux cela s'écrit *voir* même ? Comment s'étonner qu'on entende, maintenant : *plus bonne* à la place de *meilleure*, quand le groupe NTM chante (*La Fièvre*, 1995) *plus bonne que la plus bonne de tes copines* (même si l'adjectif a dans cette phrase un sens particulier) ? À l'instar de Toinette dans *Le Malade imaginaire*, mettant, à tout bout de champ, le poumon sur le compte des petites misères de santé d'Argan, j'ai souvent envie, à bien des récriminations sur le relâchement des mœurs langagières de nos contemporains, de rétorquer : « le latin le latin vous dis-je ! ». Il serait intéressant d'étudier – pour mettre un bémol heureux à ce que j'affirme – que ce qui a trait au monde antique est repris souvent dans des animations actuelles, par exemple les dessins animés ; et que – aussi caducs soient-ils – des affixes grecs sont utilisés dans la création de néologismes « savants » ; dans ce domaine également, les temps changent : avant, nous consultions un *oculiste*, maintenant, nous allons chez l'*ophtalmo(logue)*.

Nous sommes tous des barbares, puisque nous forgeons des mots, en déformons d'autres, en utilisons d'autres encore en changeant leurs sens. N'est-ce pas dans la nature de l'être que de construire ou d'adapter ce dont il a besoin pour sa vie ?

Nous avons tous des souvenirs scolaires d'une impuissance à conjuguer un verbe à une forme qui n'existait pas.

> – [...] *Rampez.*
>
> *– Mais je suis déjà déchu ! Je n'ai fait que déchoir depuis soixante-cinq années et demi.*
>
> *– En ce cas, je veux vous voir déchoir davantage. Allez-y, déchoyez.*
>
> *– Vous ne pouvez pas dire ça, c'est un verbe défectif.*
>
> *– Si vous saviez ce que je m'en fous. Mais si ce verbe défectif vous gêne, j'en connais un autre qui ne l'est pas : rampez.* (A. Nothomb, *Hygiène de l'assassin*, 1992).

Le grand paradoxe langagier d'aujourd'hui me semble relever d'un trait essentiel : la frange est de plus en plus ténue entre l'écrit et l'oral, l'interpénétration est constante entre les niveaux de langue. En même temps, ceux qui dénoncent un français incorrect, dans la langue orale, sont les mêmes qui souhaiteraient que l'on parle comme on écrivait, comme si les notions d'oral et d'écrit étaient superposables (de quelqu'un qui emploie une façon de parler « recherchée », ne dit-on pas qu'il « parle comme un livre » !).

« Je suis ta mère, Pierrot ! Comment que tu me parles, à moi, ta mère ! » (S. Caster, *Bel-Air*, 1991).

« Et je sais tous les noms d'oiseaux dont on nous traite/ Et un jour je sais bien que c'est nous qu'on fera la fête. » (*Je crois que ça va pas être possible,* chanson du groupe Zebda, 1998).

De nombreuses habitudes langagières parlées nous dérangent, parce qu'elles sont en décalage avec l'écrit « traditionnel ». Le trouble vient précisément de ce que si l'écrit peut rendre compte de l'oral, ce dernier suit rarement l'écrit. Il en résulte un flou dans les repères entre ces deux bornes mouvantes. Le langage parlé, par exemple, utilise souvent *que* comme joker, soit à la place de tout pronom relatif (*la fille que je te causais hier*), soit dans une structure « assouplie » par cette tournure (*c'est nous qu'on paie*, formule chère à Coluche et existant déjà chez Fernand Raynaud ; *quelle heure qu'il est ?…*), soit à titre supplétif (*à quoi que tu penses ?*).

Féminisation

Une publicité récente nous le rappelle : *La moitié des hommes sont des femmes*, paradoxe déjà évoqué, entre autres, par le titre d'un livre de Claude Sarraute (*Des hommes en général et des femmes en particulier*, 1996). Je ne reviendrai pas ici sur les multiples affrontements et professions de (mauvaise) foi qu'ont produits les essais de féminisation de termes concernant les métiers, titres, grades et fonctions. Répétons-le encore et encore : ce qui n'est pas nommé n'existe pas (ou est considéré comme négligeable). À une époque où de plus en plus de femmes accèdent à des postes longtemps dévolus aux hommes, il est illogique qu'on les nomme comme si elles appartenaient au sexe masculin en arguant de pseudo-arguments éculés : une fonction se met au masculin (la directrice d'école qui a un logement « de fonction » est donc un directeur ?) ; la pharmacienne, c'est l'épouse du pharmacien (et l'institutrice, l'épouse de l'instituteur ?). Que des femmes, pour quelque raison que ce soit, refusent de féminiser un nom de métier, on peut l'admettre ; mais il faut savoir que morphologiquement, rien n'empêche la langue française de former des féminins correspondant aux termes masculins de façon tout à fait simple et logique, dans la majorité des cas. « Dans *écrivaine*, il y a *vaine* ! » (oui, et dans *écrivain*, il y a *vain*). « Une *coureuse,* ça ne fait pas très sérieux ! » (tandis qu'un *coureur... de jupons*, si !). « Cet enfant est né d'un écrivain et d'un peintre ». Comme je ne sache pas que la « kourogenèse » existe, il faut bien qu'un des deux « hommes » soit une femme, ne fût-ce que dans l'emploi du déterminant.

Je caricature, mais à peine, car les personnes qui défendent ce qu'elles appellent une certaine tradition du langage le font souvent de façon passionnelle et hors de tout argument historique et linguistique. La nouveauté, dans ce domaine comme dans bien d'autres, deviendra probablement une habitude tranquille et digérée dans… un certain temps.

Graphies

Certains auteurs aiment jouer avec la graphie des mots, particulièrement les auteurs de BD.

Cela peut se faire en écrivant de façon phonétique un mot étranger : *matcho*, *tchao* pour l'italien, *chtrasse* pour l'allemand ; mais le plus grand nombre de transcriptions se font à partir de l'anglais : *barmènes, bifetèque, biseness(e), brifinne (briefing), campingue, chouine-gomme, coctel/coquetèle, coule (cool), disagne, djine (jean), fleurte, fli-*

père, interviouver, joguingue, juque-boxe, marketingue, nioulouque, oldupe, ouaters/ouatères, ouisqui(e), parkingne, pineupe, postère (poster : affiche), sandouiche, spiche, spiqueur, viquende, Wachingtone, mots glanés dans des ouvrages contemporains.

Le procédé touche aussi les sigles (pour la plupart français, en l'occurrence) ; ainsi pouvons-nous découvrir au fil des pages : *achélème* (fréquemment cité), *bécébégé* (variante ludique : *baise-beige*), *bédés, béhèmevé, ca-ouai (K-way), cédé, céhiha, cibi, dee-jay (D-J, disc-jockey), essedéheffe, hachesse* (plusieurs attestations), *pécévé, pédégé* (de plus en plus attesté, avec parfois même une forme féminine *pédégère*).

Certains locuteurs aiment faire de même, simplement pour (s') amuser, gagner du temps, ou allier les deux. Avant l'ère Internet, qui a, me semble-t-il, démultiplié ces pratiques, il me souvient d'une époque minitel où les dialogues, aux formes abrégées (gain de temps et d'argent) contenaient parfois des graphies – souvent phonétiques – ludiques (*kesta ta ? kès ? koitèce ? c'quoi ?)* qui en faisaient un des principaux attraits.

Hyperbole et exagération

Le plus étant, comme chacun sait, l'ennemi du bien, l'utilisation exacerbée d'adverbes et de tournures exprimant un haut degré en est, du coup, pratiquement banalisée. C'est *géant, génial,* et même *« trop »* (trop quoi ? pouvait-on d'ailleurs se demander ; mais *trop* s'emploie aussi, maintenant, suivi d'un adjectif) ; c'est *méga-, giga-, hypra-* (à quand *péta-* – déformation du grec *penta*, et équivalant à 10 puissance 15 – encore au-dessus, demande plaisamment Bernard Haller dans un sketch diffusé en 1999 sur Arte ?). Sont également beaucoup utilisées des expressions à verbes « extrêmes » : par exemple, la locution *plus..., tu meurs* (un film de Ph. Clair, *Plus beau que moi, tu meurs*, est sorti en 1982) est recensée de nombreuses fois dans tel ou tel roman, ou article. (On se souvient avec émotion de l'humour noir et noble de P. Desproges disant quelques jours avant sa mort : « Plus cancéreux que moi, tu meurs ») ; tant et si bien que, comme nombre d'expressions à la mode, elle a trouvé sa place dans la publicité (le dernier en date : *1848* [chocolat] *en poudre... plus corsé... tu meurs !*).

Le ludique dans tous ses états

L'emploi ludique est omniprésent dans le langage d'aujourd'hui. Il se manifeste sous divers aspects et relève d'une création jubilatoire constante ; il utilise les jeux de mots, les reprises franches, voire les allusions détournées, les variantes d'éléments de culture littéraire, cinématographique et télévisuelle en faisant d'un grand nombre les « happy many » d'une reconnaissance commune.

Si les élèves, à partir du collège, n'apprennent plus – j'espère me tromper – de poèmes par cœur, du moins font-ils sans le savoir, comme M. Jourdain, de la prose, des assonances, quand ils interpèlent leurs copains d'un : *ça roule, ma poule ?, cool, Raoul !, un peu, mon neveu !* et autres *un doigt, Benoît !*

Et quand P. Personne chante : *Merci d'être viendu* et Renaud : *Dès que le vent tournera, je repartira / Dès que les vents tourneront nous nous en allerons,* il y a bien des oreilles, disons distraites, qui ne prennent pas le texte pour un jeu (la réalité dépassant « l'affliction »). Après tout, cette dernière forme pourrait ne pas paraitre si barbare, puisque je sais, pour avoir vécu l'incident, qu'une certaine professeur de français affirma que le verbe *aller* appartenait au premier groupe (dame, il se termine en -er !).

Paroles avec ou sans images

Les sociologues vous le diront, une bonne partie de la population est téléphagique. Si l'on peut comprendre qu'il est doux (*qu'il est doux qu'il est doux d'écouter des histoires,* récitait-on jadis à la petite école), après une journée de stress, de tendrement s'avachir devant son écran télévisuel et de faire la « patate de canapé » (pour reprendre un *couch potatoe* américain aisément francisé), on peut déplorer que ce soit pour y entendre un français approximatif et déstructuré dans la bouche de personnes dont l'impact est puissant et répétitif sur nos oreilles passives. L'outil qu'est la télévision, qui pourrait être pédagogique – en même temps que distrayant, l'un n'excluant pas l'autre – devrait faire un petit effort de cohérence (phrases complètes, structures grammaticales simples soit, mais correctes) pour que la langue entendue se maintienne à un niveau de correction basique (exemplarité et rabâchage étant les deux mamelles de ce qui, en l'occurrence, pourrait être un enseignement).

Le cinéma, lui aussi – et encore plus par le biais de ladite télévision – influence l'usage en mettant à la mode certaines expressions-citations, qui jouent un rôle de reconnaissance entre ceux qui ont vu un même film. Qu'on se souvienne du : *« Okkkay ! »* des *Visiteurs* ; du : *« C'est lundi, c'est ravioli ! »* de *La vie est un long fleuve tranquille* (une émission enfantine télévisée, le samedi matin, commence par : *« C'est samedi, c'est rigolerie !)* ou de *« C'est celâ ! »* (avec intonation conforme) de : *Le Père Noël est une ordure.*

Les comiques, chansonniers et auteurs de sketchs, enfin, ont toujours influencé l'usage en déversant sur les ondes des expressions longtemps reprises par les auditeurs et téléspectateurs, qui les font leurs. On se souvient avec bonheur du sketch de Bourvil qui fait encore donner comme écho à la phrase : « *L'alcool, non !* [...] la réponse : « *l'eau ferru-ferrugineuse, oui !* », ou, tiré du même sketch, après le verbe *faire*... le jeu de mots *« et le fer a/à dissous/dix sous, c'est pas cher ! »*. Le même réflexe pavlovien s'est construit grâce à des humoristes comme Pierre Dac et Francis Blanche, ou, dans une plus large mesure, Fernand Raynaud qui a, pendant des années, émaillé le langage quotidien ironisant avec de multiples formules (« *c'est étudié pour !* », « *les voisins : bourreaux d'enfants !* », « *ça eût payé !* », « *dis tonton, pourquoi tu tousses ?* », « *Qui c'est ? C'est le plombier ! – avec du plomb, dans l'bier* », finissait-il parfois par chantonner).

J'insiste sur ces habitudes langagières que les comiques nous ont transmises via les médias parce que c'est une coutume pérenne et sans cesse renouvelée ; un personnage médiatisé comme Coluche eut un grand rôle dans l'humanitaire mais aussi une influence sur l'utilisation et la diffusion de certains « mots d'auteur », allant jusqu'à remettre à la mode des termes oubliés (« *le smilblick* »). Le phénomène se perpétue avec des gens comme Muriel Robin.

Les bons mots se transmettent et s'utilisent volontiers quand ils participent du jeu, voire du décalage, du paradoxe ; c'est pourquoi on en trouve aussi une manne dans les chansons. Une réponse comme : « [...] *moi non plus* » à une assertion, tirée d'une chanson de Gainsbourg, en est un exemple. On pourrait citer, encore, Pierre Perret, Renaud, Alain Souchon ou d'autres.

Les S.I.G.L.E.S.

« *Aimée Chandelaire* [...] *rencontra le féminisme, le crochet/dentelles modernes, les G.A.R.C.E.S (Groupe Autonome Révolutionnaire Contre l'Environnement Sexiste) et bien d'autres choses encore* [...]. » (N.-L. Bernheim, M. Cardot, *Mersonne ne m'aime*, 1979).

« [...] *Il veut connaitre notre formation, probablement pour s'assurer qu'elle est inférieure à la sienne (lui-même est un IGREF, et il a l'air d'en être fier ; je ne sais pas ce que c'est, mais j'apprendrai par la suite que les IGREF sont une variété particulière de hauts fonctionnaires, qu'on ne rencontre que dans les organismes dépendant du ministère de l'Agriculture – un peu comme les énarques, mais moins bien tout de même). »* (M. Houellebecq, *Extension du domaine de la lutte, op. cit.*).

Les sigles – et les acronymes, ces sigles incluant parfois une syllabe complète du mot pour pouvoir être prononcés (INaLF pour INLF) – sont légion et mouvants. Si c'est une vraie forêt de symboles, ils nous observent rarement avec des regards familiers, tant leur famille est prolixe et ramifiée dans tous les domaines.

L'Oiseau magazine (1994) *: « Dans l'énorme foule qui se pressait autour des enfants j'ai retrouvé un* Diren *que j'avais perdu de vue depuis des années. »*

N'essayez pas de découvrir ce qu'est un *Diren*, c'est un directeur d'une direction régionale de l'Environnement.

Journal télévisé (1999) : « Prix Nobel : Emessef ! » Ah bon, mais je ne vois pas qui ce peut être. Le développement de l'information me renseigne : « Eh oui, le prix Nobel est accordé à Médecins Sans Frontières. »

Exagération ? À peine, car entre les MSF qui s'occupent des MST et les SDF qui n'ont pas l'EDF, il faut se tenir au courant et bien faire attention à sa langue.

À l'inverse, des mots phonétiquement ambigus sont parfois transcrits comme s'ils étaient des sigles ; on rencontre ainsi par exemple H (hasch) déjà sous la plume de Fallet (1977), PD dans *La vie tu parles* (1983), et le musicien Éric Serrat a inscrit sur un de ses albums : RXRA.

La suffixation

Qu'elle soit neutre (substantifs néologiques à partir d'un verbe ou d'un adjectif), péjorative ou hypocoristique (affective), la suffixation – comme les autres manifestations du langage – suit des modes, quelquefois réitérantes.

Certains suffixes prennent un sens différent selon le contexte. Ainsi *-ette,* dans *une coupette* (une petite coupe, de champagne), voire une *petite coupette*, sera perçu comme positif, alors qu'une *gendarmette*, avec le même suffixe, sera ressenti la plupart du temps comme un terme négatif.

Quand il est besoin de créer un substantif, en particulier pour désigner un magasin, on a souvent recours à *-erie* ou à *-age* : ainsi ont fleuri les *croissanteries, sandwicheries* et autres échoppes à la mode, tandis qu'une publicité vante les mérites du *fourniturage* de bureau. On rencontre même des mots faisant doublon avec un terme préexistant dans le même sens, mais avec une terminaison différente (*compulsage* épistolaire, courrier des lecteurs, octobre 1999, *L'Union*).

Si l'on observe le langage familier, on s'aperçoit que seul un petit nombre de suffixes ont une grande vitalité dans le vocabulaire actuel. Un des plus florissants me semble être *-oche*, dans des substantifs fréquemment entendus, au moins dans la bouche des jeunes, comme *cantoche*, *cinoche* ou *variétoche.* Le suffixe *-os* forme plutôt des adjectifs : *coolos*, *débilos*, *hardos*... Enfin, on fabrique régulièrement de nouveaux adjectifs et de nouveaux verbes en joignant à une forme de base les terminaisons *-é/ée(s)* et *-er.* Cette création est ouverte et fluctuante.

Le verlan

Qui vole un œuf vole un bœuf (proverbe).
Qui vole un bœuf se fait serrer par les keufs (M. C. Solaar).

Je ne m'étendrai pas sur l'utilisation particulière de cette langue, qui procède essentiellement par inversion des syllabes d'un mot ; c'est originellement un mode d'appartenance à un groupe, celui des jeunes, plus spécifiquement des banlieues. Ce mode de communication, très exploité par le rap, ne s'en est pas moins propagé, fût-ce de façon parfois ironisante ou par souci de pseudo-connivence, dans bien des couches de la société, et peut-être plus spécialement sur les radios et au cours des conversations « débridées » menées par des animateurs de télévision. (Une émission pour enfants de France 3 a pour titre *Les Minikeums* [Les petits « mecs »]*)*.

Il est vrai que des mots comme *ripou(x)* par l'intermédiaire d'un titre de film à succès (de Cl. Zidi, en 1984), *béton* dans *Laisse béton*, et d'autres mots du même chanteur Renaud – qui avait d'ailleurs intitulé un de ses tours de chant : *La chétron sauvage* (même si les mots qu'il utilise ne sont pas que son fait ; « verlaniser » est d'ailleurs à la portée de tout le monde) – n'ont pu échapper aux oreilles de beaucoup ; c'est également le cas de mots comme *keuf, meuf*...

Beaucoup de mots sont associés au vocabulaire de la drogue : *dre (u) pou*, *képa* (*Képas* est le titre d'un livre de D. Belloc)/variante *quépa* (M. Brunel ; M. Sergent), *meuca*, *tarpé*...

Cette leçon vaut bien un magefro sans doute (F. Luchini *actualisant* La Fontaine).

Enfin, au contraire de termes utilisés dans des cercles très spécifiques, comme *biledé*, *ridaco*, *turebi*, *zessgon* ou *zonga*, on entend de façon réitérative des mots à l'envers dont voici une liste succincte, et dont certains sont peut-être déjà jugés obsolètes par ceux-là mêmes qui en ont (re) lancé la mode : *à donf*, *beur* – variante réinversée : *rebeu*, et même *robeu* chez Benatar (pas la chanteuse, l'écrivain) –, *barjo(t)* – sans doute même pas perçu comme étant du verlan –, *charclo*, *chébran, keupon* (punk), *néco* (connais), *nemo* (monnaie), *ouf* (fou), *pecho*, *relou*, *renoi*, *teuf*, *tebi*, *tromé* (variante *trom* dans *20 ans*), *zarbi* (variante *zarb* chez Guégan), *zicmu/zikmu, zomblou/zonblou*…

On le voit, la langue contemporaine a de multiples facettes ; elle est vivante, mouvante. C'est la diversité même de ses registres, de ses multiples formes, qui donne cette richesse potentielle, cette vitalité présente non seulement chez les romanciers et les chanteurs mais chez tous ceux qui créent avec les mots.

Les aspects n'ont pas été abordés dans leur totalité, mais les quelques portes entrouvertes laissent présumer des questions, des paradoxes aussi, tout ce qui fait qu'une langue n'est pas figée, et demeure en évolution constante. Elle s'assouplit, joue, charme par un subtil équilibre entre langue classique et langue familière ; elle s'amuse d'elle-même en alliant par le ludique des imparfaits du subjonctif et des abréviations sans cesse renouvelées.

Elle est un reflet des êtres qui la parlent. Tous pareils, tous différents, dans une constante recherche d'harmonie.

GÉNIAL.
GÉNIAL.
GÉNIAL.
GÉNIAL.

V

comme la voix, les gestes, le corps

par Jacques Cosnier

La voix est le support sonore de la parole oralisée – par opposition à la parole écrite ou à la parole gestuelle – et la parole est l'utilisation concrète de la langue. Or, c'est une des grandes originalités des langues parlées (comme la langue française) – par rapport aux systèmes de communication animaux – que d'utiliser un ensemble limité (mais propre à chaque langue) de petites unités sonores non signifiantes (phonèmes) pour construire un nombre théoriquement illimité d'unités signifiantes (morphèmes ou, pour simplifier, « mots »). C'est la « double articulation » des langues orales. Cette double articulation est illustrée dans les textes rédigés en écriture alphabétique : succession de mots composés de lettres qui sont des indicateurs de prononciation. Les unités phonématiques (« sons de la langue ») sont ainsi des « idealtypes » qui, dans la pratique parolière, sont mis en voix sous forme de « sons de la parole ». Ces derniers sont reconnus grâce à un certain nombre de traits dictinctifs fondamentaux mais présentant de nombreuses variétés phono-acoustiques : les sons de la langue relèvent de la phonémique (ou phonologie) ; les sons de la parole relèvent de la phonétique et concernent autant les audiophonologistes, les psychophysiologistes, voire les psychologues, que les linguistes. Il est à remarquer que chaque langue possède son propre système phonologique. La langue française, par exemple, est riche en voyelles (une douzaine) ; d'autre part, c'est une langue à articulation antérieure, sonore et douce, avec une prépondérance de syllabes ouvertes – ce qui la rend plus musicale que les langues anglo-saxones ou germaniques.

Les paroles sont donc doublement différenciées : elles utilisent les sons propres à une communauté linguistique, et ces sons se trouvent eux-mêmes modalisés par l'instrument phonogène propre à chaque parleur.

Au-delà de ce niveau d'organisation « segmentale » (ou articulatoire) de la prononciation, s'ajoutent les phénomènes « suprasegmentaux » de la prosodie (mélodie, accents, rythme) : à l'articulation se superpose ou se combine l'intonation.

Ces phénomènes jouent dans les conversations habituelles des rôles variés. Prenons, par exemple, le cas de « *tu parles* » : ce syntagme est formé de six phonèmes et possède une définition lexicale précise. Or, sur le plan de la parole, il peut correspondre à plusieurs énoncés selon l'intonation signifiant :

– l'affirmation après une longue attente (tu parles ! : enfin ! tu parles),

– l'interrogation (tu parles ? : est-ce que tu dis quelque chose ?),

– l'ironie (tu parles ! : ce que tu dis, quelle blague !),

– l'impatience (tu parles : vas-tu te décider à parler ?)

– l'étonnement (tu parles ? ! : toi, le muet, tu parles !).

La ponctuation essaie de rendre pleinement compte de ces variations, ce qui n'est pas toujours possible. En situation, l'intonation, les mimiques faciales, les gestes et évidemment le contexte – autrement dit des éléments voco-gestuels autant que verbaux – permettront aisément l'interprétation. On pourrait citer facilement d'autres exemples montrant que la voix peut en effet indiquer, en plus de ses fonctions proprement linguistiques, des caractéristiques personnelles (par le timbre qui est aussi varié que les empreintes digitales et qui permet au téléphone d'identifier le correspondant dès les trois premiers phonèmes), des marques catégorielles (sexe, âge, appartenance régionale ou ethnique), mais aussi des dispositions affectives (sentiments, émotions, humeurs), enfin des modes relationnels liés aux situations sociales (voix « de composition »). Des observations diverses ont montré que l'audition d'une parole enregistrée suffit aux auditeurs pour définir un portrait physique, caractériel et social du propriétaire de cette voix. Or, si ces attributions ne sont pas toujours conformes à la réalité, elles présentent en revanche une grande convergence consensuelle, ce qui signifie que la voix est porteuse d'indices typifiés pertinents pour un groupe social donné.

Il est assez simple d'expliquer les raisons des variétés et variations vocales par les processus physiques et anatomo-physiologiques qui sont à la source de la production vocale. Celle-ci est réalisée par un instrument à vent constitué par une soufflerie (l'air pulmonaire), un système vibratoire (les cordes vocales), des caisses de résonance (pharynx, cavités buccales et naso-pharyngées). On comprend aisément qu'étant donné les variations morphologiques infinies des êtres humains, les timbres soient aussi variés, et qu'il en soit de même pour les « manières articulatoires », vu les variétés psycho-sociologiques et culturelles. Enfin, on comprend aussi qu'à ces aspects articulatoires (« segmentaux ») s'ajoutent les aspects « suprasegmentaux », plus fonctionnels, de l'expression prosodique. En effet, les états affectifs exprimés par la voix correspondent à des configurations corporelles définies (répartition du tonus, mimiques faciales, gestes, postures, rythme respiratoire...) qui vont conditionner des « mimiques vocales ». De nombreux auteurs ont, à juste titre, souligné que la voix était le produit d'un geste. Comme nous l'avons vu, la mise en jeu de l'instrument à vent phonogène est une activité corporelle dynamique selon la ventilation, le rythme d'expiration, les contractions laryngées, le rétrécissement ou l'élargissement des cavités de résonance, les mouvements du palais et de la langue, les modifications de l'orifice buccal : la voix sera modulée de plusieurs façons et une même phrase sera produite avec des qualités vocales variables.

Ainsi des « mimiques vocales » sont associées aux « mimiques faciales », elles-mêmes liées aux patterns spécifiques des différents états affectifs. Il est fréquent d'identifier les mimiques faciales d'un locuteur au téléphone (« mimiques audibles ») d'après la perception de ses mimiques vocales. On reconnait la voix du sourire, de la contrariété, de la colère, de l'impatience et l'on « voit », à travers les perceptions acoustiques, l'activité faciale du locuteur. L'expérimentation confirme ces faits et il est aisé aujourd'hui de constater l'activité mimo-gestuelle variée des utilisateurs de téléphones mobiles. Leurs activités motrices sont liées à la production des modulations verbales (ainsi qu'au travail énonciatif, comme nous le verrons plus loin). Le dynamisme vocal est synchrone du dynamisme gestuel, et les dispositions corporelles conditionnent les types de production vocale : l'expérimentation montre qu'une voix « joyeuse » ne peut être produite par un corps exprimant la dépression, et qu'une voix « triste » ne peut être produite par un corps exprimant l'allégresse.

Se pose alors la question de la « motivation » des expressions vocales : sont-elles « naturelles » et donc « universelles » ou sont-elles « culturelles » ? Autrement dit, y a-t-il des « voix darwiniennes » comme certains affirment qu'il y a des « mimiques faciales darwiniennes » ? Aujourd'hui, grâce à de nombreuses observations, on sait répondre à cette dernière question en ce qui concerne les mimiques faciales : oui, il existe des types expressifs émotionnels naturels (on ne voit pas pourquoi d'ailleurs l'animal humain différerait à cet égard des autres espèces animales). Toutefois, ces expressions naturelles subissent des modalisations culturelles qui encouragent certaines expressions et en répriment d'autres. On peut donc bien s'attendre à ce qu'il en soit de même pour les expressions vocales qui leur sont intimement liées. De même, alors que la langue française est parlée par l'ensemble de la communauté francophone, il n'est pas étonnant de relever des différences liées aux modes gestuels et expressifs régionaux.

De plus, l'espèce humaine possède une aptitude qui n'existe qu'à l'état rudimentaire chez les autres animaux : la capacité d'exprimer intentionnellement un état affectif. Ainsi y a-t-il des états affectifs dits spontanés, « vécus » ou « involontaires », et d'autres « fabriqués » ou « affichés ». Autrement dit, on peut aisément feindre ou mimer la tristesse ou la satisfaction, à tel point que les expressions affectives peuvent se conventionnaliser et que chaque culture possède un répertoire d'« emblèmes » qui ont acquis un statut « quasilinguistique ». Ces mimiques sont intégrées le plus souvent dans des configurations gestuelles plus ou moins iconiques : par exemple, le « ras-le-bol » français (hexagonal). Ces configurations ont des équivalents expressifs verbaux (ici « ras-le-bol ») qui peuvent accompagner le geste d'une voix adéquate. On peut donc parler aussi d'emblèmes vocaux, c'est-à-dire de configurations prosodiques devenues conventionnelles pour exprimer par exemple l'ironie, la lassitude, etc. Ici encore les modalisations culturelles sont importantes, les emblèmes « quasilinguistiques » ne sont pas liés organiquement à la langue mais au milieu culturel, à son histoire et à son écologie. Il n'y a pas de répertoire « quasilinguistique » type de la langue française, même si on peut évidemment en décrire un noyau commun substantiel.

Pour résumer les différents aspects de l'expression vocale tels qu'ils nous apparaissent en ce point de l'exposé, nous énumérerons les points suivants :

1. la voix produite par un instrument anatomo-physiologique phonogène sert à véhiculer la parole en transformant en phénomène vibratoire les phonèmes constitutifs de la chaine verbale : la mise en mots s'accompagne d'une mise en voix.

2. La voix présente des caractéristiques individuelles comme le timbre, ou catégorielles, indicatrices du sexe, de l'âge, de l'ethnie, de l'appartenance sociale, etc.

3. La voix surajoute à la chaine verbale des modulations dont certaines sont conventionnelles et font partie d'un système paraverbal prosodique (marques syntaxo-pragmatiques du questionnement, de l'ordre, de l'assertion, de l'emphase, de la clôture des propositions), ou émotif (emblèmes vocaux quasilinguistiques) ; certaines refléteront les troubles émotionnels spontanés ou les altérations de l'état physique (fatigue, maladies neurologiques...), d'autres enfin s'ajusteront au rôle social impliqué par le site et le type de relation.

4. Dans la mesure où la voix est le résultat d'une activité motrice, elle est intimement associée avec d'autres activités corporelles et, en particulier, aux mimiques faciales et posturo-gestuelles.

Les éléments précédents étaient généralement centrés sur l'objet « voix », son appareil de production et son contexte expressif. Nous devons maintenant aborder son aspect « impressif » : comment la voix est-elle reçue et interprétée ?

Une remarque préalable sera d'ordre psychophysiologique : n'est perçu d'un message acoustique que ce qui est permis par l'instrument récepteur auditif humain, ce dernier étant conçu de manière à capter les vibrations de 16 Hz à 16000 Hz. Au-delà, on entre dans la zone des ultrasons. D'autre part, la mélodie produite par l'émission vocale est axée sur la fréquence de base dite « fondamentale » qui donne l'impression de hauteur d'un son en rapport avec cette fréquence (125 Hz en moyenne pour les hommes et 250 Hz pour les femmes). Cette fréquence fondamentale s'accompagne d'harmoniques qui enrichissent la production en la rendant plus ou moins mélodieuse, froide ou chaleureuse. Enfin, outre ses aspects fréquentiels, le message sonore doit être d'une certaine intensité. L'optimum conversationnel est évidemment variable selon le bruit de fond et la culture des interlocuteurs.

Une deuxième remarque concerne la réceptivité particulière de l'espèce humaine aux sons mélodiques et rythmés : le nourrisson sait très précocement distinguer les voix humaines entre elles et parmi les autres phénomènes acoustiques environnementaux. Il est en outre capable de distinguer, très rapidement, la voix de sa mère. Au départ (lors des trois premiers mois), il est également sensible à tout l'éventail des phonèmes possibles ; puis, au cours des mois suivants, il sélectionne les caractéristiques vocales de son milieu linguistique qu'il est, de plus, capable de reproduire dans son babil (dès le huitième mois, on peut distinguer le babil d'un bébé chinois du babil d'un bébé français).

Cette prédisposition constitutionnelle de l'enfant humain se complète par un autre phénomène caractéristique : la réceptivité aux effets dynamogènes des sons mélodiques et rythmés. Pris dans un bain musical, le corps humain a spontanément tendance à se synchroniser musculairement au rythme auditif (ce qui ne s'observe pas chez les autres espèces animales, sauf chez certains insectes et oiseaux assez éloignés de notre espèce).

Ces remarques nous incitent à évoquer la théorie motrice de la perception auditive de la parole. Selon cette théorie, la compréhension d'un message verbal oralisé passe par la reconnaissance des éléments constitutifs de ce message, ce qui parait logique. Mais cette reconnaissance se fait à partir d'une répétition (plus ou moins explicite) du message : on comprendrait d'autant mieux que l'on serait capable d'émettre ce qu'on entend. Cela expliquerait entre autres le fait qu'un adulte, lors d'un apprentissage tardif d'une langue seconde, a une compétence (de compréhension) supérieure à la lecture qu'à l'écoute.

Si cette théorie peut être controversée – car il est probable que la perception de la parole ne se fait pas toujours et uniquement par ce phénomène d'« échoïsation » interne –, elle présente cependant un grand intérêt. D'une part, pour la compréhension des phénomènes d'acquisition précoce que nous avons signalés plus haut (il faut d'ailleurs ajouter que les adultes facilitent spontanément ce processus par le « motherese », le « parler-bébé », langage simplifié et ajusté aux capacités du jeune enfant, et qu'ils manifestent eux-mêmes des échoïsations nombreuses aux émissions enfantines). D'autre part, l'intérêt de cette théorie réside dans le rapprochement que l'on peut faire avec la compréhension de l'accompagnement mimo-gestuel de la parole.

Il est en effet bien connu que la parole orale s'accompagne de gestes : on ne peut parler sans bouger non seulement les organes phonatoires mais aussi le reste du corps, et en particulier les mains, les bras, le buste, la tête et la face. Cette activité mimo-gestuelle fait depuis une trentaine d'années l'objet de plusieurs études qui ont amené les auteurs à s'accorder sur les catégories fonctionnelles résumées dans le tableau suivant.

Tableau des catégories gestuelles

EMBLÈMES : gestes (et/ou vocalisations) quasi-linguistiques de forme et d'utilisation conventionnelle qui peuvent être utilisés avec ou sans parole.

CO-VERBAUX :

Phonogènes : liés à l'activité motrice productrice de la parole.

Illustratifs : liés au contenu propositionnel du discours.

On distingue :

– *Les déictiques* : désignant le référent présent ou symbolique.

– *Les iconiques* : représentant les objets concrets.

– *Les métaphoriques ou idéographiques* : représentant les objets abstraits.

Bâtons ou battements : mouvements en deux temps de la tête ou des mains, marqueurs pragmatiques.

Expressifs : principalement les mimiques faciales qui connotent le contenu propositionnel ou qui situent métacommunicativement la position de l'orateur.

CO-ORDINATEURS : assurent le copilotage de l'interaction (maintenance et passage de tours).

Phatiques : activité du parleur destinée à vérifier ou à entretenir le contact principalement par le regard et l'intonation, parfois par le contact physique.

Régulateurs : activité du récepteur en réponse aux précédents (« back channel ») : hochements de tête, sourires et courtes voco-verbalisations, en sont des exemples fréquents.

Ce tableau mérite quelques commentaires.

Comme on le voit, les catégories fonctionnelles des gestes communicatifs sont nombreuses et en général, très liées aux fonctions de la chaine parolière. Mais on peut se demander à quoi et à qui elles sont utiles, voire nécessaires. Au-delà de leur fonctions, quelle est donc leur importance pour l'intelligibilité des messages verbaux ? Cette importance semble très variable.

Il y a d'abord les gestes qui sont nécessaires à l'interprétation du message dans son aspect propositionnel : c'est le cas des gestes de pointage (déictiques) désignant le référent du discours (« cet homme », « cette table », « là »…) ; c'est aussi le cas des gestes emblématiques (quasilinguistiques) qui peuvent remplacer un syntagme verbal.

On trouve ensuite les gestes qui sont utiles pour la bonne coordination de l'interaction (le « co-pilotage ») : gestes de maintenance du canal et gestes assurant les tours de paroles (tels : hochements de tête, sourires, courtes émissions voco-verbales…).

Mais deux autres catégories sont plus problématiques : les expressifs et les illustratifs.

Les illustratifs qu'ils soient « iconiques » ou « métaphoriques » ne paraissent en effet la plupart du temps ni nécessaires ni utiles à l'intelligibilité du contenu propositionnel : on s'en passe au téléphone et les trois quarts des émissions télévisées ne montrent les orateurs qu'en gros plans d'où sont exclus les bras et les mains.

Quant aux expressifs, ils sont transcatégoriels : mimiques conventionnelles intégrées aux quasilinguistiques ; mimiques emblématiques associées au discours verbal pour en connoter le contenu ou en donner une évaluation métacommunicative parallèle ; mimiques expressives spontanées enfin, affichant le vécu affectif du parleur.

Mais ces deux dernières catégories que nous avons qualifiées de « fonctionnellement problématiques » ont cependant leur utilité : d'abord pour l'émetteur lui-même, ensuite pour la relation avec le receveur.

a) Utilité pour l'émetteur, car ces gestes sont constitutifs de la « pensée imagée ». Ils constituent également une puissante aide, souvent indispensable, à la mise en mots. Le corps et ses coordonnées spatio-temporelles, égocentriques et projectives, mettent en scène, par le geste, le contexte du discours et situe les objets présents, représentés ou virtuels dans l'espace scénique. On peut dire que cette gestualité illustrative est une « gestualité énonciative », c'est-à-dire une gestualité qui participe à la création de l'énoncé et à son embrayage contextuel.

Ajoutons que la catégorie des « bâtons » qui scandent certains passages du discours a un rôle plus syntaxique.

b) Utilité pour le receveur, parce que l'on peut appliquer la théorie motrice de la perception auditive à la perception de la gestuelle. Ici aussi le receveur échoïserait (plus ou moins ouvertement) la posturo-mimo-gestualité de l'émetteur, et par un processus de cinesthésie cette échoïsation induirait en lui des représentations et des affects synchrones à ceux de l'émetteur. On peut parler de processus d'« empathie inférentielle ». Cette théorie dite de l'« analyseur corporel » des productions communicatives concernerait donc à la fois une grande partie des phénomènes vocaux et des phénomènes gestuels – très associés, comme nous l'avons vu. Nous avons souligné la liaison étroite qui existe entre les mimiques expressives faciales et les mimiques expressives vocales (il est d'ailleurs remarquable que les imitateurs de voix reproduisent aussi, parfois à leur insu, les mimiques du personnage en question).

Ainsi, dans les situations d'interlocution de face-à-face agiraient deux systèmes étroitement intriqués : un système d'échange de signaux soit arbitraires (le système verbal), soit simplement conventionnels (emblèmes vocaux et gestuels, déictiques gestuels, mimiques métacommunicatives), traités sur le mode encodage/décodage cognitivo-inférentiel et un système de partage empathico-inférentiel utilisant de façon privilégiée les manifestations non verbales de la pensée imagée qui s'exprime par la gestualité vocale et corporelle. Le premier système – digitalisé (ou digitalisable), rationnel, organisé, hautement programmé – rapproche l'esprit humain de « l'esprit computationnel ». Le second système – spontané et à base de motivations analogiques – rapproche l'esprit humain de « l'esprit animal », et c'est sans doute le plus souvent par lui que sont induits les affects positifs et négatifs.

Plusieurs arguments viennent corroborer cette hypothèse.

1. Le bon fonctionnement d'une interaction de face-à-face s'accompagne fréquemment d'un effet de convergence par symétrie ou complémentarité : rapprochement des locuteurs, échanges thématiques prolongés avec partage des tours de parole et, pour ce qui nous occupe particulièrement ici, fréquentes échoïsations mimo-gestuelles, convergence des qualités vocales avec ajustement des rythmes, des intensités et des fréquences fondamentales, le tout accompagné d'une subtile synchronisation interactionnelle.

Corollaire de l'observation précédente, la mauvaise entente relationnelle s'accompagne souvent de divergence et d'asynchronie…

2. L'aptitude empathique de l'espèce humaine la prédispose aux sources de plaisir que fournissent l'activité synchronisée intra- et intercorporelle. Ainsi en est-il du déclenchement des activités rythmiques et des mélopées scandées par des productions sonores corporelles (claquements de mains) ou vocales (refrains et scansions oralisées). Le chant choral, les effets dynamogéniques de la musique, les danses diverses fournissent donc de multiples sources de plaisir synergique : l'entrainement corporel au rythme, l'anticipation des événements mélodiques, l'échoïsation réciproque motrice et vocale.

3. À un niveau psychologique plus profond, le laisser-aller à l'entrainement rythmique musical, vocal et corporel supprime temporairement les défenses tout en donnant une sensation de maitrise de la cinesthésie, tandis que l'appartenance syntone corporelle à la collectivité permet une régression psychocorporelle sécurisante.

Ces actions d'induction psychophysiologique trouvent leurs exemples dans les deux cas extrêmes des effets d'endormissement des « berceuses » sur les nourrissons, et des effets de transe des « raves » contemporaines.

4. Valeur cathartique et régulatrice : l'activité phonogène permet aussi la décharge émotionnelle cathartique – ainsi les hurlements, les clameurs de foule, et de façon plus personnalisée les « logorrhées » post-traumatiques – cependant qu'en sens contraire la voix peut aussi servir de régulateur tensionnel. Dans ce cas, le rôle de la mise en mots est aussi important que ceux de la mise en voix et de la présence d'un auditeur.

Enfin, il faut encore rappeler que malgré leurs bases « naturelles » tous les phénomènes décrits ci-dessus ont des marques culturelles. Nous avons vu que la voix sert de support à la parole et qu'à ce titre, elle est nécessairement tributaire du système phonologique de la langue – ce qui donne des aspects spécifiques au style voco-acoustique et aux impressions que peuvent avoir les pratiquants d'un autre système. Les différences proviennent a) des phonèmes, b) de l'accent, c) de l'intensité sonore habituelle, d) des habitudes rythmiques et du débit plus ou moins rapide, e) des rituels conversationnels (respect plus ou moins rigoureux des tours de parole). On retrouve des différences analogues en ce qui concerne la mimo-gestualité plus ou moins retenue ou libérée, le tout étant compliqué par les règles culturelles très variables de l'usage du regard et des distances interpersonnelles.

Ces spécificités culturelles font que la langue française – bien que fondamentalement commune en tant que code linguistique aux différentes régions francophones – présente des variations assez notables quant à son accompagnement voco-gestuel. Sources particulières du charme empathique que l'on éprouve à reconnaitre le semblable rassurant, chez un autre qui nous surprend cependant par l'étrangeté de ses différences.

BIBLIOGRAPHIE

CALBRIS, G., PORCHER, L., 1989, *Geste et communication*, Paris, Hatier-Crédif.

CORNUT, G., 1983, *La Voix*, Paris, PUF.

COSNIER, J., BOSSARD, A. (éd.), 1984, *La Communication non verbale,* Neuchâtel, Delachaux et Niestlé.

COSNIER, J., KERBRAT-ORECCHIONI, C. (éd.), 1987, *Décrire la conversation*, Lyon, Presses universitaires de Lyon.

COSNIER, J., VAYSSE, J., 1997, « Sémiotique des gestes communicatifs », in *Nouveaux actes sémiotiques*, 7-28, 52.

FONAGY, I., 1983, *La Vive Voix, Essais de psychophonétique*, Paris, Payot.

FONTANEY, L., 1987, « L'intonation et la régulation de l'interaction » *in* COSNIER et KERBRAT-ORECCHIONI (éd.), *Décrire la conversation,* Lyon, Presses universitaires de Lyon.

GROSJEAN, M., 1991, *Les Musiques de l'interaction, Contribution à une recherche sur les fonctions de la voix dans l'interaction*, Thèse de doctorat, Université de Lyon 2.

KERBRAT-ORECCHIONI, C., 1992, *Les Interactions verbales,* 3 tomes, Paris, Armand Colin.

LANDERCY, A., RENARD, R., 1977, *Éléments de phonétique*, Bruxelles, Didier.

LÉON, P.,1993, *Précis de phonostylistique, parole et expressivité,* Paris, Nathan.

LÉON, M., LÉON, P., 1997, *La Prononciation du français*, Paris, Nathan, « Université ».

MOREL, M.-A., DANON-BOILEAU, L., 1998, *Grammaire de l'intonation, l'exemple du français*, Paris, Ophrys.

RITTAUD-HUTINET, C., 1987, « Les signes vocaux de la communauté énonciative » *in* COSNIER et KERBRAT-ORECCHIONI (éd.), *Décrire la conversation*, Lyon, Presses universitaires de Lyon.

ROSSI, M., DI CRISTO, A. et *alii*., 1981, *L'Intonation, de l'acoustique à la sémantique,* Paris, Klincksieck.

SCHERER, K., EKMAN, P., 1982, *Handbook of Methods in Nonverbal Behavior Research*, Paris, Cambridge University-Maison des sciences de l'Homme.

WIOLAND, F., 1991, *Prononcer les mots français*, Paris, Hachette.

MOI, J'AIME BIEN LES BELGES... SI, SI... PAR EXEMPLE, J'AIMERAIS ARRÊTER DE DIRE SOIXANTE-DIX ET QUATRE-VINGT-DIX POUR SEPTANTE ET NONANTE QUI SONT TELLEMENT PLUS JOLIS.
EH BIEN, VIENS VIVRE EN BELGIQUE.
EH... OH... Y'A QUAND MÊME UNE LIMITE, HEIN...

W

comme Wallonie, Bruxelles, Flandre

par Jean-Marie Klinkenberg

On sait assez qu'il n'y a pas de « langue belge ». Du point de vue linguistique, la Belgique est en effet divisée en deux blocs (si l'on néglige la petite zone de langue allemande qui abrite une des minorités les mieux protégées d'Europe). Courant d'est en ouest, cette frontière date du haut Moyen Âge et a peu varié depuis lors : elle sépare les zones où la poussée germanique avait fait reculer le latin de celles où les nouveaux venus se sont progressivement romanisés. Cette frontière est donc d'abord une frontière dialectale : au nord, des dialectes appartenant à la famille bas allemande (flamand, brabançon, limbourgeois), et au sud, des parlers romans appartenant à la famille d'oïl (picard, wallon, lorrain). De nos jours, la frontière des dialectes tend à être aussi celle des langues standardisées : en Flandre, le néerlandais, et en Wallonie, le français. Mais il n'en a pas toujours été ainsi.

Histoires belges : de la « question linguistique » à l'Europe

La Belgique fait partie de la mégalopolis européenne : située au cœur d'une zone géographique remarquable par la densité de ses populations (elle compte 10 millions d'habitants, soit plus de 300 au kilomètre carré), elle est traversée par le grand sillon industriel qui va de la Manche à la Ruhr, et par des voies routières et ferrées névralgiques. Les régions qui constituent aujourd'hui l'État belge furent d'abord une poussière de principautés aux obédiences parfois très différentes (France, Empire germanique). Leur union fut l'aboutissement d'une politique d'acquisition menée au XVe siècle par la dynastie bourguignonne. Après la chute de Napoléon, la diplomatie européenne crée, redoute avancée contre l'expansionnisme français, un royaume des Pays-Bas qui comprend les actuelles Hollande et Belgique et qui devient l'épicentre de la révolution industrielle sur le continent. Mais cet amalgame était artificiel : en 1830, avec l'accord embarrassé des grandes puissances, la Belgique prend son indépendance. Ce petit État eut à connaitre, outre les deux guerres mondiales, tous les problèmes qui se posèrent dans les pays développés du continent. Mais sa vie publique a de surcroit été animée par ce qu'il est convenu d'appeler une « question linguistique ». Au XIXe siècle, alors qu'en Wallonie se créait un état d'esprit social-démocrate, en Flandre, de sensibilité plus conservatrice, les problèmes sociaux se doublèrent d'une question nationale.

Le français s'y était en effet largement répandu, dans l'aristocratie d'abord, la haute bourgeoisie ensuite, et était devenu la principale langue d'enseignement et de culture. Un important clivage existait donc dans la partie nord du pays ; la bourgeoisie se distinguant par l'usage d'une langue radicalement différente de celle du peuple, pratiquant le flamand et d'autres dialectes appartenant à la famille bas allemande. La lutte flamande fut donc un combat pour la reconnaissance de la langue populaire dans toute la vie sociale, doublé d'un effort de standardisation des dialectes, sous l'égide du néerlandais. Le suffrage universel, acquis au début du siècle, fit apparaitre la nature profondément dualiste du pays. Ce constat aboutit dans les années 1930 à une abondante législation qui consacre l'égalité des langues et l'unilinguisme des grandes régions.

Mais ce n'était pas là l'aboutissement du processus. D'abord sociale, la question linguistique – on préfère aujourd'hui dire « communautaire » – est aussi devenue économique : une Wallonie vieillie dans sa population et son infrastructure doit faire face à une Flandre plus jeune et d'industrialisation plus récente, plus nationaliste de surcroît.

Cette lutte, que l'on se condamne à ne pas comprendre si on n'en perçoit que ses manifestations épidermiques, a abouti à une succession de révisions constitutionnelles qui ont fait du royaume de Belgique un pays fédéral : « l'État central » conserve la juridiction sur la politique extérieure, la politique monétaire, la sécurité sociale, etc. ; les « régions », au nombre de trois (la Flandre, la Wallonie et Bruxelles), sont compétentes en matière de politique économique, de travaux publics, de protection de l'environnement ; enfin, les « communautés » culturelles, au nombre de trois également (communautés flamande, française – c'est-à-dire francophone – et germanophone), sont compétentes en matière de culture, d'enseignement, d'aide aux personnes. Est-ce à dire qu'une dissolution de la Belgique est en vue ? On ne peut le penser si l'on veut bien tenir compte du fait que ce processus est exactement parallèle à celui de l'intégration européenne et que la Belgique se donne de plus en plus souvent comme un des centres moteurs de cette Europe. Accident historique dans le devenir européen, c'est dans ce cadre que la Belgique nouvelle peut trouver son équilibre, en vivant le compromis incessant entre de multiples appartenances.

Un des résultats les plus marquants de cette histoire mouvementée est la francisation de Bruxelles : l'urbanisation de la capitale et la tertiarisation de son économie ont fait que la ville et son agglomération en expansion se sont rapidement francisées au XIXe siècle et plus spectaculairement encore au XXe siècle, au point que la capitale du royaume, qui se donne aussi comme la capitale de l'Europe, fait aujourd'hui entendre un discours complexe : officiellement de régime bilingue, l'anglais s'y fait beaucoup entendre, mais la voix française domine.

En Wallonie, le français n'a pas étouffé les dialectes. Certes, très tôt, la langue écrite française s'est distinguée du parler local, qui est dès lors resté durablement oral. Il y a donc eu longtemps un assez large bilinguisme franco-wallon, progressivement miné, surtout dans les villes, par les communications et par l'instruction obligatoire. Il serait pourtant risqué de parier sur la mort du dialecte, cent fois annoncée. Vecteur d'une brillante littérature, il apparait, aujourd'hui autant qu'hier, comme un solide instrument d'identification.

Quelques spécialités belges

La recette du français de Belgique parait assez simple, du moins pour un amuseur : il suffit d'une bonne ration de « une fois », relevée de quelques « sais-tu » et pimentée de l'un ou l'autre « alleïe ». Simplification outrancière d'une situation complexe, toute en nuances. Le français des Belges joue en effet sur un clavier étendu, qui va d'un langage se conformant rigoureusement aux normes en usage dans le Centre dominant à un parler fortement teinté de traits régionaux. Les membres de la collectivité doivent tôt apprendre à naviguer entre ces extrêmes ! Si les marques très régionales sont fortement stigmatisées, une personne se conformant pleinement à un usage parisien sera volontiers taxée de prétention. La plupart des usagers tentent de se conformer à une norme intermédiaire, qui ne leur a jamais été explicitement enseignée : car il existe un bon usage des francophones de Belgique, qui n'est pas exactement celui du 16e arrondissement.

Pour décrire l'éventail des variétés qui se répartissent de part et d'autre de cet usage moyen, il faut tenir compte de trois facteurs. Le facteur social tout d'abord : plus l'usager se situe vers le haut de la pyramide sociale, plus il maitrise les variétés linguistiques prestigieuses et évite les marques régionales... à l'exception de celles qui sont inévitables. Le facteur géographique ensuite : c'est l'influence du wallon qui est à l'origine des principales particularités du français oral de Wallonie ; tandis que pour le français de Bruxelles, qu'on présente abusivement à l'étranger comme « le français de Belgique », le responsable est un dialecte flamand. Le facteur chronologique enfin : l'intensité des communications a sur les langues un effet nivelant, et les accents ou particularités régionales tendent à s'estomper. Celui qui, il y a trente ans, disait « friterie » pour désigner certain établissement faisait figure de snob : aujourd'hui, c'est l'usager de « friture » qui retarde. Contrairement à ce que prétendent certains, les variétés belges du français ne tendent donc pas à s'écarter de celles de l'Hexagone.

On peut néanmoins tenter de peindre la physionomie de ce français multiforme.

Ce qui donne sa coloration particulière à une langue, c'est sa phonétique. Un séjour en Wallonie ou à Bruxelles permet de repérer facilement les traits suivants : un allongement assez général des voyelles, le maintien du « un » (fréquemment assimilé à « in » en France), une marque du féminin nettement audible dans les mots se terminant par une voyelle (par rapport à « joli », « jolie » se caractérise par un allongement et par ce léger appendice mouillé que les spécialistes nomment un « yod »), la tendance à rapprocher le son de « lui » de celui de « Louis », la réduction du groupe « ly » (« souliers » se rapprochant de « souiller ») ou encore l'assourdissement des consonnes sonores placées en finale (« soude » se rapprochant de « soute », tout en conservant la longueur de sa syllabe).

Du côté de la syntaxe, le portrait est plus difficile à brosser : en dehors d'une série de locutions faisant un usage particulier des prépositions *à*, *après*, *sur*, *pour*, ou reposant sur le tour *avoir* + qualificatif (« avoir bon », « avoir facile »), les caractéristiques du français de Belgique se laissent malaisément ordonner en un ensemble cohérent.

C'est donc sans doute du côté du lexique qu'on verra le mieux ressortir les particularités langagières belges.

Celles-ci sont parfois liées à des spécificités culturelles ou administratives : nombre de termes sont le reflet d'institutions politiques ou sociales particulières, soit qu'il s'agisse d'une terminologie officielle (« bourgmestre », équivalent du maire, ou « athénée », lycée), soit que le langage commun ait dû inventer des mots nouveaux pour des pratiques sociales typiques (ainsi, on a « communautarisé » l'enseignement, en en confiant la gestion aux « communautés », et les principaux ministres du gouvernement fédéral constituent le « kern » ou noyau dur).

Autres vocabulaires liés à des spécificités culturelles : celui des activités domestiques et celui des spécialités alimentaires. *Escavêche*, *pistolet*, *chique* sont des spécialités peut-être moins connues que la *gueuze* et la *praline*. Comme le montrent les deux derniers exemples, nombre de belgicismes sont des termes dont la forme est connue ailleurs, mais qui ont ici un sens différent : *cour* (« toilettes »), *gouter* (« avoir le gout de »). Cela amène à dire que ce qui caractérise le plus le lexique du Wallon et du Bruxellois est peut-être moins l'usage régulier de formes frappantes que celui d'expressions qui ne sont particulières que par leur fréquence. Comme l'écrivait un fin observateur du français contemporain : « Le Belge transpire, épluche son fruit, verse un acompte, regarde la tévé et attend le paiement de sa pension, tandis que le Français sue, pèle son fruit, verse des arrhes, regarde la télé et attend le paiement de sa retraite. »

Le banlieusard et ses stratégies

La vie culturelle en Communauté française est, pour une raison évidente – le caractère très centralisé de la culture française –, tout entier déterminé par sa position relative vis-à-vis de l'Hexagone. Grosso modo, on peut dire que c'est la machine parisienne qui anime l'essentiel du mouvement : il n'est bon bec que de Paris. Position rendue plus délicate encore par la proximité géographique : une pression de doigt, et le dense réseau de câble offre au Belge les images de Paris ; un saut à la gare, et le TGV l'y emmène, le temps d'une lecture du *Monde* (ou d'un *Harlequin*).

Le cinéaste, écrivain ou chanteur devra donc développer une stratégie bien à lui. Soit il pourra vouloir rendre sa production autonome, en exhibant ses spécificités (ce qu'ont pu faire, dans des genres divers, Hergé ou Brel) ; soit il tendra à l'assimilation au milieu parisien (ce qu'ont pu faire, dans des genres divers également, Henri Michaux, Johnny Hallyday ou Christine Ockrent). Balancement constant : la Belgique a participé, de toute mémoire, à la lente constitution de la culture française – le premier acte officiel jamais rédigé en langue vulgaire ne l'a-t-il pas été à Chièvres, en Wallonie ? – tantôt donnant, tantôt prenant ; tantôt offrant, tantôt recevant.

En définitive, on ne peut pas mieux définir le francophone belge que comme un banlieusard. Qu'est-ce que la banlieue ? Ce n'est pas la ville, mais c'est une promesse de ville ; ce n'est pas la nature, mais c'est déjà sa première senteur. La banlieue est donc le lieu idéal pour l'observation. Tout près mais pas dedans, le banlieusard est traditionnellement un scrutateur. Dans ses déplacements pendulaires, il aiguise ses dons d'anthropologue (et il est bien vrai que la Belgique a engendré nombre de grands observateurs du langage). Portier, le banlieusard voit ce qui entre et ce qui sort, sait ce qui passe. Mais cette position médiatrice – qui affûte sa sensibilité, son scepticisme et son sens de l'autodérision – est aussi la source de sa fragilité. (Car d'un côté, le banlieusard n'a pas l'assurance du citadin ; de l'autre, il n'a pas les certitudes du rural.) De là les fragilités linguistiques du Belge, que l'on attribue peut-être un peu vite à la proximité d'autres cultures (cultures que le banlieusard, singeant en cela le citadin, a parfois tôt fait de nommer barbares), ou à ces parlers nés chez lui et proches du français, mais moins légitimes que lui ; parlers qui se grommèlent à chaque instant en ses oreilles. Fragilité que l'on soigne, mais de manière bonhomme : la Belgique romane est terre de grammairiens comme elle l'est de coureurs cyclistes (pensons au *Bon usage* de Maurice Grevisse, et au fait que, pendant longtemps, la Belgique fut le seul pays à avoir érigé l'orthographe en discipline sportive, avant que Pivot ne reprenne l'idée). Ou encore, fragilité qui se transforme en force : de la banlieue sortent de fameux braconniers et de fieffés maraudeurs qui savent que l'on circule souvent plus vite et mieux sur les boulevards périphériques que dans les rues de traverse.

Ce sont ces stratégies, ces ambivalences, ces trajectoires, qu'on retrouve en abordant une manifestation du langage bien révélatrice : la littérature.

Sommairement, on peut distinguer trois phases dans l'histoire des lettres françaises de Belgique. Dans les quatre-vingt-dix premières années d'existence de l'État belge, on revendique une forme d'indépendance par rapport au centre parisien : tout en niant l'existence d'une « langue belge », les théoriciens accordent qu'une certaine stylistique pourra exprimer ce qu'un critique célèbre, Edmond Picard, a nommé « l'âme belge ». Les œuvres de De Coster, Verhaeren, Lemonnier, Elskamp, Maeterlinck, seront marquées par cette tendance. Avec l'avènement du principe de l'unilinguisme des régions, dans les années 1930, c'en est fini de l'homogénéité linguistique de la classe dominante. Les écrivains francophones doivent donc se redéfinir autrement que par rapport à un cadre belge, désormais culturellement disqualifié. Cette redéfinition sera une réorientation : le point de référence sera dorénavant Paris. S'ouvre donc une phase où la revendication du modèle centralisé sera plus nette que jamais. Sauf les derniers représentants de la catégorie des Flamands francophones (dont Ghelderode) et les praticiens d'esthétiques souterraines (dont les surréalistes), les écrivains mettront le plus grand soin à cacher leurs origines, ou s'établiront en France (de Simenon à Hubert Juin et de Françoise Mallet-Joris à Félicien Marceau). Cette tendance prévaut de 1920 à 1960 environ et culmine dans l'immédiat après-guerre. Après 1960 s'ouvre une troisième phase : la sensibilité générale des pays industrialisés oriente la culture vers des formes nourries soit par l'utopie autogestionnaire soit par le repli narcissique. S'énonce alors un discours de l'identité, auquel la crise donne des fonctions nouvelles. Le caractère problématique de l'appartenance française est ainsi mis en scène par une écriture postmoderne, exhibant les tensions qui déterminent les rapports sociaux comme dans les œuvres de Pierre Mertens, Conrad Detrez, Jean-Pierre Verheggen, Paul Emond, William Cliff.

Les appartenances multiples du Wallon et du Bruxellois

On le voit, écriture, langue et politique sont plus étroitement liées qu'on ne le croit généralement. Si une conception fédéraliste a aujourd'hui eu raison de l'idéologie unitariste qui occultait les différences économiques et anthropologiques entre le sud et le nord du royaume, c'est en premier lieu en raison d'une conscience linguistique qui s'est révélée, en Flandre d'abord, puis plus timidement en Wallonie et à Bruxelles. Chez les francophones, cette conscience s'est d'abord développée sur le mode défensif, devant les succès du mouvement flamand. Elle a, dès les années 1930, posé la question de la spécificité de la culture française dans une Belgique où celle-ci se vivait comme menacée. Cette conscience des Wallons et des Bruxellois s'est ensuite alimentée des énergies qu'a dégagées la conscience de la minoration économique et politique de la Wallonie, ainsi que de la fragilité ressentie par certains Bruxellois dans un État dominé par sa composante flamande. Ayant la chance de participer à une culture de rayonnement mondial, le Bruxellois francophone et le Wallon sont dégagés du souci d'investir, comme doivent le faire nombre de Flamands, tout leur être dans une langue qui finit par n'être plus qu'un symbole d'appartenance collective. Il vit dès lors des appartenances multiples, qui peuvent se compléter aussi bien que se contredire : pour certains – qui tantôt souhaitent un rattachement plus ou moins étroit à la France, tantôt mettent en avant tout ce qui unit Bruxelles et la Wallonie – la fidélité à la langue et à la culture qu'elle véhicule vient en premier, tandis que d'autres ont pour premier souci l'avenir économique de leur région et que d'autres encore attendent de l'Europe qu'elle crée de nouvelles formes de civisme. Cette multiplicité des allégeances – parce qu'elle peut aussi bien aboutir au déficit en identité, à l'étroit chauvinisme, qu'aux fidélités plurielles et aux coopérations loyales – pourra se révéler force aussi bien que faiblesse.

Bibliographie

Une langue, une communauté. Le français en Belgique (sous la direction de Blampain, D., Goosse, A., Klinkenberg, J.-M., Wilmet, M.), 1997, Louvain-la-Neuve, Bruxelles, Duculot, Communauté française de Belgique. Un livre richement illustré, rédigé par une trentaine de spécialistes et abordant le français sous ses aspects linguistique, historique, culturel, sociopolitique.

ARRÊTEZ DE NOUS ENVAHIR AVEC VOS MOTS ANGLAIS OU JE VOUS FICHE K.O. !
OH YEAH ?.. AND YOU WANT A RENDEZ-VOUS TO BOXE ME ?

X

comme XXL
la place des anglicismes dans la langue

par Marina Yaguello

L'hybridation des langues, résultant des interférences et des emprunts, est un phénomène universellement constaté. Aucune communauté linguistique n'y échappe, dès lors qu'elle se trouve au contact d'une autre. Divers facteurs – sociaux, culturels, économiques, intellectuels, psychologiques, idéologiques – favorisent les emprunts ; et il convient de souligner que ce sont les locuteurs, en tant que sujets porteurs de la langue, qui en sont les vecteurs plus ou moins conscients. Autrement dit, l'emprunt prend sa source dans la parole vivante, dans l'interaction ; il ne se produit jamais sous l'effet d'une nécessité aveugle ou d'une logique de système. D'où l'idée, largement répandue en France, qu'on peut, qu'on doit résister à « l'invasion » de la langue étrangère, conçue comme un organisme vivant et corrupteur.

Les premiers cris d'alarme contre le « franglais » furent lancés dans les années soixante par Étiemble. En cette aube d'un nouveau millénaire, où en est le rapport de force entre le français et l'anglais ? Notre langue est-elle vraiment mise en danger ou bien se trouve-t-elle au contraire enrichie ?

Le français et l'anglais ont toujours été dans une relation d'emprunteurs mutuels. On peut dire que le solde était globalement créditeur pour notre langue. On considère généralement que quatre-vingt pour cent du lexique de l'anglais est d'origine française ou latine. L'inverse est très loin d'être vrai. La menace, si elle est réelle, est relativement récente.

Jusqu'au XIXe siècle les anglicismes sont générés essentiellement par le snobisme. Ils sont liés aux modes et comportements importés du Royaume-Uni (à commencer par le mot *snob* lui même) dans le domaine des sports, du tourisme naissant, de divers produits de consommation. Ils ne concernent que les couches privilégiées de la population.

Au XXe siècle, le développement massif et exponentiel des sciences et de la technologie vient des États-Unis surtout et non plus du Royaume-Uni. Or, la technologie se vend et l'acheteur n'acquiert pas seulement des contenus, des concepts ou des outils mais aussi, bon gré mal gré, les mots qui leur servent d'emballage.

Le snobisme, par ailleurs, est toujours à l'ordre du jour : il continue à se vendre et, en prime, il *fait* vendre. Tout ce qui porte un nom anglais, authentique ou fabriqué, connote le high-tech, le fun, le design et la modernité – ce qu'ont bien compris tous les acteurs du marketing. Cela va de l'informatique (la vague est dans ce cas une déferlante, il est impossible de tout citer) à la musique *(rap, techno, rave, world music, hip hop, pop, rock, country*, etc.), au show business, à la communication (*Internet* et *e-mail* en tête) et aux sports (*roller, mountain bike, stretching* et autres *trainings*) en passant par la mode : à l'heure où nous subissons le *stress* du *bug* de l'an 2000, un *dress-code* implacable régit le *shopping* – *trash* ou *glamour* – de nos *teenagers*, fascinées par le *look* des *top models* dans la presse *people*. Cependant que leurs ainés adoptent le *total look sportswear* afin de *cocooner*, la main sur le *zappeur*, rêvant de *home cinema* pour fêter le nouveau *millenium*[1].

1. Mon logiciel de correction automatique, installé en standard sur Word, n'a encore rien surligné de rouge, c'est donc qu'il intègre et tolère ce vocabulaire.

Les titres de films, depuis longtemps, ne sont plus traduits. Mieux encore, on donne désormais des titres anglais aux films chinois, kalmouks, coréens ou japonais et même, en bonne logique, aux films français (*Boy meets girl, Lovers*) : on évite ainsi l'effort de décider de ne pas traduire. Quant aux commerçants, ils adorent ajouter des « 's » incongrus à leurs enseignes (une bijouterie branchée du quartier des Halles s'intitule *métal pointu's*).

Qu'en conclure ? Qu'au-delà du caractère objectif de l'acquisition ou d'un produit nouveau appuyé sur une appellation anglaise d'origine, il existe parmi nos populations francophones un grand désir d'anglais, une aspiration irrépressible. On sent chez le cadre ou le lycéen qui manie l'anglais le bonheur de faire partie des élus ; les locuteurs les plus compétents, donc les plus privilégiés, suscitent l'envie de ceux qui pataugent lourdement dans la langue des dieux (dieux du commerce, du stade, de l'Internet, du show-biz...) ; les moins compétents subissent ainsi le poids de complexes et de frustrations, tout comme ceux qui naguère ne savaient pas lire le latin et le grec.

Le plus extraordinaire est que cette aliénation touche toutes les couches sociales sans exception : le loubard rappeur comme le cadre, le chercheur, le commerçant ou le journaliste.

Faut-il s'en alarmer ?

Le phénomène n'est pas forcément négatif : la pratique d'une langue étrangère, fût-elle dominante, n'est ni vaine ni futile. Il n'est pas facile de faire la part, dans cette fascination pour l'anglais, du nécessaire et du superflu.

Le nécessaire, c'est la maitrise de l'anglais, outil de communication internationale et d'accès à la connaissance : notre ministre de l'Éducation, Claude Allègre, a récemment déclaré que l'anglais n'était plus désormais une langue étrangère et que sa maitrise faisait partie des compétences de base « comme lire, écrire et compter ». Le superflu, c'est évidemment l'emprunt inutile, surtout quand il n'a d'autre motivation que la paresse, le désir de paraitre ou le snobisme.

L'emprunt met-il vraiment notre langue en danger ?

Il n'y a pas de langues pures ou impures ; il n'y a que des langues dynamiques, en expansion et des langues apathiques, en récession.

L'anglais lui-même est une des langues les plus hybrides qui soient. À la limite, a-t-on pu dire, il s'agit d'un créole. Qu'est-ce qui fait donc la force de l'anglais et la faiblesse – présumée – du français ? Y a-t-il quelque caractéristique intrinsèque qui favorise l'anglais ou bien, sa force est-elle simplement le reflet de la puissance de ses locuteurs ? Autrement dit, comment faire la part des facteurs internes et externes ?

L'anglais est une langue à morphologie relativement pauvre, dans laquelle la néologie fonctionne par conversion et composition, plutôt que par dérivation. Le stock lexical natif (d'origine anglo-saxonne) est en grande partie monosyllabique, donc léger à manier. De plus, les ressources de la métaphore et de la métonymie prennent le pas sur les formations savantes (*pain killer* par exemple pour *antalgique*). D'où un lexique fondamentalement imagé, concret et dépourvu d'opacité. Le français présente les tendances inverses. Voilà pour les facteurs internes. Pour leur part, les facteurs externes, qui sont évidents pour chacun, jouent un rôle déterminant ; mais il est clair que la structure même de la langue en facilite l'expansion. Le caractère hybride et flexible de l'anglais (qui n'implique en rien que la langue soit « facile ») lui confère les vertus d'un espéranto naturel.

L'intégration d'emprunts anglais en français est désormais un fait qu'on ne peut ignorer. Quelles en sont les caractéristiques ?

Prenons, à titre d'exemple, l'indication de la taille d'un vêtement sous la forme XL ; celle-ci suscite d'emblée deux remarques :

– la lettre *x* – prononcée [eks] – coïncide phonétiquement en anglais avec la première syllabe du mot *extra*, alors qu'en français la lettre correspondante se prononce [iks]. L'abréviation a donc pour les anglophones un caractère iconique, d'ailleurs fréquemment exploité par la langue du commerce – par exemple *while U wait*, où *u* représente *you* ou *Toys R us*, où *r* représente *are* – que le français ne peut conserver ;

– le mot *large* est un « faux ami » puisqu'il signifie en anglais « grand » et non « large », qui se dit *wide*.

Si bien qu'au niveau du sens comme au niveau du son, on ne peut utiliser le sigle XL que comme une forme opaque et non comme une forme motivée.

Voilà qui nous plonge d'emblée au cœur du problème de l'intégration des mots anglais – problème de forme (tant graphique que phonique), problème de sens, problème de conditions d'emploi.

Problèmes de forme

Comme chacun a pu le remarquer, le français n'intègre plus les mots d'emprunts sous une forme, graphiquement et phonétiquement, francisée. Rien ne permet de détecter l'anglicisme dans les emprunts anciens : *redingote* (*riding-coat*), *boulingrin* (*bowling-green*), *paquebot* (*packet-boat*) ou encore *pique-nique* (*pic-nic*). Par contre, tout dénonce l'anglicisme dans les emprunts modernes. Si la prononciation de *surfer,* de *bug,* de *meeting, sandwich*, *cocktail* ou *e-mail* n'est qu'une approximation de l'original anglais, il n'en reste pas moins que ces mots restent étrangers à l'oreille comme à l'œil ; ils établissent de nouvelles règles de correspondance entre phonie et graphie dans la jungle, déjà bien complexe, de l'orthographe française ; ils ajoutent une composante idéographique, qui renvoie précisément à l'origine du mot et à sa connotation. Rien n'est fait aujourd'hui pour masquer l'emprunt et il est loin le temps où Queneau s'amusait à transcrire *métinge* et *coquetèle*. Citons, en exemple, le fameux bug de l'an 2000. Il est vrai qu'une version francisée *bogue* – parfaitement conforme à la phonologie et à l'orthographe du français, et à ce titre recommandée par les instances de la francophonie – circule également, mais la variante *bug* résiste (*cf.* la chronique de *Libération* « le grand méchant bug »).

Avec ces nouvelles règles, les consonnes finales n'ont plus besoin d'être couvertes par un *e* muet, la valeur de la lettre *u* a changé, *a* peut se lire [e] comme dans *rave* alors qu'il se lit encore [a] dans *square* ; de nouveaux digrammes sont introduits : un double *e* se prononce [i], un double *o* vaut [u], [ʃ] peut s'écrire *sh* et non plus *ch*, etc. cependant que le même digramme *ch* se prononce couramment [t ʃ], phonème étranger au français. Un nouveau phonème [ŋ] est venu s'ajouter à l'inventaire phonologique du français grâce à la finale *-ing*, naturalisée au point qu'elle permet de former des mots qui n'existent pas en anglais tels *zapping*, *pressing* ou *footing*. Bref le système est attaqué de toute part.

Une initiative malheureuse vient d'être prise par l'Académie avec le mot *mél*, censé être une francisation *bona fide* de *e-mail*. Il ne fait qu'en imiter la prononciation, au mépris de la phonologie du français, qui interdit le [e] fermé devant consonne (en syllabe fermée). Autrefois on aurait sans doute intégré le mot sous la forme *émail* [emaj]. Par contre le néologisme *courriel* s'est vu refuser toute reconnaissance officielle, alors qu'il était parfaitement bienvenu.

Problèmes de sens

Les mots polysémiques en anglais sont empruntés avec un sens restreint et spécialisé en français (souvent un sens figuré du mot anglais) : ainsi *mail*, qui signifie « courrier » en général, et non seulement « courrier électronique » ;

web, qui désigne non seulement le réseau WWW mais aussi tout réseau ou toile (y compris d'araignée) ; *surf*, « vague déferlante », se restreint en français à la désignation du sport utilisant ce support, le verbe dérivé *surfer* s'appliquant également à l'exploration du *Web* ; *bug* veut dire en anglais « insecte » ou « bestiole » avant de désigner, par métaphore, une source de panne ou un virus ; *scoop*, qui a comme sens propre « pelletée », est restreint en français au sens figuré d'« information exclusive », etc.

Conditions d'emploi

On oublie trop souvent qu'une langue ne se résume pas à un inventaire lexical ; ce qui fait qu'une langue conserve son intégrité, c'est qu'elle a une structure grammaticale, une syntaxe et une morphologie qui lui sont propres. Tant que la langue conjugue à la française les verbes anglais comme *se crasher, sticker, surfer*, *cocooner, sponsoriser*, etc. (et on ne voit pas comment on ferait autrement) tout va bien. Mais on s'inquiète un peu devant ce titre : « devenez impôts-malins » – le calque étant vraiment évident *(tax-wise)*. Ou encore devant cette affiche qui annonce « lingerie wear » sur le modèle de *sportswear*. Le français, contrairement à l'anglais, n'admet pas l'ordre déterminant-déterminé dans les mots composés, sauf s'ils sont empruntés en bloc comme *show-business*. Ainsi on parle de *presse people*, où l'élément déterminant est postposé car il s'agit d'une création lexicale française, et de *musique live* plutôt que de *live musique*.

Ouvrons au hasard quelques pages de la presse de cette fin décembre 1999 (*Elle, Libération, Le Monde*) ; voici la récolte (il y en a presque à chaque page) :

– « sponsorer une cantine gratuite » (*Libération*) ;
– « e-maginez le e-business » (publicité) ;
– « il se gave de pizza vintage » (*Elle*) ;

– « ils ont le total look sportswear glamour » (*Elle*) ;

– « Les start-up françaises s'installent dans le Sentier » (*Le Monde*) ;

– « Inclus six nouveaux titres » (publicité pour un nouveau disque) ;

– « des mini-photos à sticker partout » (*Libération*) ;

– « forever : invitation **aux** nuits du mariage » (publicité) ;

– « Voici trois endroits très lounge » (*Elle*) ;

– « Un brunch jazz plaisant et pas cher » (*Elle*) ;

– « Un open jazz festival permanent » (*Elle* : aïe ! l'ordre des mots !) ;

– « Le Catzar's commence à se remplir around midnight » (*Elle*) ;

– « Des vecteurs de consommation issus de l'American way of life » (*Elle*) ;

– « Le sac streetwear prend du poil de la bête » (*Elle*) ;

– « Animal show : vraie ou fausse la fourrure réchauffe l'allure » (*Elle*) ;

– « Nouveau : Color riche » (publicité pour un rouge à lèvres : encore l'ordre des mots) ;

– « Votre finance personnelle on line » (*Le Monde*) ;

– « L'équipe a eu neuf jours pour shooter vingt-quatre photos » (*Le Monde*) ;

– « Des boysbands japonais néoglam » (*Libération*) ;

– « La description du jeu de rôles star-groupies » (*Libération*) ;

– « C'est du bruit écrit, de l'easy writing comme il y a en musique de l'easy listening » (*Libération*) ;

– « À grand renfort de must have et autres post-post moderne attitude » (Libération : encore l'ordre des mots) ;

– « La figure du philosopher-citizen » (*Libération*) ;

– « Fabrice et son ami : Just pacsed » (*Libération*).

On note (surtout dans *Libération* et *Elle*, qui en fourmillent) qu'il ne s'agit pas toujours d'emprunts à proprement parler mais davantage d'interférences volontaires, visant à produire un effet de mode. Émailler le texte de mots anglais, ça fait terriblement chic, ça connote l'aisance à se mouvoir dans le monde des paillettes, du luxe et de l'innovation, et c'est aussi très ludique et très jeune. Il y a manifestement un clivage avec la presse « sérieuse », qui se contente des emprunts bien installés dans la langue.

La bande dessinée *Agrippine*, de Claire Bretécher, pointe d'ailleurs ce même travers dans la langue des adolescents.

Il ne faut peut-être pas en faire un plat, car les modes et les tics de langage sont par essence éphémères.

Nombreux sont les linguistes qui se sont exprimés sur la question. Seuls les puristes et les conservateurs (généralement non linguistes) adoptent une position défensive extrémiste. Le bon sens commande d'accepter que toute langue a besoin d'emprunter pour se renouveler, et qu'une certaine dose d'hybridation est plutôt bénéfique (la question rejoint d'ailleurs d'autres problèmes de société : faut-il ou non donner le droit de vote aux étrangers, ouvrir davantage les frontières à l'immigration, etc.). Il faut néanmoins prendre la mesure des dégâts potentiels, non pas tant des emprunts proprement dits, mais des phénomènes d'interférence – fussent-ils maitrisés, délibérés et à motivation ludique (comme certains des exemples tirés de *Libération* et de *Elle*). Ces usages peuvent évoluer du travers stylistique au jargon informe, surtout au moment où la maitrise, par les jeunes, du français écrit standard semble mise en échec.

N'oublions pas cependant que le maitre de la langue est l'usage et que toute tentative de réglementation (type loi Toubon) reste illusoire, en tout cas dans les sphères non institutionnelles.

NOUS AUTRES, ALLEMANDS, ON NE VOULAIT PAS DE "L'ÉCU" PARCE QUE ÇA VOULAIT DIRE LA "VACHE", ET VOUS ?
NOUS, ON NE SENTAIT PAS TROP L'ÉCU ET FINALEMENT, L'EURO EST SORTI MALGRÉ NOUS.

Y

comme yen, dollar, euro langue et monnaie

Entretien avec Jean-Claude Trichet

Bernard Cerquiglini : *Monsieur le gouverneur de la Banque de France, les linguistes ont l'habitude de dire qu'une langue est formée de signes que l'on échange, les grammairiens parlent souvent du trésor des mots, les historiens de la langue disent qu'il arrive que les mots se dévaluent, perdent leur sens comme une monnaie usée. La comparaison entre une langue et une monnaie est constante chez les poètes et chez les grammairiens.*

L'Europe se construit en particulier grâce à une monnaie commune. D'où ma question : pensez-vous qu'il faille une langue commune pour l'Europe ?

Jean-Claude Trichet : Je suis séduit par votre comparaison entre les mots, la langue et la monnaie. On pourrait évoquer encore d'autres emprunts sémantiques, par exemple le « commerce des esprits ». On pourrait aussi se référer à la genèse de l'écriture, qui procède des jetons sumériens des administrateurs de la Mésopotamie : ils avaient besoin d'enregistrements comptables et monétaires. Ce sont ces jetons, imprimés ensuite dans les tablettes d'argile, qui ont donné naissance aux premiers pictogrammes, puis aux idéogrammes. La dialectique entre la comptabilité, le commerce, les échanges monétaires et la langue écrite est donc à la fois profonde et subtile…

Naturellement, il nous faut fonder aujourd'hui la relation linguistique sur ce qu'on appelle, dans le jargon bruxellois, le principe de subsidiarité. L'Europe est riche de ses multiples cultures qui sont parmi les plus brillantes du monde. L'Europe est fière de ses différentes cultures. C'est cela d'ailleurs qui fait probablement la différence entre l'Europe et d'autres grands ensembles qui se sont constitués. Il est hors de question de perdre cette diversité. Donc, monnaie unique, oui ; langue unique, non.

B. Cerquiglini : *Cette monnaie unique s'appelle l'Euro. « Euro » est un préfixe productif de la langue française depuis longtemps : euro-communisme il y a une vingtaine d'années, puis euro-grève, euro-défense… On produit tous les jours des mots préfixés par « euro », et c'est une bonne chose. Mais voilà que « euro » devient aussi un nom commun. J'aimerais votre sentiment sur ce nom, en tant qu'ami de la langue française et pas seulement en tant que gouverneur de la Banque de France. Ce mot est-il bien formé, vous satisfait-il ?*

J.-C. Trichet : Je crois que « euro » est avant tout un mot qui a fait l'objet d'un consensus entre les différents Européens, après avoir été comparé à d'autres mots possibles, après avoir été testé par l'ensemble des décideurs qui, en l'occurrence, n'étaient pas les gouverneurs de Banques centrales mais les chefs d'État et de gouvernement.

« Euro » n'était pas notre premier choix. Tout le monde sait d'ailleurs que, pour ce qui concerne la France, le premier choix était « écu », qui présentait l'avantage de se référer à une ancienne dénomination monétaire française, et d'être bref. Mais, en définitive, je crois que « euro » est un très bon choix qui a été ratifié par toutes les cultures européennes.

B. Cerquiglini : *Et pour le centime, alors, que faut-il dire ? « Cent » ne serait pas très heureux...*

J.-C. Trichet : Pour le centime, il me semble qu'il faut bien prononcer « centime » lorsqu'on écrit « cent », en abréviation en quelque sorte. Je crois que l'esprit de la langue, c'est de dire « centime ».

B. Cerquiglini : *Et non pas « cent » ?*

J.-C. Trichet : Non, parce que « cent », c'est un autre mot en français. Il faut vraiment dire centime, non seulement par respect pour la langue mais par souci de clarté, et donc considérer que « cent » sur les pièces signifie tout simplement l'abréviation de « centime ».

B. Cerquiglini : *Pour revenir à l'Europe, réalité plurilingue, comment pensez-vous que l'on puisse maintenir une Europe riche de toutes ces cultures et de toutes ces langues ? Il y a, très exactement, 55 couples de langues officielles, puisqu'il y a au total 11 langues différentes au sein de l'Europe des 15 : on traduit du grec en finlandais, du portugais en allemand... Avec l'élargissement de l'Union, ce nombre va croitre considérablement dans les prochaines années.*

J.-C. Trichet : On a, comme je le disais, la chance d'avoir de très grandes langues et cela correspond bien entendu à la richesse historique de l'Europe qui est une richesse à la fois culturelle, économique, financière et monétaire.

Si l'on prend le concept des villes-monde auxquelles Fernand Braudel a donné beaucoup de lustre, on ne peut pas manquer d'être frappé par le fait que pratiquement tous les pays européens, en tout cas tous ceux qui composent actuellement l'Europe, ont été, à un certain moment de leur histoire, « capitale du monde » : Athènes a été la capitale du monde, Rome a été la capitale du monde, inutile de le dire, mais aussi Madrid comme Lisbonne, Anvers comme Amsterdam, Vienne, Berlin, Paris, Londres, etc. Bref, la richesse européenne est extraordinaire. Je disais un jour à un ami américain que la grande différence entre les États-Unis et l'Europe est précisément que la capitale de chacun des pays membres de l'Union européenne, à un moment ou à un autre, au cours des 2 000 dernières années, a été en même temps une ville à influence réellement mondiale. C'est prodigieux comme fonds historique et comme richesse. Et, bien entendu, il est très important que les langues de ces pays continuent d'exister. Personnellement, je souhaite que chaque Européen puisse parler couramment trois langues. Je crois que c'est parfaitement possible, un certain nombre de pays nous montre que cela peut très bien s'organiser : la Suisse en est un exemple. Et je crois que si, dans toute l'Europe, les enfants et les élèves, apprennent à parler trois langues – ce qui ne signifie pas nécessairement posséder parfaitement une littérature ancienne, mais au moins avoir une capacité d'expression – nous aurons une Europe qui sera par définition multiculturelle, multilinguistique. Cela permettra à chacun de se retrouver puisque la communication sera plus aisée. Je crois que c'est un grand projet auquel il faudrait attacher beaucoup d'attention.

B. Cerquiglini : *Cette diversité constitue l'identité même de l'Union européenne. Alberto Moravia disait que « les langues sont la merveille de l'Europe ». Plusieurs langues européennes sont devenues de grandes langues internationales.*

J.-C. Trichet : Oui, bien sûr. Quand on voit la diffusion mondiale que peuvent avoir les trois langues européennes que sont l'anglais, l'espagnol et le français, on couvre la presque totalité des nations du monde. Et donc, non seulement nous avons des langues qui ont une prodigieuse richesse culturelle – ce qui est le cas de l'allemand, de l'italien, des langues scandinaves et de bien d'autres, comme naturellement le grec –, mais nous bénéficions de cette chance de voir le reste du monde parler très largement les langues européennes.

B. Cerquiglini : *Vous êtes donc optimiste sur le destin du français en Europe ?*

J.-C. Trichet : Je suis optimiste sur le destin du français en Europe, et dans le reste du monde, tout en sachant qu'il faut s'ouvrir, ne pas se replier sur soi-même ou se refermer. Je crois que la vocation de la France, la vocation de la langue et de la culture française, c'est aussi une aspiration à l'ouverture, à l'universalité. Je suis toujours un peu gêné lorsque la présentation de notre langue est faite de manière défensive, en quelque sorte protectionniste.

Je dois vous dire que dans le domaine particulier qui est le mien, j'ai eu la grande joie de fonder, il y a de nombreuses années, le club des Banquiers centraux francophones. Nous nous réunissons tous les ans au Canada, en Afrique, au Liban, au Cambodge, à Paris, à Bruxelles ou en Suisse, et nous échangeons nos vues dans un club amical qui, comme le dit la charte de la francophonie, réunit ceux qui ont « la langue française en partage ».

B. Cerquiglini : *L'expression est de Maurice Druon, elle est belle.*

J.-C. Trichet : Oui, je trouve qu'elle est belle et je crois que nous y adhérons volontiers. La langue est un patrimoine partagé.

B. Cerquiglini : *Justement, nous parlons de la francophonie. Celle-ci possède-t-elle une réalité économique ? L'espace francophone constitue une culture, un patrimoine mais représente-t-il aussi un marché, une puissance économique pour vous ?*

J.-C. Trichet : Je ne crois pas du tout qu'on puisse dire a priori qu'il y a l'émergence d'un ensemble économique, car nous appartenons les uns et les autres à des ensembles économiques différents. Le Canada est en Amérique du Nord ; nous appartenons à l'Union européenne ; d'autres pays sont en Afrique ou en Asie. Je ne voudrais pas multiplier les généralités, mais il est évident que ces États obéissent à des logiques économiques et financières très différentes. En revanche, je crois que nous pouvons ensemencer et enrichir les ensembles auxquels nous appartenons les uns et les autres, à partir de cette culture commune et de cette approche ouverte des problèmes qui se posent partout dans le monde.

Lorsque nous nous réunissons entre nous, entre banquiers centraux francophones, ce qui fait le prix de cette réunion, ce n'est pas d'appartenir à un ensemble économique en voie de constitution ; ce n'est pas du tout cela ! C'est que nous pouvons emprunter cette porte ouverte pour mieux comprendre l'Asie pour les uns, pour mieux comprendre l'Afrique ou le Proche-Orient pour les autres, pour mieux comprendre l'Amérique ou l'Europe. Bref, le club nous permet d'entrer dans des ensembles historiques, économiques, financiers, culturels, monétaires très différents, mais avec la même clé – clé très utile et à mon avis très efficace.

B. Cerquiglini : *Oui, c'est une clé. On sait bien qu'on voit le monde à travers sa langue maternelle. Ce sont des banquiers qui ont la même approche du monde.*

J.-C. Trichet : Pas la même approche nécessairement, mais la même méthode pour approcher le monde. En tout cas, une même manière de le décliner, de le lire ou de le relire, bien que nous appartenions chacun à des ensembles très différents.

B. Cerquiglini : *Au fond, nous appartenons tous à de grands ensembles – l'Europe, la francophonie – et ces ensembles sont en rivalité. Vous l'avez dit, à juste titre : être européen, c'est parler, ou comprendre, plusieurs langues, dont l'anglais. Il est évident qu'il est utile de parler l'anglais, grande langue européenne et internationale. Mais cette langue a un effet de rouleau compresseur actuellement.*

Le français au XVIII*e siècle était la langue de l'Europe parce que la France avait des philosophes, des écrivains, mais aussi parce qu'elle avait des armées victorieuses. Or, les combats sont aujourd'hui économiques. L'anglais n'est pas seulement la langue d'un pays européen, c'est également la langue d'une grande puissance, l'Amérique...*

J.-C. Trichet : Je crois qu'il faut prendre le monde tel qu'il est, et le prendre de manière aussi positive et réaliste que possible. Nous sommes dans un monde dans lequel la pratique d'une autre langue, et peut-être de plusieurs autres langues, est indispensable. N'oublions pas qu'il y a un nombre de locuteurs chinois absolument considérable, il en va de même pour le nombre de locuteurs espagnols. Je crois donc qu'il faut prendre le monde comme il est, non pas imaginer en permanence que nous sommes en rivalité exacerbée avec les uns et les autres, mais au contraire se sentir heureux que plus d'une cinquantaine de pays – ce qui est énorme – partagent notre langue d'une manière ou d'une autre. Il faut tout faire naturellement pour que cet usage de la langue française soit aussi important que possible, aussi enrichissant que possible ; mais il ne faut pas oublier que le métissage culturel est fondamental et qu'un ensemble culturel qui se recroqueville perd inévitablement sa créativité. Le français doit donc se frotter aux autres cultures et aux autres langues : nous ne sommes nous-mêmes culturellement grands, me semble-t-il, que lorsque nous sommes ouverts. Il faut donc accepter qu'il y a des différences démographiques – différences qui se sont accumulées historiquement – et ne pas le regretter ou être trop plaintifs.

Se sentir pleinement locuteur français et être à l'aise dans le monde : je crois que c'est essentiel. Le métissage est une valeur.

Il ne faut pas oublier non plus, après tout, que l'anglais lui-même est né de la fusion du français parlé par les Normands et du saxon. Je relisais récemment les *Sonnets* de Shakespeare et j'étais frappé de retomber à presque toutes les lignes sur des mots français ; la plupart des concepts abstraits en anglais viennent directement du franco-normand.

Benoît Peeters : *Les Québécois, qui depuis longtemps sont très vigilants sur cette question, disent souvent : le français ne survivra que s'il n'est pas uniquement la langue de la culture, du luxe, et de l'amour, mais qu'il est également la langue dans laquelle on peut gagner sa vie.*

Est-ce que vous n'avez pas l'impression que sur ce terrain-là, quand même, il existe une vraie difficulté, notamment dans les très grandes entreprises qui imposent l'anglais, plutôt que le français, comme langue de travail, y compris en France ou en Belgique.

J.-C. Trichet : Je crois une fois encore qu'il faut être réaliste et pratique. Si nous voulons que nos entreprises puissent être elles-mêmes des véhicules de notre culture et de nos valeurs, il faut prendre le monde tel qu'il est. Encore une fois, se recroqueviller me parait être une très mauvaise option. Je ne crois pas qu'il faille se replier ; je crois au contraire qu'il faut s'ouvrir. De toute manière, ceux qui ne parlent qu'une langue se mettent en situation d'infériorité. Je ne crois pas du tout que ce soit une mauvais chose, lorsqu'on est un francophone ardent, de parler une autre langue et pourquoi pas l'anglais lorsque c'est nécessaire ou utile ?

B. Cerquiglini : *Je terminerai par une question personnelle. Vous avez évoqué les* Sonnets *de Shakespeare dont vous êtes lecteur ; je sais que vous avez un grand gout de la poésie et que vous aimez la langue française. Par ailleurs, vous exercez des fonctions éminentes au niveau monétaire. Qu'est-ce que l'amour de la langue, l'amour des mots et de la poésie vous apportent dans votre travail austère de gardien du Trésor ?*

J.-C. Trichet : Je ne suis pas absolument sûr de pouvoir faire le lien direct. Encore que, on l'a dit tout à l'heure, il existe des liens étroits entre la langue, le commerce, la monnaie. Il y a peut-être aussi un lien étroit entre la poésie et la monnaie, parce que la poésie, finalement, c'est l'assemblage des mots de manière à ce qu'ils deviennent inaltérables. Il y a une sorte d'aspiration à l'éternité de l'assemblage de mots qu'est un poème. La monnaie elle-même a été créée pour conserver la valeur et pour être immuable. Il y aurait donc un désir d'inaltérabilité qui serait une valeur commune à la poésie et à la monnaie. La comparaison entre les deux domaines s'arrête là, je crois. Et j'aurais tendance à dire que c'est pour des raisons qui me sont personnelles, que je suis intéressé par la langue et la poésie. J'ai l'impression que cela m'aide plutôt dans mon métier, mais je n'en ferais pas une recette.

LE PROBLÈME AVEC VOUS, LES AFRICAINS, C'EST PAS QUE VOUS PARLIEZ MAL LE FRANÇAIS MAIS C'EST QUE VOUS FAITES DES COUPS D'ÉTAT TOUT LE TEMPS.
LE PROBLÈME AVEC VOUS, LES FRANÇAIS, C'EST QUE VOUS CROYEZ TELLEMENT MIEUX SAVOIR QUE NOUS QUELS SONT NOS PROBLÈMES...

Z

comme Zab
des monts du Zab au lac Albert : le français et l'Afrique

par Andrée-Marie Diagne-Bonané

L'Afrique de A à Z…

Pour célébrer le français, à l'origine *ta* langue, le vieux continent que je suis occupe le rang de la vingt-sixième lettre de l'alphabet.

Z comme Zab. Les monts du Zab, dis-tu ? Vite, mon « *Dictionnaire universel* », dont la couverture me présente, drapée des chaudes couleurs vertes et fauves de mes savanes, forêts, déserts et bêtes sauvages. Zab ou Ziban, mais aussi Zaïre, Zèbre, Zoulou.

Moi, j'aurais dit : A comme Afrique, Adamaoua, Abidjan, Addis-Abeba.

Enfin… Va pour Zab, qui unit l'alpha et l'oméga de l'alphabet.

Feuilletons les pages de mon histoire, suivant la litanie des lettres, de Z à A. Du détroit de Gibraltar au Cap, de l'Adrar au Zambèze, de Dakar à Djibouti, tu peux me décliner, admirer mes paysages, dialoguer avec mes fils.

Rassure-toi : tous parlent français, mais leur accent diffère de celui du petit Parisien ou du marchand de cornets de frites de Bruxelles. Sur cinquante-deux États représentés au sommet de la Francophonie de Moncton, j'en comptais vingt-neuf : plus de la moitié !

Cet intérêt manifeste de mes chefs d'État pour la Francophonie politique devrait se traduire par une présence agissante des Africains dans toutes les structures de cette grande famille.

Le professeur Michel Guillou, ancien directeur général de L'AUPELF, soulignait les enjeux de cette problématique en ces termes :

« La Francophonie s'appuie d'abord sur l'usage du français, langue maternelle ou langue seconde. Il faut d'abord renforcer cet usage, le protéger s'il le faut, assurer l'enseignement du français en Francophonie mais aussi dans le reste du monde [...]. *Projet de société, elle* [la francophonie] *favorise le dialogue des langues et des cultures* [...]. Elle est soucieuse d'assurer un aménagement linguistique qui permette, dans les pays du Sud, *un usage étendu*, à côté du français, *des langues vernaculaires* dans une préoccupation prioritaire du développement. »

Tu veux savoir combien d'Africains s'expriment en français ?

Écoute donc le récit de mon aventure avec toi, France, et avec ta langue.

Histoire d'une rencontre

Comme toutes les histoires d'amour, elle est écrite en lettres d'or et de sang. *Plus de quatre siècles de contacts.*

Au début, sur mes rivages, nous avons dû communiquer par signes, et, comme le Petit Prince et le Renard, apprendre à nous apprivoiser. Il en a résulté forcément quelques ratés et malentendus. Une langue inconnue semble toujours un peu barbare. Ainsi, « Sénégal » est venu du wolof « Sunugal » (« notre pirogue »). D'un instrument de travail vous avez fait le nom du pays. Des noms français désignent à présent mes rivières, mes montagnes, mes villes : le « Niger », c'était le fleuve « Djoliba ». Le commerce de l'ivoire a donné « Côte-d'Ivoire ». La « Gold Coast » des Anglais est le Ghana d'aujourd'hui.

Tout ne s'est pas toujours bien passé. Je n'insisterai pas sur les aspects négatifs et mercantiles de nos contacts, qu'Aimé Césaire fustige dans son *Discours sur le colonialisme*. Comment effacer les séquelles de l'odieux commerce du « *Bois d'ébène* » ou du « *Code noir* » ? Depuis la conférence de Berlin, en 1885, certains de mes territoires sont devenus anglophones, lusophones, germanophones, italophones ou francophones.

On ne gomme pas l'histoire. Des millions de mes fils déportés… Avec peut-être, comme acquis, le combat de leurs descendants en faveur de la renaissance nègre à travers la Diaspora. Des Antilles aux deux Amériques, à Madagascar, à la Réunion ou aux Comores, tous ont adopté la langue et la culture françaises.

Tes fils ont foulé mon sol, tracé des frontières entre mes peuples : des militaires comme Louis Léon César Faidherbe ou Louis Gustave Binger, des géographes ou explorateurs comme Pierre Savorgnan de Brazza. J'aime plutôt me souvenir de tes ethnologues : Marcel Griaule, Michel Leiris ou encore, de l'administrateur François Victor Équilbec. Ils s'intéressaient l'organisation de mes sociétés les plus anciennes et leur sagesse séculaire. Je rêve de ne plus être pour toi cette « Afrique fantôme » lointaine et méconnue : le français contribuera à effacer ces idées reçues. Tes poètes aussi m'ont chantée, séduits par la beauté de mes femmes. Blaise Cendrars, ce bourlingueur impénitent, notait au début du siècle :

« Aucune femme au monde ne possède cette distinction, cette noblesse, cette démarche, cette allure, ce port, cette élégance, cette nonchalance, ce raffinement, cette propreté, cette hygiène, cette santé, cet optimisme, cette inconscience, cette jeunesse, ce gout. […]

Leur bien le plus précieux est leur dentition impeccable et qu'elles astiquent comme on entretient les cuivres d'un yacht de luxe

Leur démarche tient également d'un fin voilier

Mais rien ne peut dire les proportions souples de leur corps ou exprimer la nonchalance réfléchie de leur allure. »

Quel hymne à la beauté noire !

Te dire pourquoi mes fils et mes filles parlent français ?

Par nécessité historique d'abord, ensuite par choix. J. Vendryès ne définit-il pas la langue comme « la forme linguistique idéale qui s'impose à tous les individus d'un même groupe social et c'est de la nature et de l'extension du groupe que résulte le caractère de la langue » ?

Notre appartenance à la communauté francophone est fondée sur une telle conception. Jadis imposé dans mes États, le français est devenu la langue officielle, celle de l'ouverture, de la culture et de la diplomatie, grâce à l'école.

Au début, « l'enfant noir » entretint avec l'école et la langue française une relation ambigüe, de fascination et de rejet à la fois : « ma haine est une rédhibition d'amour », dit Samba Diallo, dans *L'Aventure ambigüe.*

Le français et l'école en Afrique

Il y eut d'abord « L'école des otages », dont le nom est tout un programme. Les fils de chefs étaient forcés d'y aller, pour mieux servir le « système ». Les premières classes étaient tenues par des maitres et des missionnaires venus de France. Que de temps on eût gagné, que de moyens et d'énergie eussent été épargnés si l'Administration coloniale avait suivi Jean Dard, qui, déjà au début du XIXe siècle, préconisait l'enseignement dans les langues nationales !

Imagine la souffrance de milliers de petites têtes crépues, cherchant à comprendre des phonèmes, des mots mystérieux et inconnus. Vois-les penchées sur des ardoises, à même le sol, ou parfois à trois, quatre sur la même table, traçant de leurs menottes tremblantes les pleins et les déliés des lettres du syllabaire *Mamadou et Bineta*. Certains ont abandonné, réalisant le *vœu du petit enfant nègre* de Guy Tirolien.

Passé cette phase, ce fut la ruée pour percer le secret de la supériorité blanche. Le Camerounais Mongo Béti évoque, dans *Mission terminée*, les interrogations et réactions d'adhésion ou de rejet que l'école suscita :

« Vous rappelez-vous l'époque ? Les pères menaient leurs enfants à l'école comme on pousse des troupeaux vers un abattoir. Des villages de brousse, éloignés de plus de cinquante kilomètres, arrivaient de tout jeunes enfants, conduits par leurs parents, pour s'inscrire à une école, n'importe laquelle. Population pitoyable, ces jeunes enfants ! Hébergés par de vagues parents autour de l'école ou de vagues relations de leur père, mal nourris, faméliques, rossés à longueur de journée par des moniteurs ignares, abrutis par des livres qui leur représentaient un univers sans ressemblance avec le leur, se battant sans cesse, ces gosses-là, c'était nous, vous rappelez-vous ? Et ce sont nos parents qui nous poussaient. Pourquoi cet acharnement ?

Catéchisés, confirmés, gavés de communion comme de petites oies du bon Dieu, confessés à Pâques et à la Trinité, enrôlés sous les bannières des défilés du quatorze juillet, militarisés, présentés à toutes les missions nationales et internationales comme une fierté, ces gosses-là, c'était nous, vous souvient-il ? [...]

Pourquoi nous sacrifiait-on ? À quelle divinité ? »

Cheikh Hamidou Kane lui répond avec les propos de petits écoliers puular vivant à l'autre bout de l'Afrique :

« Jouer à parler français indiquait que le plein exercice de cette activité était une aptitude désirée, et conférait un statut enviable. Cette motivation puissante devait, du reste, constituer un viatique présent tout au long de notre vie d'écoliers et d'étudiants. C'est elle qui s'est muée plus tard en orgueilleuse volonté d'acquérir la même maitrise du français que les Blancs. Parce que nous avions la conviction latente que seule une pareille maitrise nous permettrait de prétendre à une compétence équivalente à celle des "visages blancs" dans les métiers de médecins, ingénieurs, etc., auxquels le français permettait d'accéder. »

Certes, le prestige social des premiers enseignants africains était considérable. Missionnaires du savoir moderne, de la langue et de la culture françaises, ils ouvraient à d'autres espaces, à d'autres civilisations. Eux avaient appris la langue de Molière sous la férule d'enseignants français chevronnés : interdiction formelle de parler « les langues indigènes » ! Aussi, leur verbe était-il châtié. Les accords du participe passé et les subtilités du subjonctif n'avaient pas de secrets pour eux. Ils connaissaient par cœur leurs « classiques français », l'école coranique ayant souvent affûté leur mémoire. Leur cycle primaire, commencé à dix ou douze ans, était parfois achevé en trois scolarités. Ensuite, à l'issue d'une sévère sélection effectuée dans tous les territoires, quelques garçons entraient à l'École normale William Ponty, et les jeunes filles, au Cours normal. Les ressortissants de toutes les colonies françaises s'y côtoyaient, découvraient leurs traditions culturelles respectives, s'enrichissaient mutuellement, écrivant puis jouant les toutes premières pièces de théâtre africain. Quelle pépinière pour les futurs écrivains et hommes d'État africains !

Tu peux consulter leurs « devoirs de vacances » dans les archives de l'Institut fondamental d'Afrique noire (IFAN), à Dakar. Paul Hazoumé, Bernard Dadié, Houphouët-Boigny, par exemple, ont été de brillants « Pontins » avant de devenir illustres dans d'autres domaines.

Une petite élite, certes, mais qui allait former d'autres enfants noirs, soigner mes peuples et mes bêtes. L'école, avoue Cheikh Hamidou Kane, préparait alors à un métier. Je crois surtout que ceux qui la fréquentaient devenaient de véritables voleurs de feu, jaloux de leurs « *armes miraculeuses* ». Cela t'étonne ?

Écoute Samba Diallo et Adèle, la petite Antillaise des bords de la Seine :

« Raconte-moi comment ils t'ont conquis, demanda-t-elle.

– Je ne sais pas trop. C'est peut-être avec leur alphabet. Avec lui, ils portèrent le premier coup rude au pays des Diallobé. Longtemps, je suis demeurée sous la fascination de ces signes et de ces sons qui constituent la structure et la musique de leur langue. Lorsque j'appris à les agencer pour former des mots, à agencer les mots pour donner naissance à la parole, mon bonheur ne connut plus de limites [...].

Avec eux, voilà que, subitement, j'entrais de plain-pied dans un univers où tout était, de prime abord, compréhension merveilleuse et communion totale. »

Qui d'autre encore parlait français ?

Le français hors de l'école

À côté des Mariama Ba, Camara Laye ou Mongo Béti, il y avait des interprètes, des boys, des spahis, qui, eux, baragouinaient le français. Certains ont donné à la littérature africaine d'expression française des personnages inoubliables.

Formés par les agents administratifs ou dans les comptoirs commerciaux, ils connurent les tranchées. Ah ! mes intrépides et vaillants tirailleurs sénégalais… Ils défendirent, en 1914-1918 et 1939-1945, cette LIBERTÉ qui dressa les armées révolutionnaires de 1789 contre toutes les tyrannies. L.S. Senghor, leur frère d'armes les chante :

« Ils sont là étendus par les routes captives, le long des routes du désastre,

Les sveltes peupliers, les statues des dieux sombres drapés dans leurs longs manteaux d'or,

Les prisonniers sénégalais ténébreusement allongés sur la terre de France. »

Souviens-toi aussi de « Thiaroye », ce camp militaire près de Dakar, où certains, en 1945, furent assassinés, pour avoir revendiqué leur dû. L'impensable. Du « français petit nègre » et de toutes les chansons patriotiques qu'ils entonnèrent à pleins poumons, les murs de France n'auront peut-être retenu que les « rires Banania », que rêveront de déchirer mes poètes…

Contre l'assimilation, longtemps, j'ai chanté cette complainte de Léon Lalo :

– *Trahison*

« Ce cœur obsédant, qui ne correspond
Pas à mon langage ou à mes costumes,
Et sur lequel mordent, comme un crampon,
Des sentiments d'emprunt et des coutumes
D'Europe, sentez-vous cette souffrance
Et ce désespoir à nul autre égal
D'apprivoiser, avec des mots de France,
Ce cœur qui m'est venu du Sénégal ? »

L'école et la situation du français en Afrique ont profondément changé. Et le linguiste africaniste Pierre Dumont s'interroge : « *L'Afrique noire peut-elle encore parler français* ? » Il ajoute : « Quels français on parle en Afrique ? » Ce pluriel invite à s'intéresser aux spécificités *des français d'Afrique et d'ailleurs*.

Le manque d'infrastructures scolaires scandalise. Des questions me préoccupent : la démocratisation du droit à l'instruction, l'africanisation des programmes, le recrutement massif de maitres « volontaires » ou « vacataires ». Les enseignants maitrisent-ils actuellement le français aussi bien que leurs ainés pionniers ? Beaucoup n'ont aucune formation professionnelle et ignorent souvent ce qu'est la didactique du français langue seconde ou langue étrangère. Sont-ils conscients des particularités du français d'Afrique ? « Le français de Moussa », bientôt lingua franca, sous mes cieux, a droit de cité dans la presse locale, et dans les échanges épistolaires.

Moussa écrit à Léopold Sédar Senghor pour lui proposer de faire partie d'une académie qu'il compte fonder :

« Mon très sèr Senghor,

Je connais que tu è rentré dans cadimi de français passéqué que ton coungolo (1) i l'è trop fort plis qué pour beaucoup de Français é mêmes. Tout le monde i l'a vi la vérité é pis on a soizi (2) toi pour deveni cademissien (3).

Français que tu fais là-bas dans mizon (4) des Blancs-là c'è bon parlé pis bon écrit pour é. Orqué moi Moussa, toi-même ti è au courant que j'ai fait pliziers fois démonstrassion pour montré que ya trop e fautes dans chocobi (5) des toubabous. On n'a qu'à prend dé lexemples selment pour voit. Quand in Blanc i vé demandé querquéchoze à querquin i dit : “Auriez-vous l'amabilité de me donner…” C'è trop compliqué ça ! On doit dit : “Esqué ti moyen donné-moi…” Quand in toubabou i vé pissé i dit : “Où puis-je trouver des toilettes, s'il vous plait ?” Moi Moussa je dis :

"Où l'homme i moyen pissé ?" Y'a beaucoup l'autres fautes encore. Mais on na qu'à laissé tombé. Vraiment, esqué toi-même Senghor, ça fait toi doux de pozé entre tous les viés toubabous-là ? moi je crois que si ti dires (6) trop avec é, ton coungolo i va gâté complet [...].

À la prossain mon sèr Senghor.

Moussa »

Sans le secours du lexique, tu perdrais... ton français pour deviner derrière Cadimissien, Mizon et Dires, Académicien, Maison et Durer. À quoi il faut ajouter Coungolo qui désigne la tête en bambara et Chocobi, la manière affectée de parler chez les Blancs.

Les problèmes que pose le contact du français avec les langues africaines affleurent dans cette lettre dont l'humour ne saurait voiler la justesse du point de vue. Le débat de fond porte sur la question des interférences phonétiques et syntaxiques, sur celle des emprunts et calques du lexique. Ajoutons le problème de la norme et du rôle d'une instance de normalisation jusque-là réservés à l'Académie française – dont les décisions sont parfois contestées aujourd'hui, dans et hors de l'Hexagone. Note, enfin, l'éternel débat sur l'orthographe du français.

Moussa connait les divers registres de langue et sait choisir celui convenant à une situation donnée de communication. À l'évidence, si le français évolue au fil des siècles, c'est grâce à l'usage de millions de francophones dispersés aux quatre coins du monde, et les écrivains ou académiciens adeptes de la norme et d'un purisme intransigeant ne peuvent pas le figer. Le risque couru est réel, mais égal pour le français et les autres langues en usage et/ou en contact dans l'espace francophone.

Comment alphabétiser rapidement mes fils qui aspirent au développement ? En comptant sur la solidarité et l'action, concertées entre les structures du continent qui s'investissent dans cette mission et les Alliances françaises, les volontaires du progrès et autres ONG. Il faudra recourir simultanément au français et aux langues nationales et véhiculaires d'Afrique, pour gagner ce combat. Le français deviendra alors un instrument de promotion pour les Africains.

Parler français, aujourd'hui, ne devrait pas dépayser totalement. La politique d'assimilation révolue, des habits d'emprunt ne peuvent plus masquer la culture et le passé de mes peuples. Nous avons une meilleure formule, celle de Léopold Sédar Senghor : « *Assimiler, non être assimilé. S'enraciner puis s'ouvrir.* » Il faut accepter le métissage, s'y épanouir et reconnaitre le plurilinguisme de fait de l'Afrique. Seules des réformes méthodologiques audacieuses, mais bien pensées, nous feront gagner ce pari. Le plus difficile, ce sera, non de convaincre le grand public, mais de vaincre les réticences des professeurs des académiciens, et des charlatans de la didactique du français !

Car, apprendre une nouvelle langue, c'est épouser sa culture, donc s'enrichir de l'altérité. Au point d'en voir son être remodelé. En témoigne la narratrice du *Baobab fou* de Ken Bugul :

« Tout revint. Le baobab. Le soleil. La natte du Soudan. Le cri perçant. La perle d'ambre. Le bêlement désespéré du mouton égaré. Les réacteurs. La petite place. Descartes. I, u, o, a, e, é, è, t-o-to. Le coq gaulois. L'athlétisme. Le capitalisme. La guerre de Troie aura lieu. Charlemagne. Les pas vers les bâtiments, le seul, l'unique dans la brousse aux senteurs de l'infini et aux buissons de Nguer. L'école française. La chute des nuages. Les étoiles qui s'arrachent du ciel saignant. »

Passer d'une civilisation de l'oralité à un univers dominé par l'écrit et les Nouvelles technologies de l'information (NTI) peut dérouter. Le français est, pour l'Africain, l'une des langues d'accès à ces nouvelles galaxies. Réalisons, selon le vœu du professeur Michel Guillou, une autre francophonie, un « laboratoire pour un nouveau projet de société ».

Après l'étape de « l'africanisation des contenus », il faut un autre « discours de la méthode » pour enseigner le français, non plus comme la langue maternelle des Africains, mais comme langue seconde ou étrangère. L'option de Jean Dard est plus que jamais d'actualité. Trouvons les méthodes les moins traumatisantes pour familiariser l'enfant avec le français, afin qu'il goute le plaisir de la belle langue, si apprécié dans mes sociétés. L'essentiel n'est-il pas que chacun trouve les mots pour se faire comprendre ? Il faudra donc accepter *le français dans tous ses états !*

C'est alors qu'il deviendra pour les Africains une vraie langue de culture. Ce combat pour la reconnaissance d'un français à visage multiple est aujourd'hui une priorité, un moyen de renforcer les liens entre les peuples et entre les cultures en tout cas, un pacte entre toi et moi.

Le français, langue de culture

Ciment de l'espace francophone, le français oriente le devenir de tous ceux qui l'ont en partage. Ils l'utilisent dans des domaines aussi divers que les sciences, l'art, l'organisation et la gestion de la société.

Œuvrons pour l'avènement d'un véritable dialogue et d'un partenariat égalitaire. Qu'advienne cette francophonie plurielle, plus ouverte à nos « particularismes » et « régionalismes ».

Cette nouvelle ère verra fleurir des littératures francophones riches de milliers de situations résultant de ce plurilinguisme. Vois les fruits de ce métissage linguistique et culturel dans les œuvres d'Amadou Hampaté Bâ, d'Ahmadou Kourouma, de Patrick Chamoiseau ou d'Édouard Maunick, entre autres.

Le problème de la norme et du style de l'écrivain se pose autrement dans une situation de contact de langues. Le purisme ne devrait pas stériliser la créativité linguistique quotidienne.

Les rayons de la littérature française accueilleront une production francophone plus vaste, où l'humour décapant des Camerounais Mongo Béti et de Ferdinand Oyono et du Guinéen William Sassine fera un clin d'œil à Beaumarchais. J'entends la poésie de Tchicaya U'Tamsi résonner aux vers de Rimbaud, et les contes de Zamba et Compère lapin dits après ceux de Bouky l'hyène, de Leuk le lièvre et de Perrault.

La production africaine en se diversifiant imposera un label d'authenticité et de qualité sur le marché international des biens culturels. Mes écrivains, comédiens, musiciens, cinéastes et hommes de sciences participent à l'animation des grandes rencontres francophones tels que le festival de théâtre de Limoges, le festival du film francophone de Namur ou les francopholies de la Rochelle. Toute la gamme des registres de langue est librement explorée.

Le français sert à la défense et à l'illustration de la culture africaine contemporaine.

L'apport de mes artistes à ces « rendez-vous du donner et du recevoir » sera, sans doute, haut en couleur. L'Afrique chante en français avec Zao, Manu Dibango, Francis Bebey, MC Solar ou le Positive Black Soul. Sembène Ousmane et Henri Duparc, Youssou Ndour ou Alpha Blondy sont d'éminents ambassadeurs des cultures et des langues africaines et françaises. Les radios et les télévisions francophones rendent régulièrement compte de cette animation culturelle et scientifique francophone riche et variée.

Souhaitons que les futures générations de l'Hexagone découvrent ces nouveaux espaces culturels, en étant conscients de vivre un échange égalitaire. Alors ils pourront avec René Depestre proclamer ce

« Bref éloge de la langue française » :

De temps en temps il est bon et juste
    de conduire à la rivière
    la langue française
    et de lui frotter le corps
    avec des herbes parfumées
    qui poussent en amont
    de *mes vertiges d'ancien nègre marron*
Ce beau travail me fait avancer à cheval
    sur la grammaire à notre Maurice Grévisse
    la poésie y reprend du poil de la bête
    mes mots ne regrettent rien
    ils galopent de cicatrices en cicatrices
    jusqu'au bout de leur devoir de tendresse
Debout sur les cendres de mes croyances
    mes mots s'élèvent sur tout espoir vrai
    au gré des flots émerveillés de ma couleur
Mes mots ont la vigueur d'un épi de maïs
    mes mots à l'aube ont le chant pur de l'oiseau
    qui ne vend pas ses ailes à la raison d'État
Mes mots sont seulement des matins de labours
    éblouis de sève qui forcent les portes du désert
    qu'on nous a fait [...]
    oui je chante la langue française
    qui défait joyeusement sa jupe
    ses cheveux et son aventure
Sous mes mains amoureuses de potier.

Le français et les questions actuelles en Afrique

Je ne refuse pas le développement. Je rejette les termes d'un échange économique ou culturel inégal. Je ne veux pas être seulement « l'Afrique de la danse », de l'émotion, de la magie ou de la barbarie. Il n'y a pas d'échange enrichissant sans une reconnaissance de l'autre, dans un effort commun pour additionner les positivités.

Mon combat, en francophonie, est celui de la liberté et de la démocratie pour l'épanouissement des droits humains.

La francophonie est à mes yeux porteuse d'un nouvel humanisme à vocation planétaire.

C'est le sens de la présence, au sein des institutions des Nations unies, de certains parmi mes fils les plus illustres : Jacques Diouf, Pierre Sané, Amadou Makhtar Mbow, Boutros Boutros Ghali, les pères fondateurs de l'ACCT que sont Léopold Sédar Senghor, Hamani Diori et Habib Bourguiba. La liste est longue.

Je suis fière que mes écrivains mettent leur plume noire au service de la paix, en dénonçant les génocides sur le continent, aujourd'hui comme hier. C'est l'un des usages du français dont je m'enorgueillis le plus. Que mes peuples crient en français, à leurs dirigeants et au monde entier, leur soif de justice et de liberté, et qu'ils le fassent du haut des tribunes internationales autant que dans leur presse locale. Ils savent que la *Déclaration universelle des droits de l'homme et du citoyen* a d'abord été rédigée dans cette langue, avant de l'être aujourd'hui dans les autres. Cela aussi est ma richesse.

Pour finir, je voudrais dire l'espoir que je fonde sur la jeunesse francophone, celle d'ici et d'ailleurs.

Aujourd'hui, *la langue française est déclarée « menacée, en perte de vitesse, torturée, triturée »*. Pour beaucoup, elle mène un inutile combat d'arrière-garde contre le plurilinguisme et surtout, contre l'anglomanie.

Moi, je dois me battre pour une valorisation de mes grandes langues véhiculaires d'Afrique. Qu'elles deviennent des langues d'ouverture à la modernité, et qu'à travers leur épanouissement, j'échappe à l'oubli.

Il est vrai que mes fils et mes filles, souvent rebutés par les tracasseries policières, renvoyés parce que « sans papiers », ont tendance à ne plus regarder le ciel de France comme celui de *la liberté, de l'égalité et de la fraternité*. Ils empruntent de plus en plus de mots et de visas aux pays anglophones.

Mes mots français à moi, ceux créés et polis dans mes villes, dans « mes maquis », inscrits sur les enseignes des magasins et les portières des taxis, répétés par « mes apprentis de cars rapides » ou « mes nanas Benz », dans mes savanes et mes bois sacrés demandent droit de cité dans les dictionnaires de la francophonie. Je ne comprends pas pourquoi certains de mes plus illustres écrivains tardent à obtenir une reconnaissance si facilement accordée à d'autres, désignés du nom de « *passeurs de la francophonie* ». Je réclame davantage d'attention pour mes créateurs. Car la langue française est aussi la leur, elle qui unit des peuples à travers une histoire rendue universelle par ce commun usage.

Tournons-nous plutôt vers ces nombreux défis : l'équilibre entre la situation du français dans le monde et celle de l'anglo-américain ; la présence de la langue et de la production en français sur le réseau Internet ; les publications scientifiques et les rencontres internationales en français ; les rapports entre les langues et les cultures en contact dans l'espace francophone ; l'urgente et épineuse question de la formation, de l'emploi et d'un développement durable ; enfin, le problème de la préservation d'une identité culturelle francophone au sein de la diversité des langues et des peuples. La menace de l'uniformisation pèse aujourd'hui sur toutes les cultures.

Je rêve surtout d'une Afrique libérée, développée, présente et agissante dans un monde bâti par des millions de mains solidaires de toutes les couleurs, et qui sache utiliser le français et beaucoup d'autres langues de l'humanité pour partager son message d'*espoir* et de *paix*. Oui, il est souhaitable, il est indispensable que la francophonie participe à l'édification de l'humanisme du XXIe siècle.

BIBLIOGRAPHIE

BÉTI, M., 1957, *Mission terminée*, Paris, éditions Buchet-Chastel.

KEN, B., 1996 (rééd.), *Le Baobab fou*, Dakar, NEA.

BLONDÉ, J., DUMONT, P. et GONTIER, D., 1979, *Lexique du français du Sénégal*, Dakar-Paris, NEA/EDICEF.

CÉSAIRE, A., 1955, *Discours sur le colonialisme*, Paris, Présence africaine.

DEPESTRE, R., 1989, « Éloge de la langue française » in *Journal du Salon international du livre francophone*, Paris.

DUMONT, P., 1983, *Le Français et les langues africaines au Sénégal*, préface de L. S. Senghor, Paris, ACCT-Karthala.

DUMONT, P., 1986, *L'Afrique noire peut-elle encore parler français* ? Paris, L'Harmattan.

DUMONT, P., 1992, *La Francophonie par les textes*, Paris, EDICEF/AUPELF.

GILDER, A., 1993, *Et si l'on parlait français ?* Paris, Le Cherche midi/ACCT.

KANE, C. H., 1961, *L'Aventure ambigue*, Paris, Julliard.

KANE, C. H., 1980, *Langue française et identité culturelle sénégalaise*. Cité dans *Le Déracinement*, manuel de littérature africaine, Dakar NEA.

MANESSY, G., et WALD, P., 1984, *Le Français en Afrique noire, tel qu'on le parle, tel qu'on le dit,* Paris, L'Harmattan/IDERC.

MAUGEY, A., 1993, *Le Roman de la francophonie*, Paris, Jean-Michel Place éditeur.

SENGHOR, L. S., 1948, 1972, *Anthologie de la nouvelle poésie nègre et malgache*, Paris, PUF.

SENGHOR, L. S., 1964, 1973, *Poésies*, Paris, Le Seuil.

Collectifs

Apprendre le français aujourd'hui, 1980, Paris, ACCT/CIAVER.

L'Année internationale francophone, 1998, Paris, AFI.

Des langues et des villes. Colloque, Décembre 1990, Dakar, ACCT.

Dictionnaire universel, 1995, Paris, Hachette-Édicef.

Français et langues nationales. Convergences pédagogiques, 1986, Paris, ACCT/CIAVER.

Inventaire des particularités lexicales du français en Afrique, 1983 (IFA), AUPELF/ACCT.

JOURBON ! ON EST VIENDU DU FUTUR POUR ZYEUTER SI VOUS SPEAKIEZ COMME NOUS TOUS MAINTENANT.
QUOI ÇA ?

@

comme @ demain

par Bernard Cerquiglini, Jean-Marie Klinkenberg et Jean-Claude Corbeil

Parlé ou appris par des centaines de millions d'êtres humains, dont le nombre absolu a cru de plus de 70 % sur les trente dernières années, le français semble avoir un avenir assuré. Mais abandonné par un pourcentage d'êtres humains qui croit chaque année, le français semble avoir un avenir compromis.

Alors : sombres perspectives ou lendemains radieux ?

Si personne ne peut le prophétiser, à l'aube du IIIe millénaire, au moins peut-on affirmer que cet avenir sera ce que la francophonie internationale voudra en faire.

La francophonie contre l'hégémonie

Mais qu'est-ce au juste que la francophonie ?

Ce mot a au moins deux sens. Un sens officiel et un sens « non officiel ». Tout d'abord, dans la première perspective, c'est l'ensemble des États qui déclarent « avoir le français en partage » et qui se rassemblent lors des sommets de la francophonie, pour discuter de problèmes économiques ou de problèmes sociaux. Mais pour pas mal de monde, le mot désigne l'ensemble des personnes qui, de par le monde, utilisent réellement le français, soit parce que c'est leur langue maternelle soit parce que c'est leur langue seconde, la langue officielle de leur pays ou une langue qu'elles ont apprise par plaisir ou par intérêt.

L'ambigüité de la francophonie provient du fait que ces deux sens n'ont presque rien à voir ensemble : il y a en effet dans la francophonie officielle un grand nombre d'États où le français est beaucoup moins parlé que d'autres langues, et, contrairement à ce que l'on croit généralement, cette francophonie officielle ne s'occupe guère de la langue française, dont on déclare pourtant qu'elle constitue son assise.

On est donc fondé à poser la question suivante : la francophonie, pourquoi faire ? Ou, plus précisément : que pouvons-nous faire ensemble que nous faisons mieux ensemble ? que pouvons-nous faire ensemble que nous ne pouvons pas faire seul, ou avec d'autres que des francophones ? Car s'il ne s'agit que de faire du commerce, on peut parfaitement le faire en anglais (et il n'est d'ailleurs pas absurde de s'imaginer un sommet de la francophonie où les débats auraient lieu en anglais ! C'est peut-être ce qui arrivera si la francophonie officielle continue à s'étendre, sans se soucier des langues réellement pratiquées au sein des États qui la composent...). S'agissant de défendre le développement ou la démocratie, on voit mal par quelle prétention le français pourrait avoir le monopole de ces vertus. Défendre le développement ou la démocratie, cela peut parfaitement se faire en anglais, en allemand ou en arabe. Et par ailleurs, un État francophone seul – la France par exemple – peut parfaitement se lancer dans la défense du développement et de la démocratie, indépendamment de sa langue.

La francophonie court donc le danger de ne pas parvenir à se définir elle-même. Et il ne faut pas se leurrer : nombre de décideurs sont actuellement vis-à-vis d'elle dans la position où nombre de curés l'étaient vis-à-vis de la religion au XVIIIe siècle ; ils continuent à dire les offices et à administrer les sacrements, mais sans y croire. Les grands messes francophones se succèdent donc, avec leur flots de lait sucré au miel, leur buffets de guimauve et de moelle de sureau. Mais les officiants eux-mêmes ont cessé d'y prêter foi. Danger donc : il arrivera bien un moment où un enfant criera que le roi est nu et où quelqu'un sifflera la fin de la récréation. À ce moment, tous diront « je n'y ai jamais cru ». Et si d'aventure un bébé bien formé devait avoir été conçu dans le sérail francophone, il s'en ira par la bonde, avec l'eau douteuse du bain.

Si de tels bébés existent, il s'agit de leur donner une chance de vie. Et donc de donner à chacun de bonnes raisons d'investir encore dans cette francophonie, de définir le noyau dur de choses que nous, francophones, pouvons mieux faire ensemble, grâce au français.

Ce noyau dur se réduit sans doute à pas grand-chose, car de par le monde, les Francophones sont loin d'avoir tous les mêmes préoccupations concernant la langue française. Il en est en effet qui l'ont pour langue maternelle et ont la chance de pouvoir faire tout, ou presque, dans cette langue ; d'autres l'ont pour langue maternelle mais doivent se battre pour qu'elle soit autre chose que la langue de la maison ; d'autres encore l'ont momentanément choisie parce qu'elle est intéressante pour eux, mais pourraient s'en détacher si cet intérêt venait à baisser ou si le français devait devenir moins rentable ; d'autres enfin à qui elle s'est douloureusement imposée et qui rêvent peut-être de s'en débarrasser.

Que peuvent-ils faire ensemble, tous ces francophones ? Une seule chose. Une seule, mais immense : combattre l'uniformisation du monde.

Car dans l'histoire de l'humanité, jamais les rapports économiques n'ont atteint la fréquence et la puissance qu'ils ont en cette fin de siècle. La compétition entre langues n'a donc jamais été si intense et si inégale, une seule langue s'arrogeant toutes les fonctions de prestige et de pouvoir. De nombreuses langues sont donc menacées de disparition. Dans le passé, des langues sont mortes faute de s'être donné une écriture ; d'autres, ensuite, sont mortes parce qu'elles n'ont pas été imprimées. Bientôt, d'autres langues mourront, parce qu'elles auront été exclues de secteurs d'activités importants pour la vie, présente et future, des collectivités : le développement technologique, l'économie, la recherche. Elles mourront, ou au mieux deviendront, au sein d'un monde à deux vitesses, des langues minoritaires, voire folkloriques.

Cette marche vers l'uniformité est sans nul doute une catastrophe. Car si au point de vue biologique la diversité est synonymie de vie, la chose est peut-être plus vraie encore au point de vue culturel. Et si la disparition d'une espèce animale est vécue comme une perte irrémédiable, l'humanité déplorera plus encore la perte d'une langue, puisque chaque langue est à elle seule une connaissance globale et une appropriation du monde.

La tâche première de la francophonie est donc là : faire contrepoids à la massification mondiale, à l'hégémonie mortifère.

Ainsi, ce n'est pas seulement parce que la langue française est la nôtre qu'elle mérite tous les soins dont nous voulons l'entourer, ou parce qu'elle serait, par une essence mystérieuse, la langue de la liberté. C'est parce qu'elle est dans une position conjoncturelle qui lui permet de l'être. En effet, elle présente ces deux caractéristiques importantes : d'une part, elle permet l'expression de la modernité et d'autre part – assez forte pour être fédératrice, et assez faible pour ne pas être universellement dominatrice –, elle occupe une position tactique qui lui permet de mener le combat contre l'uniformisation du monde. Ce n'est pas seulement parce qu'elle constitue le dénominateur commun de la francophonie, car ce dénominateur n'est pas aussi commun que le disent les béni-oui-oui, c'est aussi parce qu'elle permet à maints francophones de s'épanouir, et à maints créateurs de se réaliser pleinement.

Une langue plurielle dans un monde massifié

Si le français doit aujourd'hui être le garant de la diversité, dans un monde menacé de laminage culturel, il doit, pour jouer pleinement ce rôle, se garder de certaines de ses traditions et résoudre certaines de ses contradictions.

Se garder de ses traditions, ou plutôt d'une de ses traditions qui ne le désignent pas particulièrement pour jouer le rôle de langue de la différence : le centralisme. Car si les francophones doivent faire entendre la voix toute proche de la différence, la chose peut être malaisée dans une culture qui offre l'exemple, sans doute le plus poussé qui soit, d'homogénéisation linguistique (au point que l'on confond parfois « le » français avec ce qui n'en est après tout qu'une de ses nombreuses variantes : celui que l'on parle dans certains milieux, au bord de la Seine, ou que l'on préconise sous la Coupole).

Il faut aussi sortir de la contradiction dans laquelle s'enferme parfois le francophone : réclamant pour lui l'exception culturelle, il se comporte avec d'autres comme l'impérialiste qu'il prétend combattre, convaincu qu'impérialiste il ne saurait l'être, et que sa langue est pour toujours celle de la république des hommes. Mais ce qu'il exige, face à l'anglais, ne doit-il pas l'offrir aux autres ? Par exemple en aidant les langues africaines à dire la modernité ? Par exemple en admettant que, dans les pays francophones, se parlent d'autres langues qui méritent aussi de vivre pour exprimer la vie ?

Prendre la francophonie au sérieux – c'est-à-dire reconnaitre que le français est la pleine propriété de tous les hommes et de toutes les femmes qui l'ont reçu, librement choisi ou à qui il s'est imposé –, c'est admettre ou découvrir que français est pluriel.

Pluriel, il l'est d'abord par ses formes. Comment en irait-il autrement, puisqu'une langue est une constellation de ressources linguistiques, répondant à des besoins distincts, et mises en œuvre dans des stratégies très différenciées ? Pour le prouver, les accents du Québec, du Maghreb, du Sénégal et du Congo, se font entendre quotidiennement dans cet espace francophone, et peut-être les francophones eux-mêmes apprennent-ils à les entendre. Mais pluriel, le français l'est surtout par les situations qu'il permet d'exprimer. Les déchirements des Congolais, l'américanité des Québécois, le caractère cosmopolite des Libanais, la variété des Sénégalais, la bonne santé économique de maintes régions de France, la grandeur perdue de la Wallonie, l'internationalité de Bruxelles ou du Luxembourg, les espoirs des Marocains, la fidélité des Acadiens…

Une langue pour le citoyen

Pour qu'une langue s'étende – ou se contente de survivre –, il faut un acte collectif, qui puisse l'investir symboliquement de certains projets, en faire une promesse d'avenir.

Or cet investissement est indissociable des représentations que l'on se fait des langues et des cultures qu'elles manifestent, représentations qui s'exacerbent à la faveur du choc entre langues.

De ce point de vue, les Francophones sont-il sûrs de pouvoir tabler sur leur langue pour envisager l'avenir ? Tous les sondages auprès d'eux montrent en effet qu'ils sont unanimes à voir dans le français une langue harmonieuse et raffinée, mais résistante à l'évolution et à l'adaptation – une langue difficile à apprendre de surcroit. On entend aussi rabâcher l'idée – fausse – selon laquelle il y a une dégradation vertigineuse de la qualité de la langue. De telles représentations constituent des hypothèques plus que des atouts. Elles sont renforcées par des actions de « promotion de la langue » qui ont parfois un effet pervers. L'organisation de championnats d'orthographe, par exemple, entretient l'idée que la pratique de la langue s'apparente à une discipline de haut niveau, comme le 110 mètres haies ou le rugby, et que seuls des sportifs bien entrainés peuvent triompher des difficultés qui font son prix. De telles compétitions combattent donc implicitement l'idée que l'orthographe est tout simplement le nom que l'on donne à l'écriture du français : une simple technique dont chaque utilisateur, qui n'a pas nécessairement la vocation de l'athlétisme, devrait être dépositaire aux moindres couts. Le grand linguiste André Martinet l'avait parfaitement vu en intitulant un de ses articles « Les grammairiens tuent la langue » et en le rebaptisant « Les puristes contre la langue » (1969) *:* le discours essentialiste contribue bien à précipiter la crise externe de la langue, car il détruit toute assurance chez les usagers.

De ces représentations à l'idée que le français ne peut correctement remplir certaines fonctions, par exemple dans le monde des sciences et des techniques, il n'y a qu'un pas. Or, c'est précisément chez les décideurs que cette conception prévaut : plus l'on s'élève dans la hiérarchie des diplômes, et plus l'on voit la méfiance s'installer quant à l'adéquation du français aux techniques modernes.

Il incombe donc à la francophonie de révolutionner l'image qu'on se fait de sa langue. L'expérience québécoise – qui visait, pour le français de la « belle province », à lui donner le statut social qui lui était refusé – a bien montré l'importance de cet aspect des choses : le double travail qu'elle a effectué sur les structures de la langue et sur ses conditions d'emploi s'est accompagné d'un troisième travail concernant l'image de cette langue. Ce travail de promotion positive s'est révélé bénéfique : il a renforcé la conscience de soi et donc la bonne santé linguistique. Le Français pointu peut bien se moquer de son cousin des bords du Saint-Laurent – fort accent et susceptibilités féministes – : le Québécois vit en français parce qu'il l'a puissamment voulu.

Mais il a surtout voulu que sa langue soit une culture, c'est-à-dire un outil qui l'aide à se situer dans le monde d'aujourd'hui, à le comprendre et à le gérer. Car c'est à travers la langue que se nouent les relations de pouvoir. Dans un monde où communiquer est capital, régner sur la langue représente un enjeu de taille : qui maitrise la parole a la maitrise du monde. Et si la langue assure le pouvoir, c'est aussi à travers elle que s'opèrent les exclusions sociales. Cela va de l'intimidation langagière du client, piégé dans la vente par correspondance, aux administrations dont la langue fait parfois des monstres contre lesquels il est impossible de se défendre.

Donner au citoyen la maitrise active d'une langue qui soit faite pour lui, tel devrait être un des objectifs de la francophonie à venir. Pourtant, c'est exactement l'inverse qui se produit généralement : les principaux propos que l'on tient sur la langue consistent trop souvent à culpabiliser l'usager.

Une langue moderne

On l'a dit : des langues sont mortes jadis de ne pas s'être donné une écriture ou de n'avoir pas été imprimées… Or, nous sommes arrivés à un tournant capital pour l'humanité, peut-être plus important que celui qu'ont constitué l'écriture et l'imprimerie : d'autres langues mourront demain parce qu'elles n'auront pas été informatisées et parce qu'elles n'auront pas su s'insérer dans le circuit de l'information.

Un objectif capital de la francophonie sera dès lors de faire entrer la langue qui la fonde dans cette modernité technique et culturelle et, ainsi, de permettre aux populations qui parlent cette langue de vivre le siècle qui vient.

Pour cela, l'action devra résolument investir trois terrains. Il faut en premier lieu opérer un travail sur la langue elle-même, dont les ressources doivent être adaptées aux nouvelles donnes : il sera essentiellement question de mener une activité de normalisation et de production terminologique. Il s'agit ensuite de mettre au point de nouvelles formations, afin de gérer les relations inédites qui se nouent entre le citoyen et l'information : cette fois, l'objectif principal sera une formation à l'écrit technique. L'action doit enfin porter sur les technologies de l'information elles-mêmes. Ces outils sont, de manière générale, toutes les techniques de traitement automatique du verbe. Non seulement celles qui sont directement liées à l'écriture – comme la reconnaissance optique de cette écriture, la correction orthographique, syntaxique ou stylistique, l'aide à la rédaction de textes commerciaux, publicitaires, techniques ou administratifs, l'extraction de données thématiques, la gestion en ligne de l'information, la transmission du courrier électronique, la gestion d'idées, la traduction assistée par ordinateur – mais aussi la reconnaissance de la parole, l'interrogation orale de bases de données, la visioconférence, la messagerie vocale, le télépaiement, l'aide au diagnostic et à la décision, la transcription de la voix, etc.

La question n'est pas seulement de tenir compte du fait que la productivité du travailleur informatique est plus grande quand il manipule des programmes présentés dans sa langue. Elle n'est pas non plus seulement de savoir quelle sera, à l'avenir, la part des produits et des services en français dans le créneau des industries de la langue – créneau déjà bien occupé (plus de la moitié des produits du génie linguistique consommés en Europe proviennent des États-Unis). Elle consiste également à voir que toute utilisation des nouveaux médias – et cela commence avec le simple branchement de l'ordinateur – multiplie les manifestations publiques de la langue qui en est le support, renforçant ainsi la position de l'anglais au détriment de toutes les autres langues. Finalement, la question est donc de savoir si les collectivités qui pratiquent le français (et le problème se pose évidemment pour les autres groupes linguistiques) seront ou non exclues des sphères de décision qui se constituent au niveau mondial ; de savoir si elles pourront encore faire entendre leur voix dans cet univers qui a l'information pour matière première ou si elles seront privées de tout pouvoir d'initiative et réduites au rang de simples consommatrices, tout juste bonnes à jouer le rôle du demeuré du village global. Il s'agit donc d'une question à la fois d'autonomie, de souveraineté et de dignité.

En définitive, l'enjeu consiste à susciter la confiance en une langue qui doit encore nous servir, et nous servir à tout. Pas seulement à dire la recette de la sauce béarnaise et à chanter la haute couture, pas seulement à faire des chansons ou des calembours, pas seulement à décrire les sentiments intimes ou les paysages familiers : nous voulons que le français puisse aussi exprimer et rendre possible l'innovation, et qu'il permette à chaque francophone de conquérir ou de garantir sa dignité, économique et sociale autant que culturelle.

Les auteurs

MARIE-JOSÉ BÉGUELIN

Après des études de lettres classiques et de linguistique générale aux universités de Paris-IV et de Genève, M.-J. Béguelin a soutenu en 1984 une thèse de doctorat en linguistique à la faculté des lettres de Genève. Elle a enseigné aux universités de Genève, de Lausanne et de Fribourg avant d'être nommée professeur de linguistique française aux universités de Neuchâtel et de Fribourg. M.-J. Béguelin est présidente de la Délégation à la langue française de Suisse romande depuis 1992, membre du Conseil supérieur de la langue française depuis 1999. Elle est l'auteur ou la coordinatrice d'une cinquantaine de publications portant sur la grammaire comparée des langues indo-européennes, l'histoire de la linguistique, la linguistique française.

Publications sur le français (en collaboration) :

Écrire en français, Neuchâtel-Paris, Delachaux et Niestlé, 1988.

De la phrase aux énoncés. Grammaire scolaire et descriptions linguistiques, Bruxelles, De Boeck-Duculot, 2000.

ÉVA BUCHI

Éva Buchi a débuté sa carrière à l'université de Berne et au centre du FEW à Bâle ; depuis 1995, elle est chargée de recherche à l'Institut national de la langue française (CNRS/Nancy). Ses travaux sont centrés sur l'histoire de l'anthroponymie et du lexique français et gallo-roman.

Outre un certain nombre d'articles dans des revues de linguistique romane, elle a publié *Les Structures du* Französisches Etymologisches Wörterbuch. *Recherches métalexicographiques et métalexicologiques*, Tübingen, 1966, et elle a collaboré à l'ouvrage coordonné par D. Kremer, *Dictionnaire historique de l'anthroponymie romane* (PatRom). *Présentation d'un projet*, Tübingen, 1997.

BERNARD CERQUIGLINI

Ancien élève de l'École normale supérieure de Saint-Cloud, agrégé, docteur ès lettres, professeur de linguistique à l'université de Paris VII, il dirige actuellement l'Institut national de la langue française (CNRS), et est vice-président du Conseil supérieur de la langue française. Il est membre de L'Ouvroir de littérature potentielle (Oulipo).

Principales publications :

La Parole médiévale, Paris, Minuit, 1981.

Éloge de la variante, Paris, Le Seuil, 1989.

La Naissance du français, Paris, PUF, 1991.

L'Accent du souvenir, Paris, Minuit, 1995.

Le Roman de l'orthographe, Paris, Hatier, 1996.

À travers le « Jabberwocky » de Lewis Carroll, Paris, Le Castor Astral, 1997.

NICOLE CHOLEWKA

Nicole Cholewka est ingénieure d'études à l'Institut national de la langue française (CNRS).

Elle a publié, en collaboration :

Richesses lexicales du français contemporain, Paris, Klincksieck, 1995.

Femme, j'écris ton nom... Guide d'aide à la féminisation des noms de métiers, titres, grades et fonctions, Paris, La Documentation française, 1999.

JEAN-CLAUDE CORBEIL

Jean-Claude Corbeil est diplômé en linguistique des universités de Montréal (maîtrise) et de Strasbourg (doctorat). Il a été successivement professeur de français au secondaire, professeur de didactique du français, langue maternelle, professeur de linguistique à l'université de Montréal. Au moment où il devient directeur linguistique de l'Office de la langue française, sa carrière s'oriente vers la théorie et la pratique de l'aménagement linguistique. Il participe alors à l'élaboration de la loi sur la langue officielle (du Québec) de 1974 et, par la suite, à la rédaction de la charte de la langue française de 1977. Cette expérience l'a amené à jouer le rôle de conseiller auprès de pays qui ont voulu se doter d'une politique linguistique, notamment la Catalogne. Il s'est également, à des titres divers, impliqué dans les activités de la francophonie. Il agit aujourd'hui comme sous-ministre responsable de l'application de la politique linguistique au Québec.

JACQUES COSNIER

Professeur émérite en psychologie des communications à l'université Lumière-Lyon 2.

Publications :

Clés pour la psychologie, Paris, Seghers, 1981.
Psychologie des émotions et des sentiments, Retz, 1994.
Le Retour de Psyché, Paris, Desclée de Brouwer, 1998.

Directeur ou codirecteur de :

Les Voies du langage, Paris, Dunod, 1982.
La Communication verbale, Delachaux et Niestlé, Neuchâtel-Paris, 1984.
Décrire la conversation, Lyon, PUL, 1987.
Échanger sur la conversation, Paris, éditions du CNRS, 1988.
Corps et langage en psychanalyse, Lyon, PUL, 1982.
Soins et communications, Lyon, PUL, 1993.

LOÏC DEPECKER

Loïc Depecker enseigne la linguistique et la terminologie à l'université de la Sorbonne nouvelle-Paris III. Ancien élève de l'École normale supérieure, agrégé de grammaire, docteur en linguistique théorique et formelle, habilité à diriger des recherches, il a été pendant quinze ans chargé de mission dans les organismes français de politique linguistique. Son premier ouvrage, *Les Mots de la francophonie* (Belin, 1988, 2e édition 1990) a été primé par l'Académie française, et sa thèse sur les vocabulaires du français technique et scientifique de la fin du XXe siècle a reçu le prix P. Larousse en 1995. Il est président fondateur de la Société française de terminologie.

JEAN-FRANÇOIS DE PIETRO

Après des études universitaires à Neuchâtel (linguistique et ethnologie) et un lectorat de linguistique française à l'université de Bâle, Jean-François De Pietro travaille actuellement comme collaborateur scientifique à l'Institut de recherche et de documentation pédagogique (IRDP), à Neuchâtel. Président de l'Association suisse de linguistique appliquée, membre de la Délégation à la langue française de la Suisse romande, membre du comité de rédaction de la revue *Babylonia*, il a réalisé de nombreux travaux dans le domaine du plurilinguisme, de l'enseignement du français, de l'éveil aux langues, des attitudes langagières et à propos de la situation de la langue française en Suisse.

Publications :

DE PIETRO, J.-F., LÜDI, G., PAPALOÏZOS, L., 1990, « Une communauté francophone en milieu germanophone. Identité linguistique et réseaux de sociabilité dans la ville de Bâle », *in Langage et Société* 50/51, p. 93-117.

DE PIETRO, J.-F., « Francophone ou Romand ? Qualité de la langue et identité linguistique en situation minoritaire », *in* J.-M. Éloy (éd.), 1995, *La Qualité de la langue ? Le cas du français*, Genève, Slatkine, p. 223-250.

MATTHEY, M., et DE PIETRO, J.-F., « La société plurilingue : utopie souhaitable ou domination acceptée ? » *in* H. Boyer (éd.), 1997, *Plurilinguisme : « contact » ou « conflit » de langues ?*, Paris, L'Harmattan, p. 133-190.

ANDRÉE-MARIE DIAGNE-BONANÉ

Née à Bobo-Dioulasso, Burkinafaso. Assistante au département de lettres de l'ENS de Dakar (UCAD). Maîtrises de philosophie et de lettres (université de Bordeaux III). Post-graduate en didactique du français (université libre de Bruxelles et université d'État à Mons). Doctorat de 3e cycle (université de Dakar).

Publications :

« L'Imaginaire dans *Les Sanglots de l'espoir* d'Hamidou Dia », *in Université, Recherche et Développement*, n° 8, octobre 1997, université Gaston-Berger de Saint-Louis.

« Lire *Sula* de Toni Morrison », *in Présence africaine*, n° 159, 1er semestre 1999.

en collaboration :

Des textes à l'expression, classe de 5e, Dakar, Abidjan, Nouvelles éditions africaines, 1981.

La Nouvelle Méthode de français (6e, 5e, 4e, 3e), Nathan, 1997, 1998.

Anthologie de la littérature francophone d'Afrique d'Ouest, Nathan, 1998.

JEAN-MICHEL ÉLOY

Jean-Michel Éloy est professeur de sciences du langage à l'université de Picardie-Jules Verne à Amiens. Après quatorze ans d'enseignement secondaire, il a été pendant cinq ans chargé de mission dans un service linguistique du Premier ministre, puis s'est occupé de scolarisation des enfants de migrants. Il a été consultant pour le Conseil supérieur de la langue française. Il est actuellement responsable du Centre d'études picardes de son université ; il dirige la collection « Politique linguistique » aux éditions Champion et est associé au centre d'étude du plurilinguisme de Bruxelles (professeur Nelde).

Il est l'auteur d'une soixantaine de publications, parmi lesquelles :

La Qualité de la langue ? Le cas du français (Paris, Champion, 1995).

La Constitution du picard. Une approche de la notion de langue (Louvain-la-Neuve, Peeters, 1996).

ANDRÉ GOOSSE

Licencié, puis docteur en philosophie et lettres (philologie romane) de l'université catholique de Louvain. Professeur émérite de l'université de Louvain. Membre de l'Académie royale de langue et de littérature françaises de Belgique ; secrétaire perpétuel (1996). Président du Conseil international de la langue française (Paris). Membre du Conseil supérieur de la langue française (Paris). Membre du Conseil de la langue française de la

Communauté française de Belgique. Membre honoraire (ancien président) de la Commission royale de toponymie et de dialectologie. Membre du conseil d'administration et du comité de rédaction de la *Revue générale*.

Principales publications :

La Néologie française aujourd'hui, Paris, Conseil international de la langue française, 1975.

La Nouvelle Orthographe, Exposé et commentaires, Duculot, 1991.

Mélanges de grammaire et de lexicologie françaises, Louvain, Bibliothèque de l'Institut de linguistique, 1991.

En collaboration avec Maurice Grevisse :

Nouvelle grammaire française, Duculot, 1985 ; 3e édition, 1995.

Le Bon Usage, 12e édition refondue, Gembloux, Duculot, 1989 ; 13e édition, Duculot/De Boeck, 1994.

JEAN-MARIE KLINKENBERG

Jean-Marie Klinkenberg, qui enseigne les sciences du langage à l'université de Liège, a publié de très nombreux travaux en sémiologie, en rhétorique et en linguistique française (depuis *Rhétorique générale*, 1970, rédigé avec le groupe µ, traduit en une vingtaine de langues et devenu un classique des sciences humaines, jusqu'à un *Précis de sémiotique générale*, 2000).

Également spécialiste des cultures francophones, il a longtemps présidé le plus ancien Centre d'études québécoises d'Europe et le Conseil supérieur de la langue française de son pays. Il est membre de l'Académie royale de Belgique.

JULIA KRISTEVA

Née en Bulgarie, elle travaille en France depuis 1966. Linguiste, sémiologue et romancière, elle enseigne à l'université de Paris-VII Denis-Diderot, à l'UFR « Sciences des textes et documents », en se consacrant tout particulièrement à la littérature du XXe siècle. Elle est, par ailleurs, membre titulaire de la société psychanalytique de Paris. Elle enseigne régulièrement à l'université de Columbia à New York, à l'université de Toronto, ainsi que dans d'autres universités aux États-Unis et en Europe. Ses livres sont tous traduits en anglais par Columbia University Press.

Principales publications :

La Révolution du langage poétique, Paris, Le Seuil, 1974.

Pouvoirs de l'horreur. Essai sur l'abjection, Paris, Le Seuil, 1980.

Histoires d'amour, Paris, Denoël, 1985.

Soleil noir. Dépression et mélancolie, Paris, Gallimard, 1987.

Étrangers à nous-mêmes, Paris, Fayard, 1988.

Le Temps sensible. Proust et l'expérience littéraire, Paris, Gallimard, 1994.

Les Samouraïs (roman), Paris, Gallimard, « Folio », 1990.

Le Vieil Homme et les Loups (roman), Paris, Fayard, 1991.

Possessions (roman), Paris, Fayard, 1996.

DOMINIQUE NOGUEZ

Né à Bolbec (Seine-Maritime). Normalien et philosophe spécialisé en esthétique, auteur de livres sur le cinéma, il joue avec les savoirs de l'époque ou certains mythes (*Les Trois Rimbaud*, 1986 ; *Lénine dada*, 1989 ; *Sémiologie du parapluie et autres textes*, 1990). À côté d'un roman d'amour « musical » (*M & R*, 1981 ; rééd. 1999) et de petits récits ironiques (*Les Deux Veuves*, 1990 ; *Les Martagons*, prix Roger Nimier, 1995), il tire de ses carnets la matière de réflexions sur la France contemporaine, particulièrement sur le destin de sa langue (*La Colonisation douce – Feu la langue française ?* 1991, rééd. 1998 ; *Derniers Voyages en France*, 1994) ou sur le Japon (*Je n'ai rien vu à Kyoto*, 1997). Toutes ces veines s'entrecroisent dans une tentative de roman total, *Les Derniers Jours du monde* (1991).

Il a obtenu le prix Femina en 1997 pour *Amour noir* et le Grand Prix de l'humour noir en 1999 pour *Cadeaux de Noël*.

Il est directeur de la *Revue d'esthétique*, dont il a coordonné en 1998 le numéro « Beauté des langues ». Il a publié en janvier 2000 *Les Plaisirs de la vie* (Paris, Payot) et *Le Grantécrivain & autres textes* (Paris, Gallimard, « L'infini »).

BENOÎT PEETERS

Benoît Peeters est né à Paris, mais vit à Bruxelles depuis 1978. Après une licence de philosophie à la Sorbonne, il a préparé le diplôme de l'École pratique des Hautes Études sous la direction de Roland Barthes.

Il publie son premier roman, *Omnibus*, en 1976 et se consacre entièrement à l'écriture à partir de 1982, multipliant les travaux dans les domaines du scénario, de la critique, de l'édition et de la conception d'expositions. Il a publié de nombreux essais sur la bande dessinée, mais aussi sur Hitchcock, Valéry et Nadar. Une longue complicité avec François Schuiten lui a permis de construire avec lui le cycle de bande dessinée *Les Cités obscures*. Auteur de trois courts métrages et de plusieurs documentaires, il vient d'achever son premier long métrage, *Le Dernier Plan*.

Il fut le responsable de plusieurs expositions dont *Le Musée des ombres*, *Hergé dessinateur*, *Au Tibet avec Tintin*, *Architectures rêvées* et *Les Métamorphoses de Nadar*. Il est le commissaire de l'exposition *« Tu parles ! ? Le français dans tous ses états*, présentée pendant l'automne 2000 à Lyon, Bruxelles, Québec et Dakar.

CLAUDE POIRIER

Docteur en études romanes de l'université de Strasbourg (1975), Claude Poirier est professeur de linguistique française à l'université Laval (Québec). Depuis le début des années 1980, il dirige, au Québec, l'équipe du *Trésor de la langue française* qui a publié, en 1998, une première édition du *Dictionnaire historique du français québécois*. Il a participé à la rédaction d'autres dictionnaires du français, publiés au Québec ou en France, notamment dans le cadre des travaux du réseau « Études du français en francophonie » de l'Agence universitaire de la francophonie. Ses recherches portent sur le français québécois et nord-américain de même que sur les aspects méthodologiques de l'étude de la variation du français dans le monde. Il anime un projet international de base de données lexicographiques sur le français qui est accessible par Internet.

JEAN-PAUL POIRIER

Ingénieur de l'École centrale de Paris. Docteur ès sciences physiques. Directeur, depuis 1978, du département des géomatériaux de l'Institut de physique du globe de Paris.

Centre d'intérêt : physique des minéraux à très haute pression, physique de l'intérieur de la Terre (manteau inférieur, noyau), météorites.

Publications scientifiques :

Plasticité à haute température des solides cristallins, Paris, Eyrolles, 1976.

Crystalline Plasticity and Solid State Flow in Metamorphic Rocks (avec A. Nicolas), New York, Wiley, 1976.

Creep of Crystals, Cambridge, Cambridge University Press, 1985.

Introduction to the Physics of the Earth's Interior, Cambridge, Cambridge University Press, 1991, 2000.

Publications « grand public » :

Les Profondeurs de la Terre, Paris, Masson, 1991, 1996.

Le Minéral et le Vivant, Paris, Fayard, 1995.

Le Noyau de la Terre, Paris, Flammarion, « Dominos », 1996.

Le Trésor des sciences (coauteur, sous la direction de M. Serres et N. Farouki), Paris, Flammarion, 1997.

La Terre, mère ou marâtre ?, Paris, Flammarion, 1998.

Ces pierres qui tombent du ciel, Paris, Le Pommier, 1999.

PIERRE RÉZEAU

Directeur de recherche à l'Institut national de la langue française (CNRS), Pierre Rézeau a collaboré au *Trésor de la langue française* ; il est membre du comité scientifique du réseau « Étude du français en francophonie » de l'Agence universitaire francophone. Ses travaux et ses publications portent notamment sur les variétés géographiques du français, sur l'histoire de la langue et sur la phraséologie. Il dirige actuellement le *Dictionnaire des régionalismes du français de France* dont la publication est prévue au printemps 2001.

Choix de publications :

Dictionnaire du français parlé. Les expressions figurées (en collaboration avec C. Bernet), Paris, Le Seuil, 1989.

Le Dictionnaire des noms de cépages de France, Paris, CNRS-Éditions, 1998.

Variétés géographiques du français de France aujourd'hui. Approche lexicographique (dir.), Paris-Bruxelles, Duculot, 1999.

DIDIER DE ROBILLARD

Didier de Robillard est professeur de linguistique à l'université François-Rabelais de Tours, après avoir été professeur de français à l'île Maurice, puis en poste successivement à l'université d'Aix-Marseille I et à l'université de la Réunion. Ses principaux centres d'intérêt sont la description des phénomènes de contacts de langues (plus particulièrement du français et des créoles), la politique linguistique, la description linguistique du français et des créoles.

Principales publications :

L'Aménagement linguistique : problématiques et perspectives, thèse de doctorat nouveau régime de l'université d'Aix-Marseille I, Aix-en-Provence, 1989.

Île Maurice, une francophonie paradoxale, en collaboration avec D. Baggioni, Paris, L'Harmattan, 1990.

Contribution à un inventaire des particularités lexicales du français de l'île Maurice, EDICEF, 1993.

Le Français dans l'espace francophone, (coéd. avec M. Beniamino), 2 tomes, Champion-Slatkine, 1993/1996.

Contacts de langues, contacts de cultures, créolisation, (coéd. avec M.-C. Hazaël-Massieux), Paris, L'Harmattan, 1997.

MICHEL SERRES

Michel Serres entre à l'École navale en 1949 et à l'École normale supérieure en 1952. Agrégation de philosophie en 1955. Doctorat en 1968. Il a enseigné l'histoire des sciences à l'université de Paris-I. Il est professeur à Stanford University depuis 1984.

Conférences : États-Unis, Canada, Mexique, Brésil, Italie, Belgique, Espagne, Roumanie, Allemagne, Suède, Angleterre, Danemark, Grèce, Liban, Israël, Maroc, Corée, Chine, Japon, Inde, Australie.

Il entre à l'Académie Française en 1990. Il est aujourd'hui l'auteur de trente-trois livres et de vingt-cinq films.

Principales publications :

Les Cinq Sens, Paris, Grasset, 1985 ; Hachette, « Pluriel », 1998.

Le Contrat naturel, Paris, F. Bourin, 1990 ; Champs-Flammarion, 1992.

Le Tiers-Instruit, Paris, F. Bourin, 1991 ; Gallimard, « Folio », 1992.

Éloge de la philosophie en langue française, Paris, Fayard, 1995 ; Champs-Flammarion, 1997.

Trésor des sciences, Paris, Flammarion, 1997.

Variations sur le corps, Paris, Le Pommier, 1999.

MARIE-ROSE SIMONI-AUREMBOU

Marie-Rose Simoni-Aurembou, agrégée d'espagnol et docteur d'État, est directrice de recherche au CNRS, chargée de conférence à l'École pratique des Hautes Études IVe section et à l'université de Paris-III. Elle appartient à l'Institut national de la langue française. Spécialiste de géographie linguistique, elle est l'auteur de l'*Atlas linguistique et ethnographique de l'Île-de-France et de l'Orléanais*, établi à partir d'enquêtes de terrain entre 1970 et 1980. Elle travaille sur les variations du français rural dans les régions qui entourent Paris, et sur les relations entre la langue nationale et sa base dialectale. Elle participe également à deux atlas linguistiques européens : l'*Atlas Linguarum Europae* et l'*Atlas linguistique roman*. Elle est membre du Conseil national des langues et cultures régionales depuis sa création.

JEAN-CLAUDE TRICHET

Inspecteur général des Finances. Ingénieur civil des Mines, licencié ès sciences économiques. Diplômé de l'Institut d'études politiques. Ancien élève de l'École nationale d'administration (1969-1971). Conseiller du ministre de l'Économie pour les Affaires industrielles (1978). Conseiller du président de la République pour l'Industrie, l'énergie et la recherche (1978). Directeur du cabinet du ministre de l'Économie, des Finances et de la Privatisation (1986). Gouverneur suppléant du Fonds monétaire international (1987). Gouverneur suppléant de la Banque mondiale (1987). Gouverneur de la Banque de France (premier mandat) (1993). Membre du Conseil des gouverneurs de la Banque centrale européenne (1998). Reconduit dans les fonctions de gouverneur de la Banque de France (deuxième mandat) (1999).

HENRIETTE WALTER

Henriette Walter est professeur émérite à l'université de Haute-Bretagne et directrice du laboratoire de phonologie à l'École pratique des hautes études, à la Sorbonne. Linguiste de terrain, elle a publié des ouvrages spécialisés comme *Le Dictionnaire de la prononciation française dans son usage réel* (avec

A. Martinet, Genève, Droz, 1973), ou des ouvrages à destination du grand public parmi lesquels :

Le Français dans tous les sens, Paris, R. Laffont, 1988.

Des mots sans-culottes, Paris, R. Laffont, 1989.

Dictionnaire des mots d'origine étrangère (avec G. Walter), Paris, Larousse, 1998.

L'Aventure des langues en Occident, Paris, R. Laffont, 1994.

L'Aventure des mots français venus d'ailleurs, Paris, R. Laffont, 1997.

Le Français d'ici, de là, de là-bas, Paris, J.-C. Lattès, 1998.

Dictionnaire du français régional de Haute-Bretagne (avec Ph. Blanchet), Paris, Bonneton, 1999.

MARC WILMET

Licencié en philologie romane (1960), agrégé de l'enseignement secondaire supérieur (1961) et docteur en philosophie et lettres (1968). Professeur ordinaire à l'université de Bruxelles (ULB). Professeur extraordinaire à la VUB. Professeur invité des universités de Jérusalem (1976), Nice (1987), Cologne (1988), Santiago de Compostela (1989, 1990, 1994, 1996), Milan (1993, 1995), Bologne (1999). Fellow de la Japan Society for the Promotion of Science (1997). Membre de l'Académie royale de langue et de littérature françaises. Président de la société de linguistique romane (1998) et du Conseil supérieur de la langue française (1999). Élu en 1996 au Conseil international de la langue française.

Publications récentes :

Grammaire critique du français (Bruxelles, Duculot, Paris, Hachette, 1997 ; 2e éd., 1998) ; prix Logos de l'AELPL ; prix France de l'AREW.

Le Participe Passé autrement : protocole d'accord, exercices et corrigés (Paris-Bruxelles, De Boeck-Larcier, 1999).

Lauréat du prix Francqui 1986 pour avoir « contribué de façon remarquable à confirmer et renforcer le prestige de la Belgique dans le monde scientifique ».

Honoré d'un volume de Mélanges : *La Ligne claire. De la linguistique à la grammaire*, Paris-Bruxelles, Duculot, 1998.

MARINA YAGUELLO

Agrégée de l'Université et docteur ès lettres, elle est professeur de linguistique à l'université de Paris-VII. De langue maternelle russe, elle travaille sur le français, l'anglais et le wolof. Son travail se situe, en particulier, à l'interface syntaxe/sémantique/pragmatique. Elle a été *Visiting Professor* en Grande-Bretagne, aux États-Unis, au Sénégal et à Madagascar.

Principales publications :

Les Mots et les femmes. Essai d'approche sociolinguistique de la condition féminine, Paris, Payot, 1978.

Alice au pays du langage. Pour comprendre la linguistique, Paris, Le Seuil, 1981.

Les Fous du langage. Des langues imaginaires et de leurs inventeurs, Paris, Le Seuil, 1984.

Catalogue des idées reçues sur la langue, Paris, Le Seuil, 1988.

Le Sexe des mots, Paris, Belfond, 1989 ; Le Seuil, 1995.

Histoire des lettres. Des lettres et des sons, Paris, Le Seuil, 1990.

En écoutant parler la langue, Paris, Le Seuil, 1991.

La Planète des langues, Paris, Le Seuil, 1993.

Petits faits de langue, Paris, Le Seuil, 1998.

Language through the Looking-Glass, Oxford, Oxford University Press, 1998.

CET OUVRAGE
A ÉTÉ TRANSCODÉ
ET ACHEVÉ D'IMPRIMER
SUR ROTO-PAGE
PAR L'IMPRIMERIE FLOCH
À MAYENNE EN DÉCEMBRE 2000

N° d'éd. FU254502. N° d'impr. 50248.
D.L. : septembre 2000.
(Imprimé en France)